武　平

全国林改第一县

乡村振兴之路

胡　熠　主编

社会科学文献出版社
SOCIAL SCIENCES ACADEMIC PRESS(CHINA)

编 委 会

走进全国林改第一县（代序）

张晓山

说起农村改革的发源地，很多人都知道是安徽凤阳县小岗村，那里18户农民最先实行“大包干”的家庭承包经营。但如果问起中国林业改革的策源地呢？许多人会很茫然，包括我自己在内。看到胡熠教授等人撰写的《武平：全国林改第一县乡村振兴之路》的书稿，我得知福建武平县是中国林改第一县。但林改，为什么要改？林改与农改有什么异同？林改是怎么改的？最后改出了什么？林改的启示是什么？林改对今天武平的乡村振兴，究竟起到了什么作用？带着一连串的问题，我在阅读《武平：全国林改第一县乡村振兴之路》书稿的过程中，循着胡熠教授及她的团队的写作脉络和调研足迹，走进了林改第一县。顺便说一下，要正正经经地写一篇序言，应该对书稿的内容做一个系统全面的评介。而我只是想根据阅读书稿及实地调研得出的一点粗浅印象谈谈自己的几点学习体会，充其量只能算是代序。

一　为什么要搞林改？林改与农改有何不同？为什么武平成为林改第一县？

中国的改革开放为什么发轫于农村？我们知道，农村集体所有的土地是当地农民最宝贵的资源和财产。作为农业用生产资料，在农区，耕地是农民最宝贵的资源，在山林地区，则是林地。第二次全国土地调查主要成果及其他相关数据显示，全国农村集体土地的总面积为66.9亿亩，在全国144亿亩国土面积中，农村集体所有土地总面积约占 46%。全国农村集体土地包括 55.3 亿亩农用地和 3.1 亿亩建设用地。在农用地中，集体所有的耕地占 18.3 亿亩。根据书稿引用的资料，农村集体所有的林地有 27.37 亿亩，占我国森林面积的 63.65%。由于长期以来人民公社的大锅饭体制，农民的生产积极性受到极大的抑制，农村土地这一宝贵资源无法充分利用，农民守着土地饿肚子，受穷。安徽凤阳的“大包干”制度创新是来源于老百姓饿怕了、穷怕了，想吃饱肚子、过好日子的很朴素的想法，改革是老百姓豁出去的做法，是被逼出来的。在林区，由于同样僵硬的产权制度和经营方式，林业发展存在“乱砍滥伐难制止，林火扑救难动员，造林育林难投入，林业产业难发展，望着青山难收益”等“五难”问题；由于山林权属不清、界址不明等原因，引发纠纷不断，始终无法推动新林权证换发工作。

福建的地理特点是“依山傍海”，九成陆地面积为山地丘陵地带，被称为“八山一水一分田”。福建的森林覆盖率达 65.95%，居全国第一。而福建武平县全县土地面积 2630 平方公里，其中林业用地面积 324.7 万亩，占全县土地面积的 82.3%；林地面积 314.4 万亩，占全县土地面积的 79.7%；人口总数中约有 90% 人口与林业发生关联。林业发展的好坏直接影响武平老百姓的生计，武平农民对林业体制的弊端感受最深，他们清醒地意识到“不改没有出路，唯改才有活路”。可以说，历史选择了福建的武平，武平选择了改革。

林改与农改也有所不同。以“大包干”为标志的农村家庭承包经营的制度创新启动了农村乃至全国的改革。“大包干”这一重大改革举措当初并没有顶层设计，完全是基层的创新。而且这种创新也是在农村发展实践中经历了一个被政策文件先是否定，后是政策逐步松动和放宽，最后才是得到中央文件认可和充分肯定的过程。而武平县 2001 年推行林改时，农村改革已向纵深发展，家庭承包经营已经成为农村基本经营制度，成为全国上下的共识，而在广袤的山林地区，原有的林业产权制度和经营方式仍占据统治地位，这时必然要提出一个问题，耕地实行家庭承包经营，林地怎么办？

武平县委、县政府清醒地意识到原有体制机制的弊端，于 2001 年 6 月集体林地林木产权制度改革在捷文村开展“分山到户”的试点工作。在这之前，1999 年 1 月 7 日，福建龙岩市委 1 号文件提出“深化林业经济体制改革”。同年 7 月，市林委在给市人大的《关于深化林业经济体制改革的报告》中，提出“林权改革”。这份连红头文件都算不上的报告，成了武平县开展集体林权制度改革的唯一依据。在既没有上级授权，更没其他地方经验可借鉴的情况下，武平全县上下顶着巨大压力铺开了林改工作，在全国“领跑”第一步。林权证发了，但没有上面的红头文件，发下去的证算不算数，分下来的山会不会被收回，武平干部群众的心始终不踏实，这可是像当年安徽小岗村分田到户一样的大事，当不了先锋就要成先烈。2002 年 4 月，武平召开集体林权制度改革工作试点动员大会，县委、县政府正式出台《关于深化集体林地、林木产权制度改革的意见》，从产权入手部署推进林改工作，武平“抢跑”了第一步。随之形成了以“四权”，即“明晰产权、放活经营权、落实处置权、确保收益权”为主要内容的武平林改模式，形成“县直接领导，乡镇组织实施，村具体操作，部门搞好服务”的林改工作机制。在改革的关键时期，2002 年 6 月 21 日，时任福建省省长习近平同志到武平调研工作，指出“集体林权制度改革要像家庭联产承包责任制那样从山下转向山上”，并做出“林改的方向是对的，要脚踏实地向前推进，让老百姓真正受益”的重要指示。武平县根据指示大胆探索，持续推进这场触及产权、被誉为“继家庭联产承包责任制后，中国农村又一场伟大革命”的改革。书稿作者认为，武平的集体林权制度改革是一项自上而下与自下而上互动互促形成的林业经营管理体制的重大创新，这个判断是符合实际的。

二　林改怎么改？为什么武平县捷文村成为林改策源地？

2001 年的试点工作意味着要有人第一个来吃螃蟹。历史的重任落在当年武平县万安乡捷文村的党支部书记李永兴身上，他出生于 1950 年，小学文化程度，1971 年入党，1973 年当大队长，1974 年当护林员，在武平县林业部门做了 20 多年的工人。1999 年，在龙岩市的林业经营体制改革中，李永兴买断工龄、提前内退。回村后村里想让他当书记，他知道这项工作不好干，推辞了去做生意。2000 年换届选举，公推直选，最终把他推到书记的位置上了。

李永兴当书记，深刻体会到原有林业体制的弊病。捷文村是有名的贫困村，村集体没有收入，人口少，山林面积大。5 个村民小组，164 户，632 人；山林 2 万多亩，人均 40 多亩。群众收入都靠山上，乱砍滥伐，不好管理。山火烧起来，村民看着，无人打火。2001 年，武平要搞林改，李永兴到邻村串门，恰好遇到县林业局和镇里干部讨论林改试点问题。原定的试点村搞了一个多月搞不下去了，李永兴当即向镇领导表态，捷文村愿意试点。随后捷文村就成了武平林改试点第一村，也就是现在的林改策源地。

捷文村成为林改策源地，看上去是偶然，其实是必然。命运总是眷顾有准备的人。李永兴多年作为基层领导对僵化的林业体制的困惑、烦恼和思考，加上长期从事林业工作丰厚的底蕴，使他成为敢于第一个吃螃蟹的人。由于林改符合群众的意愿，他带领党支部、村委会一班人马，不到两个月就根据县林业局和 5 个自然村群众的意见，整理出了一套分配方案：四权中，林地所有权仍归集体所有，其他三权归林农；户户都要分，期限为 50 年；界线以当年建集体林时每户的责任区为依据；村里的集体林一起分配，专门用于对新增人口和林地面积较小的人家进行“补瘦”；按山林肥瘦程度分为四个等级，每年每户每亩向村委会上交 0.5 至 2.0 元的林地租金。之后，又用了不到两个月，村两委带着林业测绘人员走遍全村每座山头，为全村 164 户人家勘定分界、勾画四至。捷文村林改成功的关键是农民的事情农民自己做，农民自己做出制度安排，自己创新激励机制。书稿强调，不同于前几次林地制度变革政府主导型的色彩，这一轮集体林权制度改革较多地尊重农民的愿望和利益，使得农民参与到了集体林权的决策和实施中来。农民在集体林权制度改革的过程中发挥着主体作用，是林改的原始动力，也是林改政策的目标群体。历史反复证明，林地制度安排离不开农民的支持，只有尊重农民的意愿，找到国家利益与农民利益的均衡点，这样的制度设计和安排才能获得成功。

三　林改究竟改出什么？林改对武平的乡村振兴究竟起到什么作用？

林改的精髓是“敢为人先，接力奋斗”。但改革的主体是谁？主体是农民群众，改革要尊重农民的首创精神。但群众的首创精神如何能落实，产生实效？则需要制度组织的创新为保障，建立符合客观规律的激励机制和治理机制。武平县领导讲过，仅就林改，讲林改，最终在林子里出不来，要用林改精神引领县域乡村振兴发展。

实践证明，林改不仅使作为林地集体所有者的当地农民群众受益，也惠及全县群众。即这一改革不与任何其他社会群体的利益直接抵触，是典型的帕累托改进。林改之前，既没有绿水青山，也没有金山银山。林改后，使林农直接增收致富。林改产生了生态美，全县人民受益，绿水青山的外部性充分显现。“到武平，我氧你！”的宣传词让人印象深刻。武平生态环境质量居全省第二位，全县森林覆盖率 79.7% ，负氧离子含量平均 3500 个/立方厘米，是世界卫生组织规定“空气清新”标准（1000 至 1500 个/立方厘米）的 3 倍。说氧你，有底气！

更为重要的是，武平的林改潜在地发动起一个关键的变革齿轮，由此推动逻辑链条上其他领域的改革。武平推动林改向纵深发展，再一次以自我革命精神创造性地实现了“三个率先”，即率先开展林权抵押贷款，盘活了林农资产，实现林业发展“有钱投”；率先探索商品林赎买，通过赎买、租赁、置换等方式，让待砍伐的商品林变身为“绿色不动产”；率先探索借“林”扶贫，探索发展林下经济、生态旅游、林产品精深加工三大产业扶贫模式，实现了“不砍树也致富”。林改也为武平产业转型升级实现全面可持续发展增添了强劲动力，奠定了物质基础。这种绿色发展首先体现在观念和思维的转变，观念的转变推动了机制创新，机制创新带来了林业的兴旺，林业兴旺带来了生态兴旺，生态兴旺带来了文明的兴旺。

四　林改的启示——不断创新农村组织与制度

“敢为人先，接力奋斗”的“林改精神”，是武平深化改革的力量源泉，是乡村产业、生态、人才、组织和文化振兴的精神支柱和深厚底蕴。武平县汲取林改经验，不断创新农村组织与制度，为人才振兴创造好的制度环境，为乡村振兴奠定坚实的制度基础。以下仅是组织制度创新的几个范例。

（一）创新林业和旅游业相结合的经营模式

武平县城厢镇创立农旅小镇，被称为云中村寨的云礤村创立了规范的林业旅游民宿（37 户“森林人家”），林业厅认证扶持，统一授牌，集中管理，规范运作。进而成立“森林人家”专业合作社，实行内部自治，避免恶性竞争，功能类似旅游业协会。通过发展“森林人家”，带动其他无条件开办“森林人家”的村民从事林下养鸡、养羊，种植香菇、木耳、水果、蔬菜、观赏花卉等，为“森林人家”和土特产市场提供原生态产品，初步建立了“种养结合、生态旅游、综合利用”的立体经营模式，走上了一条复合型林业经营路子。县领导对发展“森林人家”，不盲目追求规模和速度，而是强调质量。提出 2018 年要“壮大新型林业经营主体，发展壮大涉林产业，切实抓好一批规模大、效益好、带动强的林业经济示范基地，新上“森林人家”10 家。全面推广“普惠金融 · 惠林卡”，扩大林权担保贷款规模。继续开展重点生态区位商品林赎买。加强护林和林业执法。”

（二）提高农民的组织化程度，打造新型农业经营主体

县财政每年安排专项扶持资金，鼓励和引导农民大力发展林药、林花、林菌、林畜、林禽、林蜂、林游等林下经济，尤其对贫困户发展的涉林项目予以重点扶持。构建多元经营体系，大力扶持发展林业专业合作社、股份合

作林场、家庭林场等多元市场经营主体，建立“林地变股权、农户当股东、收益共分享”的林地经营新模式，拓宽林农增收路子。各类农民专业合作社蓬勃发展，呈现数量增长快、带动农户多、产业分布广、服务内容宽、品牌意识强等特点，有力地推动了当地特色优势产业发展，提升了农业产业化经营水平和农民组织化程度，逐渐成为农村最活跃、最有效的组织形式之一，成为助农增收的新途径和现代农业发展的新亮点，走出了一条引领农民专业合作社发展的新路子。

（三）创新激励性扶贫模式

贫困户大都没有技术，对脱贫缺乏信心，内生的发展动力不足。目前全县立足传统产业，因地制宜实施项目，每个乡镇均建立了一个以上的百香果激励性扶贫项目，有八个象洞鸡激励性养殖项目。政府出资金，搭造平台，选择贫困户，开展百香果种植或象洞鸡养殖，在扶贫项目支持中引入激励机制，让符合条件的贫困对象竞争择优上岗，让贫困户通过竞争方式，选择自己想做的、能做的、会做的产业发展。在项目实施效果考评中引入优胜劣汰机制，技术人员给予专业指导，贫困户自我管理，根据贫困户完成的各个技术环节，由技术人员打分，不及格者取消参与项目的资格。一年多，参与激励性扶贫项目的贫困户达到70%，做到使贫困户学一门技术，养成生产劳作的习惯，提升贫困户的人力资本，增强他们致富的能力。

五　弘扬林改精神，不断深化改革

林改精神的精髓是敢为人先，尊重群众的首创精神，改革的最终目的是保护好群众的权益，增进群众的福祉，。

（一）正确界定好政府与群众、市场之间的关系

改革的主体是群众。政府该干什么？政府要完善农业农村的基础设施建设，为产业发展提供保障。2017 年，武平县财政总收入 11.4 亿元其中地方

级财政收入7.6亿元。针对武平县城乡基础设施落后，自有支配财力不足的实际情况，武平多方筹措资金，加大乡村基础设施建设力度，全年投入建设资金5.1亿元。武平县农旅小镇的五朵金花，政府投入5000万元修道路。利用“国家烟草”援建的水源性项目6000多万元（地方配套2000多万元），配套建仙女湖、廊桥等。

对农村产业的发展，工商资本进入农业，政府既要服务，又要监管。一些工商业企业借助林改之名大量低价圈林占地，致使农民失林失地。基层政府为了避免这类事件的发生，采取“保证金”的模式实行有效监督，避免“跑马圈地”。

政府帮群众，帮企业，要帮在实处，帮出效益。政府不该干什么呢？还是要发挥市场在配置资源中起到的决定性作用，不要代替企业来配置资源。书稿中有许多这样的案例，不在此赘述。

（二）深化集体产权制度改革

武平林改和乡村振兴的一项重要成果是发展壮大了集体经济。但历史的经验值得注意，当年龙岩市率先进行“放开林木经营权”改革，全市林业系统“自己砍了自己一刀”：全面取消林木统购统销政策、裁撤全部乡镇采购站，把“剪刀差”还给林农。可市场价的利润到了村里，在有的地方又成了村干部截留乃至瓜分的“肥肉”，落到林农手中的仍是“零头”。武平通过体制机制的创新，使发展壮大的集体经济不再蜕变为“干部经济”。

实施乡村振兴战略，城乡融合发展，工商资本、技术、管理和人才上山也是必然的趋势。由于武平县实施天然林和重点生态区位商品林保护工程，对200多万亩林地进行保护和禁伐，全县可采伐经营使用的商品林不到60万亩。林木的商业价值大大降低，社会资本进入的积极性也受到影响。但全国一些林区，社会资本进入后，有的大量收购林农的林权证，拿去银行抵押，贷款则用于房地产开发等非林业用途。有的从赢利目的出发仅种一种树种，生物多样性受到破坏。针对这些问题，除了政府有关部门的监管要到位，森林的所有者（集体经济组织），也应起到应有的作用，尽到应尽的责任。问题的症结是《物权法》提出的“农民集体所有的不动产和动产，属于本集体成员集体所有”这一条如何真正落实？在对农村集体资源和资产的所有权、处置权和受益权问题上，农村集体和农民成员权利的同一性如何实现？

中办、国办2016年10月印发的《关于完善农村土地所有权承包权经营权分置办法的意见》提出：“通过建立健全集体经济组织民主议事机制，切实保障集体成员的知情权、决策权、监督权，确保农民集体有效行使集体土地所有权防止少数人私相授受、谋取私利。”但谁来代表集体行使所有权？关键是要农民成员真正拥有所有权，所有权的权能应是集体成员通过民主程序所达成的共同意志的体现；所有权权能的实现形式由成员说了算，而不是由集体之外的主体或集体成员的代理人实际控制。因此，改革的思路应是将集体土地和其他资产的所有权从“虚置”到“做实”，探索不同农村地区、不同类型集体资产所有权权能的不同实现形式，消除集体土地和其他资产所有权的“异化”。

改革要遵循的原则，一是在农村社区集体经济组织的框架内，农民作为集体经济组织成员的财产权利通过确权要落实到农户或个人（注：无法落实到农户的资源性资产，如公益性建设用地、未开发利用地、数量太少的经营性资产，可以落实到村民小组或行政村一级），做到社区集体经济组织中没有无主的资产和资源。二是农民作为集体经济组织成员的民主权利要落实，让农村集体真正成为农民自己说了算的集体经济组织。农村土地集体所有制的组织载体（农村集体经济组织）要进行体制机制创新，通过理事会、监事会体系使集体经济组织普通成员真正享有对集体经济组织重大事务的知情权、参与权、决策权和监督权，从而形成对掌控集体经济的村干部的有效制衡机制，防止集体经济再次蜕变为“干部经济”。

集体成员委托执行机构行使的决策权应包括集体土地发包权、集体土地使用的监督权（如集体林权的所有权权能包括要确保生物的多样性，农地的权能要保证农地必须农用等）、调整权、流转管理权、收益和补偿取得权、集体土地收回权等；理事会必要时要召集集体成员大会或代表会，决定成员资格，成员的进入和退出；成员的权利和义务等事项。如果改革应遵循的两项原则不能真正落实，其结果或是集体经济变质，或是集体经济无法做到可持续发展。

六 结语

《武平：全国林改第一县乡村振兴之路》不是一部专门谈林改的专著，而是谈林改如何在武平撬动了乡村振兴，并详尽分析论述了武平乡村振兴的各个方面，告诉我们这个林改第一县的乡村振兴之路现在走的怎么样？作者关于乡村振兴的论述，有书为证，我不在此赘述。2018 年 9 月下旬，我从武平归来，阅读完《武平：全国林改第一县乡村振兴之路》书稿，恰在此时，中共中央、国务院印发了《乡村振兴战略规划（2018－2022 年）》，向全国吹响了实施乡村振兴战略的冲锋号。武平县的领导曾说过，林改开的花，乡村振兴结出了果，但果实还不大，还没熟。武平县领导清醒地看到，全县经济社会发展仍然存在不少困难和问题，发展不平衡不充分问题突出，城乡协调发展仍有差距，乡村发展较为滞后，生态环境保护任重道远。是啊！沾了林改的光，武平的乡村振兴起步早，走得稳，但也依旧在路上。成绩只能说明过去，征途漫漫，武平，加油！

写于 2018 年国庆节

目　录

习近平总书记对武平林改的重要指示……………………………………………… 1
导论　敢为天下先，青山变金山……………………………………………………… 2

第一章　激发改革活力：武平林改的突破与经验 ………………………………… 11
一　小村庄开启大改革 ………………………………………………………… 12
二　武平林权改革的实践及成效 ……………………………………………… 20
三　武平林权改革的突破与探索 ……………………………………………… 27
四　绿色崛起的武平经验 ……………………………………………………… 34

第二章　推进绿色发展：武平产业转型与兴旺 ……………………………………… 43
一　产业转型对乡村振兴的意义 ……………………………………………… 43
二　武平实现产业转型的条件与基础 ………………………………………… 44
三　武平产业转型与兴旺取得的成效 ………………………………………… 49
四　进一步促进武平产业转型与兴旺的思考 ………………………………… 61

第三章　坚持城乡融合：武平县空间布局与优化 ………………………………… 78
一　优化空间布局促进城乡融合对乡村振兴的重要意义 …………………… 78
二　武平县优化空间布局，促进城乡融合的实践 …………………………… 80
三　进一步优化空间布局促进武平城乡融合的思考 ………………………… 98

第四章　实现共同富裕：武平精准脱贫与增收…………………………………… 108
一　精准脱贫对乡村振兴的重要意义…………………………………………… 108
二　武平县实施精准脱贫，实现共同富裕的实践………………………………… 111
三　武平县创新精准脱贫的成效与经验………………………………………… 127
四　提高脱贫质量，实现武平乡村振兴的思考…………………………………… 132

第五章　打造美丽宜居：武平生态建设与保护…………………………………… 139
一　生态建设与保护在乡村振兴中的重要地位…………………………………… 139
二　武平推进生态建设与保护的实践…………………………………………… 145
三　武平推进生态建设与环境保护的思考………………………………………… 166

第六章　弘扬乡村文明：武平文化传承与繁荣…………………………………… 175
一　弘扬乡村文明对乡村振兴的重要意义………………………………………… 175
二　武平弘扬乡村文明的实践…………………………………………………… 178
三　武平弘扬乡村文明的经验…………………………………………………… 195
四　武平开拓创新文化高地的思考……………………………………………… 204

第七章　夯实组织基础：武平基层治理与保障…………………………………… 220
一　基层治理对乡村振兴的重要意义…………………………………………… 220
二　武平基层治理与保障的实践………………………………………………… 222
三　武平基层治理面临的挑战…………………………………………………… 244
四　武平加强基层治理与保障的思考…………………………………………… 245

结语　走中国特色社会主义的乡村振兴道路……………………………………… 253
附　录……………………………………………………………………………… 263
后　记……………………………………………………………………………… 267

习近平总书记对武平林改的重要指示

2002年6月21日，时任福建省省长的习近平同志在武平调研时，对集体林权制度改革给予充分肯定，并做出“集体林权制度改革要像家庭联产承包责任制那样从山下转向山上”的重要指示。随后，习近平同志强调指出“林改的方向是对的，要脚踏实地向前推进，让老百姓真正受益”。

2012年3月全国“两会”期间，习近平同志到福建代表团看望代表，并做重要讲话，再次对福建林业工作给予充分肯定。他特别指出：“集体林权制度改革，我在福建的时候这件事就开始抓了。多年来，在全省干部群众不懈努力下，这项改革已经取得了实实在在的成效，要继续巩固改革成果，扩大绿化造林面积，加强森林资源建设和开发，探索开展绿色乡镇、绿色社会、绿色学校创建活动，进一步形成全社会参与生态建设的良好局面”。

2017年5月23日，习近平总书记在《人民日报》文章《福建林改十五年，释放强大生产力》（内参）中做出重要指示，充分肯定福建林改取得的成绩，要求“福建以建设国家生态文明试验区为契机，深入总结经验，不断开拓创新，继续深化集体林权制度改革，更好地实现生态美、百姓富的有机统一，在推动绿色发展、建设生态文明上取得更大成绩”。

2018年1月15日，中办调研室向福建省委办公厅转达习近平总书记对捷文村群众来信的重要指示：“得知通过集体林权制度改革，村里的林子变密了，乡亲们的腰包变鼓了，贫困户们也都脱贫了，感到很高兴。希望大家继续埋头苦干，保护好绿水青山，发展好林下经济、乡村旅游，把村庄建设得更加美丽，让日子越过越红火。”

导　论

敢为天下先，青山变金山

人与自然的关系是人类社会各种关系中最基本的社会关系，也是人类社会发展的永恒主题。一部人类文明的发展史，就是一部人与自然的关系史。相对于地球46亿年的自然演化历史，人类文明历史则非常短暂，先后经历了原始文明、农业文明和工业文明阶段并开始向生态文明阶段演进。在原始文明时代，由于劳动工具简陋，人类只能被动地依赖自然、顺从自然，与自然没有绝然的界限，人群逐水草而居，过着茹毛饮血的生活，维持着自身极低水平的生存和繁衍。在农业文明时代，人类生产力水平有较大的进步，主动利用自然、开发资源的能力不断增强，相应地对自然有所破坏，局部地区还比较严重，但总体而言，人与自然维持着以局部性、阶段性不和谐但整体相对平衡为特征的共处关系。到了工业文明时代，资本主义工业革命推动了科学技术的快速发展和广泛运用，大大提升了人类改造自然、开发资源和超额消费的能力，创造了前所未有的生产力，人类从自然界获得了大量的物质财富。然而，与此同时，人类开始无节制地向地球掠夺资源、倾泻废物，全球经济增长所产生的资源消耗量和污染物排放量超出了地球生态系统的承载力，其结果是全球性的生态环境危机迅速来临。整个人类社会的发展，处在“斯夔砬与萨瑞波第斯之间”两种不可抗拒的灾难，要么被斯夔砬——生态独裁者吞噬，要么被萨瑞波第斯——生态的、社会的和经济的灾难吞噬。美国洛杉矶烟雾事件、伦敦烟雾事件、日本水俣病事件等一系列全球环境公害事件频发，给各国人民带来了深重的环境灾难。西方发达国家“先污染后治理”的工业化发展道路，引发人们对传统发展模式的反思。

党的十八大以来，以习近平同志为核心的党中央高度重视生态文明建设，将生态文明建设纳入“五位一体”的总体布局和“四个全面”战略布局的重要内容，开展了一系列根本性、开创性、长远性工作，提出了一系列新理念新思想新战略，推动了我国生态建设从实践到认识发生历史性、转折性、全局性变化，形成了习近平生态文明思想。这一思想是以马克思主义生态文明观为理论指导，汲取中国传统文化精髓，汲取发达国家工业化的经验教训，融合新时代中国特色社会主义时代特征的最新成果。既体现了人与自然从冲突走向和谐发展的智慧，也成为关系中华民族永续发展的根本大计；既成为我们推动生态文明和美丽中国建设的根本遵循，也使我国成为全球生态文明建设的重要参与者、贡献者和引领者。

“绿水青山就是金山银山”，是习近平生态文明思想的核心观点与根本指针，具有鲜明的时代性、标志性以及探索性，也是马克思主义中国化的重要成果。这一论断内涵丰富，意蕴深远。2013 年 9 月，习近平总书记在哈萨克斯坦纳扎尔巴耶夫大学发表演讲时指出：“我们既要绿水青山，也要金山银山。宁要绿水青山，不要金山银山，而且绿水青山就是金山银山。”这里包含三层含义：(1)“既要绿水青山，也要金山银山”，阐明了经济与生态的辩证统一关系，体现了可持续、可循环的科学发展观，旨在明确经济发展与生态保护两者不可分割，不可偏废，是有机的整体；(2)“宁要绿水青山，不要金山银山”，强调一旦经济发展与生态保护发生冲突矛盾时，必须毫不犹豫地把保护生态放在首位，决不可再走破坏环境换取金山银山的老路；(3)“绿水青山就是金山银山”，阐述了生态环境也是生产力的重要思想，“保护生态环境就是保护生产力，改善生态环境就是发展生态力”的观点，建设生态文明体系关键是要构建以产业生态化和生态产业化为核心的生态经济体系，将绿水青山转化为金山银山。“绿水青山就是金山银山”理念深刻地阐述了生态环境的生产力属性，从根本上更新了人们无视生态环境的传统认识，确立了生态生产力的新理念，揭示和解决了经济发展与环境保护、环境保护与发展生产力、绿色生产与绿色财富等相互间的辩证统一关系。它打破了以往简单地把经济发展与环境保护对立起来的思维束缚，指明了实现经济发展和环境保护内在统一、相互促进和协调共生的方法论，提出要在更高层次上实现人与自然的和谐共生。这对于我国推进生态文明建设乃至构建人类命运共同体等重大实践具有战略性的指导意义。2015 年 4 月，“坚持绿水青山就是金山银山”的战略思想被正式写进中央文件。2016 年 5 月，联合国环境大会（UNEA）发布了《绿水青山就是金山银山：中国生态文明战略与行动》，表明以“绿水青山就是金山银山”为导向的中国生态文明战略为世界可持续发展理念提供了“中国方案”和“中国版本”。

福建是习近平生态文明思想的重要孕育地，也是践行这一重要思想的先行省份。从 1985 年 6 月到 2002 年 10 月，习近平同志在闽工作的十七年半的时间里，始终高度重视生态环境建设工作，形成了一系列具有战略性、实践性和指导性的生态环境建设的理念、思路和方法。既包含对建设“生态省”的战略构想，又有对重大生态环保项目的批示；既包含生态价值、生态城市等先进理念的思考，又有关于欠发达地区扶贫开发实践的探索；既从经济发展与民生福祉的角度谋划生态环保事业，又有从体制机制改革着手解决农村生产力，为福建生态文明建设提供了富有远见的前瞻理念，注入了强大动力。

武平是林改的“古田”，是习近平总书记生态文明思想的重要孕育地，是全国林改的试验田。2001 年，富有创新精神的武平人民敢为天下先，在全国率先开展了以“明晰产权、放活经营权、落实处置权、保障收益权”为主要内容的集体林权制度改革。这场被誉为“继家庭联产承包责任制后，中国农村又一场伟大革命”的改革，发轫于武平，逐步推广至全省、全国，开启绿色崛起的新篇章。那时的武平和全国大小林区一样，林业发展面临着造林难、防火难、乱砍滥伐禁止难等诸多问题。由于山林权属不清、界址不明等原因，引发纠纷不断，始终无法推动新林权证换发工作。2001 年 4 月，武平县委、县政府清醒地意识到“要换发证必须先明晰产权”。2001 年 6 月，集体林地林木产权制度改革在捷文村开展“分山到户”的试点工作。这个做法在当时既没有上级授权更没有经验可借鉴，全县上下压力巨大。在这关键时刻，2002年6月21日，时任福建省省长习近平同志到武平调研工作，指出“集体林权制度改革要像家庭联产承包责任制那样从山下转向山上”，并做出“林改的方向是对的，要脚踏实地向前推进，让老百姓真正受益”的重要指示。武平县根据指示大胆探索，探索推进以落实“四权”为主要内容的集体林权制度改革。2008年6月，中共中央、国务院出台《关于全面推进集体林权制度改革的意见》，全面吸收武平林改经验。2017年5月，习近平总书记做出重要批示，充分肯定福建林改取得的成绩，要求福建以建设国家生态文明试验区为契机，深入总结经验，不断开拓创新，继续深化集体林权制度改革，更好地实现生态美、百姓富的有机统一，在推动绿色发展、建设生态文明上取得更大成绩。同年7月，全国深化集体林权制度改革现场经验交流会在武平召开，时任国务院副总理汪洋强调，要深入总结推广福建集体林权制度改革的经验，不断开拓创新，推动林业改革再上新台阶。2018年1月15日，习近平总书记对捷文村群众来信做出重要指示：“得知通过集体林权制度改革，村里的林子变密了，乡亲们的腰包变鼓了，贫困户们也都脱贫了，感到很高兴。希望大家继续埋头苦干，保护好绿水青山，发展好林下经济、乡村旅游，把村庄建设得更加美丽，让日子越过越红火。”

以集体林权制度改革为突破口的农村生产关系的变革，有效地激活了农村生产力，促进了武平县域经济发展和社会事业的巨大进步，显著提高了人民群众的获得感、幸福感和安全感。武平绿色崛起，是闽西人民将绿水青山转化为金山银山的生动实践，是福建县域经济绿色转型的成功典范，是全国乡村振兴县域探索的典型样本。2016年，武平造林面积75万亩，超过林改前25年的总和，森林覆盖率达79.7%，被评为全国集体林权制度改革先进典型县、全国绿化模范县。农村居民人均可支配收入增加11993元，农民人均林业纯收入3560元，比2001年增加8.8倍。2017年8月，武平被评为“全国平安建设先进县”“福建省经济发展十佳县”，9月被评为“中国天然氧吧”，10月被评为“国家园林县城”，11月被评为“全国文明城市”。这一系列的荣誉都证明了“全国林改第一县”武平正大步迈进在绿色发展与乡村振兴的康庄大道上。

发展不停步、改革无止境。森林是陆地生态的主体、自然生态系统的顶层和国家民族最大的生存资本。面向未来，武平人民要有更广的视野、更高的站位、更大的作为，以人民为中心，以问题为导向，持续推进林业改革，促进绿色发展。按照习近平总书记提出的“中国 2030 年森林蓄积量比 2005 年增加 45 亿立方米左右”的目标要求，加快推动林业发展模式由木材生产为主向生态修复和建设为主转变，由利用森林获取经济利益为主向保护森林提供生态服务为主转变。始终牢记习近平总书记“保护好绿水青山，发展好林下经济、乡村旅游”的殷切希望，努力提高林业的生态效益、经济效益和社会效益。

从 2001 年的“敢为天下先”到此后 17 年的探索深化，从落实“四权”到“三率先”“两统一”，直至被誉为“全国林改第一县”，武平持续为全国林改探路、拓路，走出了一条“生态美、百姓富”的绿色崛起之路，形成了“经济高质量、生态高颜值”的人与自然和谐共生发展格局。武平县由启动林改走向绿色崛起的发展历程，为我们研究福建乃至全国生态文明建设和乡村振兴战略提供了一个典型的、生动的案例。

蓝天白云、青山绿水是长远发展的最大本钱，保护生态环境就是保护经济社会发展潜力。良好的生态环境不仅是县域发展的基础，是创建宜居的必要条件，同时也是吸引人才、招商引资的重要营商环境。绿水青山的生态优势是武平县域生态竞争力的重要体现。多年来，武平坚持生态立县的生态优先发展战略，着力构建“六大体系”，探索将“绿水青山”转化为“金山银山”的现实路径。

第一，构建绿色低碳的特色产业体系。产业振兴，是乡村振兴的重点，也是难点。构建以产业生态化和生态产业化为主体的生态经济体系，是新时代县域生态文明体系建设的关键，也是县域经济绿色转型的根本出路。产业生态化和生态产业化，如同一枚硬币的两面，是生态经济体系不可或缺的两大部分。前者要求按照生态化的理念，改造提升三次产业，加快传统产业绿色转型升级；后者要求按照社会化和市场化理念，开展生态资本化经营，推动生态要素向生产要素、生态财富向物质财富转变，促进生态与经济良性循环发展。习近平总书记指出："把生态环境优势转化为生态农业、生态工业、生态旅游、健康休闲等生态经济优势，那么绿水青山也就变成了金山银山。"① 多年来，武平县以集体林权制度改革为突破口，积极探索生态资产存量转变为生态资本增量的具体途径。坚持以绿色发展为先导，依托绿水青山生态优势，深入实施生态立县、工业强县、旅游富民的"三大战略"，做强绿色循环产业，做精生态农业，做大现代服务业，使产业结构不断优化，发展质量日益提高，打通了"绿水青山"与"金山银山"之间的通道。

第二，构建科学空间布局体系。科学规划是乡村振兴的基础。以区域资源环境承载能力及未来发展潜力为基础，科学谋划县域空间开发格局，严格落实主体功能定位，建立健全县域国土空间规划体系，增加规划的前瞻性、约束性、指导性和实践性。多年来，武平县以新发展理念为引领、以推进"森林武平"建设为着力点，树立城乡融合、一体设计、多规合一的乡村空间规划理念，统筹规划县域生活、生产和生态空间，科学规划布局"主中心（县城）—次中心（岩前、十方）—特色镇—一般乡镇—村（社区）"五级城镇体系和美丽乡村。科学划定空间管制界限，合理控制开发强度，促进生产空间集聚高效、生活空间宜居适度、生态空间山清水秀，形成统领县域发展全局的规划蓝图和布局总图。推动景区建设和城区建设、园区建设融合，推动形成有利于生态文明建设的"绿色布局"，构建了"梁野山上生态引领，梁野山下产城融合；武平县城里商贸开花，武平县城外农耕文化；山上山下风景如画、城里城外宜居宜业"的新型城乡形态，实现了"含金量"和"含绿量"同步提升，让武平县林改持续释放强大的生产力。

第三，构建精准脱贫与农民增收体系。消除贫困、改善民生、实现共同富裕，是社会主义的本质要求，也是乡村振兴的前提。习近平总书记指出，"没有贫困地区的小康，没有贫困人口的脱贫，就没有全面建成小康社会。"武平曾经是革命老区、原中央苏区，又是经济相对落后的欠发达地区。"饮水思源，勿忘老区"，习近平总书记多次表示："忘记老区，就是忘本，忘

① 习近平：《绿水青山也是金山银山》，《浙江日报》2005 年 8 月 24 日。

记历史，就意味着背叛。”因此，加快武平等革命老区人民脱贫致富，始终是党和国家的重要战略，是全面建成小康社会的重要内容。多年来，武平县深入贯彻落实中央、省、市关于脱贫攻坚的决策部署，明晰扶贫的主体，精准识别扶贫对象。创新扶贫机制与扶贫举措，精准施策到户，破解贫困乡村增收难题。坚持以产业扶贫为抓手，围绕森林资源丰富的优势，大力引导贫困户发展林下产品采集加工，带动贫困户参与产业发展相关环节生产经营活动，帮助贫困户获得稳定收益。同时还出台激励性扶贫措施，扶持引导乡镇开展激励性扶贫项目；落实医疗救助政策，实施教育助学帮扶，发展金融扶贫，实施科技帮扶、兜底扶贫以及易地扶贫搬迁等多种手段确保脱贫攻坚取得实效，切实做到扶真贫、真扶贫，使脱贫攻坚工作取得阶段性成效。

第四，构建自然秀美的生态环境体系。生态宜居是乡村振兴的关键。良好生态环境是最公平的公共产品，是最普惠的民生福祉，也是人民生活质量的增长点。随着社会发展和人民生活水平的不断提高，人民群众对干净的水、清新的空气、安全的食品、优美的环境等的要求越来越高，生态环境在群众生活幸福指数中的地位不断凸显，环境问题日益成为重要的民生问题。要以绿色生态为导向推动形成与资源环境承载力相匹配、与生产生活生态相协调的县域产业发展格局，大力推动绿色生产生活方式，构建“望得见山、看得见水、记得住乡愁”稳定可持续的乡村田园生态系统。多年来，武平县以生态文明建设和绿色转型发展为着眼点，着力强化生态质量的提升，增强生态产品生产能力。维护自然生态系统功能，加强大气、水、土壤污染防治。建设绿色生态屏障，创建中国天然氧吧。武平县饮用水源地、土壤环境质量总体保持稳定。推进新型城镇化，改善城乡人居环境；开展农村环境综合整治，建设美丽乡村。努力创造“生产发展、生活富裕、生态良好”的局面，实现生产集约高效、生活宜居适度、生态山清水秀。

第五，构建文化传承与创新体系。乡村文化是乡村社会得以延续的核心。乡村文化既赋予了乡村生活丰富多彩的意义，也赋予了乡村社会秩序稳定的基因。乡村振兴，文化建设要先行。要着力发掘农村优秀传统文化的积极元素，积极运用现代文明的价值理念滋养乡村文化。武平历史文化底蕴深厚，千年文化给予武平人文化自信的底气，也赋予了武平人文化传承的责任。没有文明的继承和发展，就没有文化的弘扬和繁荣。武平传统文化一脉相承，铸就了“敢为人先、接力奋斗”的武平林改首创精神。林改创举激发了武平人家园建设的热情，也激活了武平人对生态文明的向往，加快了以生态价值观念为准则的生态文化体系构建。武平县坚持创造性转化、创新性发展，以全国文明县城、全国文明城市创建为抓手，步步推进，建设自己的文化高地，迎来全县遍开文明之花，全民共行文明之举。

第六，夯实基层治理体系。乡村治理中，自治是核心，德治是基础，法治是保障。推进乡村善治，关键在党的领导。习近平说：“千条万条，最根本的只有两条：一是党的领导；二是人民群众的力量。”① 这是开展农村各项工作的指导思想和基本原则。领导广大人民群众脱贫致富，需要有领头羊和带头人，需要加强农村基层党组织建设，同时充分发挥人民群众的智慧。应扎实推进抓党建促乡村振兴，突出政治功能，提升组织力，把农村基层党组织建成坚强的战斗堡垒。武平在推动乡村产业兴旺、生态宜居、乡风文明和生活富裕的过程中，基层治理发挥着重要的支撑作用。武平构筑坚实的组织堡垒，激发基层自治活力，构建严密的法治保障，形成了以基层党组织为核心、群众性自治组织协同联动的治理体系，实现乡村振兴。武平基层治理初见成效，展现了“自治、法治、德治”相结合治理原则的有效性。

多年来，武平县域生态文明建设与乡村振兴所取得的丰硕成果，既包含武平人民对实现乡村振兴战略理念、体制、机制、方法等的初步思考，又包含实现“机制活、产业优、百姓富、生态美”协同推进的实践探索。既包含武平各届领导班子精诚团结、不懈追求的梦想，也展示了红土地人民“敢为人先、接力奋斗”的创新创业精神和良好精神风貌。

本书研究的思路是从武平林改激发发展活力开始，探讨武平绿色崛起与乡村振兴中产业、生态、布局、乡风、治理、生活等各个领域，它们构成县域经济协调发展的有机整体。在研究中，我们努力将理论结合实践，历史结

---

① 习近平：《摆脱贫困》，福建人民出版社，1992。

合现实，重点阐述了各自在乡村振兴中的重要作用、主要做法、基本经验以及面临的挑战。研究将经验总结、问题导向与发展趋势进行较为系统的归纳与总结。同时各章还提供实践案例，以增强本书的可读性。

在武平调研期间，课题组走村入户，与县乡领导、基层干部、村民开展深入访谈，查阅历史档案，我们深切感受到客家儿女对武平这块沃土的深厚感情，感受到奔腾不息的汀江两岸蓬勃昂然的生机，感受到青山绿水间人与自然和谐共生的美丽华章。“绿水青山就是金山银山”，通过闽西人民的艰苦奋斗正在从理念成为现实。

第一章

激发改革活力：武平林改的突破与经验

武平地处闽、粤、赣三省接合部，是全国南方集体林区县和福建省重点林业县，也是典型的“八山一水一分田”的山区县。全县土地面积2630平方千米，辖17个乡（镇），总人口40万人，林业用地面积324.7万亩，有林地面积314.4万亩，生态公益林面积90万亩，占林地面积的27.7%；活立木蓄积量2179万立方米，森林覆盖率79.7%。[①] 人口总数中约有90%人口与林业发生关联。

发端于武平的集体林权制度改革，是由时任福建省省长的习近平同志亲手抓起、亲自主导的，既是农村土地承包制的丰富和完善，又是中国农村的又一场伟大革命。其核心内容是：在保持集体土地所有权不变的情况下，确立经营主体，明晰林地使用权，放活经营权，落实处置权，保障收益权，做到“山有其主，主有其权，权有其责，责有其利”。集体林权制度改革是一项自上而下与自下而上互动互促形成的林业经营管理体制的重大创新，攸关林业发展、林农增收、林区稳定和美丽中国的实现。这场从山下转向山上的林权制度变革，从根本上调整了农村生产关系、解放了林业生产力，为林业大县武平厚植绿色突破发展瓶颈、奠定坚实的绿色根基，并在随之展开的林权配套改革中以机制活促进全局活，进一步解放和发展了林业生产力、释放绿色新动能，使林业在生态惠民、绿色富民、精准扶贫中承载绿色使命。

武平从林改起航，以“三破三立”“四方联动”“三率先两统一”等改

① 《武平县集体林权制度改革工作情况汇报》，2017年7月。

革方法机制，推进林改与林区稳步发展；以将军赶路、不追跑兔的稳健执着推进绿色发展和生态文明建设；坚持以人民为中心的发展，为了人民、依靠人民、造福人民，实现了从生产发展到产业兴旺、从生态建设到生态宜居、从民主管理到治理有效、从生活宽裕到生活富裕。

一　小村庄开启大改革

（一）我国林权制度回顾

在我国的农村土地制度实践中，人们习惯于把农村土地单纯理解为耕地制度，而忽视了其中还包含着林地制度。[①] 事实上，在中国的现有土地面积中，耕地约有 18 亿亩，而林地面积却有 43 亿亩，林地是耕地面积的 2.4 倍，其中属于农村集体所有的林地有 27.37 亿亩，占我国森林面积的 63.65%，涉及农民 4 亿多。[②] 林地和耕地一样，在农民的生计中占有重要的地位和作用。凡是森林茂密的地方，也通常是所谓的贫困山区，山高林远、交通不便、基础设施薄弱、生产力低下、经济社会发展落后。林地经营的好坏是影响农民生计的重要因素。林权制度改革前，由于受林地使用权物权化依据的制约，林地所有权与使用权分离的艰难性、林业生态与经济效益之间的矛盾突出，决定了中国集体林权制度改革的必然性和艰难探索。

新中国成立以来，我国集体林经营制度大体经过四次变动：一是土改时期的“分山分林到户”；二是农业合作化时期的“山林入社”；三是人民公社时期的“山林集体所有、统一经营”；四是改革开放初期的“林业三定”，即稳定山权林权、划定自留山和确定林业生产责任制。这四个阶段的林权制度改革是各个时期经济社会发展的历史产物，不同程度地推进集体林业发展，对经济社会发展和生态建设做出了一定贡献。集体林权制度虽经数次变

① 费孝通：《从沿海到边区的考察》，上海人民出版社，1990，第 140 页。

② 《林权制度改革如何让农民受益》，《人民日报》2008 年 7 月 17 日。

革，但产权不明晰、经营主体不落实、经营机制不灵活、利益分配不合理等问题仍普遍存在。随着社会主义市场经济体制的逐步建立，集体林产权虚置、农民经营主体地位不落实等问题日益突出，严重制约了农民发展林业的积极性，也严重制约了林业生产力的发展。资料显示，到20世纪80年代中期，全国集体林区蓄积量在300万立方米的林业重点县，由50年代的158个减少到不足100个，能提供商品林的县由297个减少到172个。全国第三次森林资源清查，南方集体林区活立木总蓄积量较第二次清查时减少了1.8亿多立方米。也正因此，国家出台林业“三定”方案：稳定85%林权为集体所有；划定15%为林农自留；确定集体林要由村集体所有，由村集体分配至每户负责管护，各有各的责任区。缺少收益权利，却担管护责任，导致林农根本不愿意去管理。

在实行集体林统一经营的年代，集体林砍伐销售采取的是计划经济办法，由当地林业局统购统销。林业部门定好一个价格向村里采购（俗称山价款），村里再组织村民或村里的林场采伐。而这个山价款中还含有一部分要作为村集体收入，最后林农实际到手的收入并不多。而林业局采购来的木材销售到市场时，依据的又是市场价——这就是“剪刀差”，差出来的这些利润，要养林业系统职工，也是县财政的来源。[①] 据资料显示，像武平这样的山区林业县，最高峰时“木头财政”所得，占当地财政收入四成以上。直至21世纪初，由于既没收益权，又不走市场价，人称“八山一水一分田”、中国南方重点集体林区的福建，虽然没有出现大规模乱砍滥伐的现象，但占全省面积八成以上的山却是一片死寂；占了全省人口总量七成以上的山区林农，收入与沿海居民差距逐年加大。据统计，1991年时福建南平、龙岩、三明、宁德四个山区市地区生产总值占全省比重为33%，到2003年下降为22%；沿海与山区的城乡人均收入比1985年时为1.87∶1，到2004年时扩大至2.73∶1。[②] 农民在林业中的利益和诉求没有得到应有的重视和尊重，更谈不

① 武平县地方县志委员会会编《武平县志：1988～2000》，方志出版社，2007。

② 赵鹏：《从曾经的国定贫困县到福建省“十佳县”武平林改十五年》，《绿色中国》2017年8月16日。

上林业生态资源价值的实现。推进新一轮集体林权制度改革势在必行。

集体林权制度改革是把农村土地改革从耕地向林地的延伸，本质上是一次林业经济利益在各主体之间的重新分配与再调整。通过均山分林到户改革，从“承包”到“均山分林”的跨越，以明晰产权的方式，确立了农民的经营主体地位，使农民获得了重要的生产资料。2001 年集体林权制度改革开始于福建武平，不同于前几次林地制度变革政府主导型的色彩，这一轮集体林权制度改革较多地尊重农民的愿望和利益，使农民参与到了集体林权的决策和实施中来。农民在集体林权制度改革的过程中发挥着主体作用，是林改的原始动力，也是林改政策的目标群体。

林改的目标就是更好地实现国家政策与农民需求的均衡发展。为此，有学者指出，“林地制度在村级实践中，其具体经营模式的选择是国家正式制度和村庄非正式制度共同作用的结果。新集体林权制度安排，并不是国家力量单方面所能决定的，最终还是取决于国家力量、林地经营者、村干部和村民群体所蕴含的民间非正式制度力量的博弈而形成的合力”①。

堪称一场革命的林权改革不仅使农民在林改中的利益和诉求得到了应有的重视和尊重，而且对党政部门、各级干部、社会公众等各类群体产生了内化于心、外化于行的深远影响，这是我国改革开放 40 年值得总结的宝贵经验。

（二）捷文村开启大林改

武平县万安乡有个小村庄，叫捷文村。它地处省道 306 线旁，距乡政府所在地 7.5 千米。村子不大，全村有 5 个村民小组，153 户 579 人②，林地面积 26763 亩，其中商品林面积 24876 亩、生态公益林面积 1887 亩，人均森林面积 46.2 亩，是万安乡人口最少、森林资源最丰富的村。与许多山村一样，捷文村祖祖辈辈靠山吃山，20 世纪 90 年代，林中树木被砍了无数，村集体账目竟还倒欠 28 万元。总的说来，捷文村作为典型的林区村所面临

① 朱冬亮、贺东航：《新集体林权制度改革与农民利益表达——福建将乐县调查》，上海人民出版社，2010，第 456 页。

② 截至 2010 年 7 月数据，2001 年全村共 164 户 632 人。

的困境代表了同时期许多林区村共同面临的问题，集体统管山林的运行模式导致了农民理性与集体理性的不一致。林农并非仅仅作为制度安排的影子而消极存在着，他们有选择性、自主性，并且对制度产生影响。农民的行为是一种自觉的制度变迁行为。但是，农民的行为确实使管理者意识到政策和体制的不合理性。面对困局，捷文村村民和村干部做出了石破天惊的行为选择。

图 1－1　武平县捷文村

林改一触即发。20 世纪 90 年代，放眼整个龙岩，严重的乱砍滥伐现象令龙岩市委、市政府焦头烂额。为此，龙岩市率先进行“放开林木经营权”改革，全市林业系统“自己砍了自己一刀”：全面取消林木统购统销政策、裁撤全部乡镇采购站，把“剪刀差”还给林农。可市场价的利润到了村里，在有的地方又成了村干部截留乃至瓜分的“肥肉”，落到林农手中的仍是“零头”。1999 年 1 月 7 日，龙岩市委一号文件提出“深化林业经济体制改革”。同年 7 月，市林委在给市人大的《关于深化林业经济体制改革的报告》中，提出“林权改革”。① 这份连红头文件都算不上的报告，成了武平县开展集体林权制度改革的唯一依据。

2000 年，国家林业局推行换发全国统一式样的林权证，但此次“换证”仍只是对以往集体林再次确权，产权问题上并未松动。2001 年 4 月，福建省林业厅组织开展换证试点，武平县被确定为试点县之一。“要试就试出点新东西来，最好要在产权制度上做点文章。”时任武平县委书记严金静说的“试出点新东西”，就是许多林农一直想说却没敢说出来的“把集体林权分到户”。2001 年 6 月的一个晚上，当时的村支书李永兴到邻村串门，恰好遇到县林业局和镇里干部讨论“到底选哪个村试这件事情”。这不正是整顿村里林业秩序的好机会，李永兴当即向镇领导表态，捷文村愿意试点。

2001 年 6 月，武平县委、县政府组织工作队蹲点捷文村开展集体林地林木产权改革工作试点。捷文村村民欢欣鼓舞，村小组会、村民代表会、全体村民会议，所有人都积极参加，几乎没有人缺席。会议讨论的焦点主要集中在“山要怎么分，山要由谁分”等林改方向性问题上。在广泛调查研究、充分尊重群众意愿的基础上，武平提出“山要平均分，山要群众自己分”的正确抉择，把集体山林按人口平均分配到户，破天荒的改革从捷文村率先开始。不到两个月，村里就根据县林业局和五个自然村群众的意见，整理出了一套分配方案：“四权”中，林地所有权仍归集体所有，其他三权归林农；户户都要分，期限为 50 年；界线以当年集体林时每户的责任区为依据；村里的公益林一起分配，专门用于对新增人口和林地面积较小的人家进行“补瘦”；按山林肥瘦程度分为四个等级，每年每亩向村委会上交 0.5 ~ 1.5 元的林地租金。之后，又用了不到两个月，村两委带着林业技术人员走遍全村每座山头，为全村 164 户人家勘定分界、勾画四至(详见表 1 - 1)。

① 我国的“林权”，一般是指“林地所有权和经营权、林木所有权和使用权”四项权利。

表 1－1　2002 年捷文村集体林已确权面积

类别	承包到户	自留山	总计
面积（亩）	23037	3726	26763

数据来源：武平县林业局。

2001 年 12 月 30 日，捷文村村民李桂林领到了全国第一本新版《中华人民共和国林权证》，上面清清楚楚标注着“林地使用权、林木所有权和林木使用权归林农李桂林所有”。就这样，小村庄开启大改革，捷文村意外地走进了历史的画卷（见图 1－2）。

图 1－2　捷文村村民李桂林展示个人持有的全国第一本新版林权证

武平县以其“耕者有其山”的模式和先行先试的精神而得到认可。作为我国林改策源地，捷文村的集体林权制度改革具有很强的先导性、典型性和示范性。武平林改经验由此逐步向全省、全国铺开，武平最早提出的“四权”等林改模式和工作机制被吸纳进中共中央、国务院 2008 年 6 月出台的《关于全面推进集体林权制度改革的意见》，成为国家林改举措。武平被誉为“全国林改第一县”。

（三）由点到面探路示范

2001年以前，武平县和全国大小林区一样，尽管相继开展了林业“三定”、落实完善林业生产责任制等改革工作，但由于没有触及产权问题，集体林产权不清、经营主体不明等体制机制问题一直没有解决，严重挫伤了林农的积极性。林业发展存在“乱砍滥伐难制止、林火扑救难动员、造林育林难投入、林业产业难发展、望着青山难收益”等五大难题，这在当时也是全国林业的普遍困境。林改先行破题的形势迫切、势在必行，可以说武平林改是现实问题倒逼出来的。

“五大难题”，根在集体林权制度。为了破解这些难题，2001年12月，捷文村均山到户之后，武平县委要求每个乡镇书记都要抓一到两个村进行改革探索。县委、县人大、县政府、县政协为此派出多批人马到捷文和其他试点村调研，形成调查报告，几上几下，多次讨论。2002年4月，武平召开集体林权制度改革工作试点动员大会，县委、县政府正式出台《关于深化集体林地、林木产权改革的意见》，从产权入手部署推进林改工作，武平“抢跑”了第一步。随之形成了以“四权”（即“明晰产权、放活经营权、落实处置权、保障收益权”）为主要内容的武平林改模式，形成“县直接领导，乡镇组织实施，村具体操作，部门搞好服务”的林改工作机制。

在既没有上级授权，更没有其他地方经验可借鉴的情况下，武平全县上下顶着巨大压力铺开了全县的林改工作，在全国“领跑”第一步。山分了，林权证发了，但没有上面的红头文件，发下去的证算不算数，分下来的山会不会被收回，武平人的心始终不踏实，这可是像当年安徽小岗村分田到户一样的大事，当不了先锋就要成先烈。

在集体林权制度改革最关键的时刻，2002年6月21～22日，时任福建省省长的习近平到武平调研工作。武平是距离省会福州最远的县城之一，那时高速公路还没有开通，从福州到武平单程需要走整整一天时间。这已是习近平就任省长两年多来第四次来到武平。一进武平，习近平就走村入户开始调研，并在城厢乡召开了基层干部群众座谈会，做出了“集体林权制度改革要像家庭联产承包责任制那样，从山下转向山上”的重要指示。[①] 这一历史性决定为林改一锤定音。

2002 年 8 月，习近平再次对集体林权制度改革做出指示：“林改的方向是对的，要脚踏实地向前推进，让老百姓真正受益。”武平县委、县政府以习近平同志的重要指示为指引，开始在全县全面推进集体林权制度改革，先行先试的“四权”改革和林改工作机制逐步在全县全面展开。

由此，中国集体林权制度改革在福建拉开大幕：2003 年，福建全省推进集体林权改革；2006 年，福建深化集体林权改革并得到中央认可；2008 年，全国集体林权改革全面启动。武平创新的林改“四权”改革模式和工作机制，被 2003 年 4 月 4 日福建省政府出台的《关于推进集体林权制度改革的意见》吸收借鉴。2008 年 6 月 8 日，中共中央、国务院出台的《关于全面推进集体林权制度改革的意见》再次将武平提出的“四权”改革和工作机制写入文件，武平林改经验在全国落地生根。2017 年，汪洋同志在全国深化集体林权制度改革现场经验交流会上强调：“武平是习近平总书记在福建当省长时亲自抓起、亲自主导的集体林权制度改革的发源地。这次全国深化集体林权制度改革现场经验交流会在武平召开，重走习近平总书记当年推动集体林权制度改革之路，帮助我们更深刻、更系统、更全面地领会习近平总书记关于生态文明建设的一系列新理念新思想新战略，为我们持续深化集体林权制度改革提供了强大的思想武器。”

从“承包”到“均山分林”的跨越，是武平实现林地承包经营权的制度创新。由于武平县是全国最早推行林改试点的县，没有改革先例可资借鉴。试点对于林改方案进行了各式探索，以各种形式将林木产权有偿转让到户或联合体，大致采取了招标转让、协议转让[②]、股份合资转让等形式。村集体实行均山这种形式，就是家家户户都有山。均山到户使

① 时任省林业厅厅长的黄建兴，至今依旧清晰地记得习近平同志考察时在现场做出的指示。

② 协议转让即村委会根据评估结果，将山场林木作价后协议转让给农民经营，并签订转让合同。

耕者有其山，实现了林农的林地承包经营权，成为以公平促进效率提升的起点。

二　武平林权改革的实践及成效

作为我国林改策源地，捷文村的集体林权制度改革具有很强的先导性、典型性和示范性。武平林改经验由捷文村向全县逐步向全省、全国铺开，然而武平林改历程是一个放权、还权和还利的持续改革创新的探索过程。

（一）林权配套改革持续推进

森林生态系统的功能地位远比农田生态系统复杂，林改问题比起土改问题要来得更加复杂，从山下转到山上的改革是又一次革命。分山到户仅仅是林改的第一步。如何实现生态效益、社会效益的有机统一，实现“生态美、百姓富”的有机统一，尽快引导林农走上“不砍树也能致富”之路，才是林改的核心目标和关键所在。随着改革的深入推进，武平林业发展的“评估难、担保难、收储难、流转难、贷款难”等“新五难”问题开始摆在党委政府和老百姓面前。要突破“新五难”，必须持续推进配套改革。

分到山后，林农纷纷上山植树造林。上级下达的造林计划，远远跟不上群众的热情。2003 年和 2004 年武平县两年造林计划数是 1.5 万亩，2005 年群众造林超过 4 万亩，2011 年超过 9 万亩。种树的钱从哪里来，成为制约林业发展的一个瓶颈问题。造林大户一般拥有 200～300 亩山林，一个造林季节，每户仅成本就在 10 万元以上。造林的钱从哪里来。武平县提出了“担保贷款”思路：2005 年，武平林业局成立了林权贷款担保公司——由县政府累计注资 240 万元，再由银行放大 5 倍放贷。可操作了几年效果并不理想，只贷出 28 户、380 万元。症结在于一旦发生贷款风险，金融机构和担保公司，都难以处置林木资产变现。2013 年，武平县再度创新，成立了林权收储担保中心，在全国率先开展林权直接抵押贷款。与前者不同的是，后者既能操作专业林木资产评估，也可提供林权流转服务，更关键的是，发生风险后可以将被抵押的林权进行收储，通过采伐或再次流转实现林木资产变现。有了风险资产处置能力，银行闻风跟进，至今已有四家银行与武平县林木收储担保中心签约，条件也从“一贷一年”放宽至“一贷三年”，放大比例扩大到8倍。短短三年，已放贷530多户、6000多万元，其中捷文村就贷了110多万元。这一做法，已在福建普及推广，至今全省已建立223个林权流转平台、38家林权收储机构、200多家林业调查等中介服务机构。2017年7月，武平又在全国率先推出“普惠金融·惠林卡”金融新产品，作为可复制的经验向全国推广。福建还率先在全国推出贷款期限长达15~30年、月息在6‰以下、具备第三方支付功能的“林权支贷宝”（见图1-3）。

图1-3　武平县“普惠金融·惠林卡”发放仪式

实际上随着分山到户，就如同当初分田到户一样，山林流转、规模经营、专业合作，同样是山林最终能变成“摇钱树”的不二选择。2013年7月25日上午，武平在捷文村举行林权直接抵押贷款开贷典礼，50多岁的村支书钟泰福与其他5位林农，第一批与中国邮政储蓄银行武平支行签订了林权直接抵押贷款协议，得到了4万元至10万元不等的贷款，实现资源变资产、资产变资本。

捷文村村民李美元是早年全村第一个去广东打工的年轻人，不但赚了一些钱，更练就了对市场敏锐的嗅觉。2006 年，李美元在闯荡十多年后回到了老家，“种树也一定能致富！”这一年，武平县农民人均纯收入增幅连续第三年高于城镇居民。但李美元的估计又过于乐观了，在此之后连续五年，武平农民人均纯收入增幅再度低速徘徊。不过这倒也给了李美元机遇：他连续六次成功流转本村其他村民的山林，加上自己手上的，总共近 700 亩，是捷文村的第二大户，林业生产释放出规模效应。

像他这样的大户，捷文村共有 7 位，平均林地规模五六百亩。当初林改时，捷文村 164 户，平均每户 214 亩，如今这 7 户所拥有的可采伐林地面积，占到全村 1/4 以上。靠林吃饭的户数越来越少、平均种植规模越来越大，资金足且专业性强，他们成为林改后诞生的新型林业经营主体。目前，福建省共有新型林业经营主体 4500 多家、营林面积 1100 多万亩，参与农户近 20 万户。随着新型经营主体的涌现，2011～2016 年，武平农民人均纯收入增幅再度连续超越城镇居民，最高一年增幅高出 5 个百分点。

2013 年 10 月，国家林业局农村林业改革发展司领导到武平调研林改工作，对武平率先探索发展林下经济的做法给予充分肯定；同年 10 月，武平县被确定为首批“国家林下经济示范基地”。

作为福建省 23 个省级扶贫开发工作重点县之一的武平，以林下经济建设为抓手，结合精准扶贫，安排专项扶持资金，重点扶持林下经济经营单位及贫困户发展林下经济，并通过“政府引导、种养结合，创建基地、培育特色，拓宽路子、精准到户”，再次率先在全国探索“借林”扶贫模式。2016 年，武平县扶贫办获评“全国扶贫系统先进集体”，成为福建省唯一获此殊荣的单位。2017 年 9 月，武平县被确定为“国家集体林业综合改革试验示范区”。

（二）从国家贫困县到十佳县

从区域要素看，林业大县的区域经济地理主要特征是“林、边、弱、难”。凡是森林繁育的地方，也通常是所谓的贫困山区，林地经营的好坏是影响农民生计的重要因素。地处福建省龙岩市西南部的武平也不例外，“明晰产权，确权发证”的完成是森林资源向资本转换的前提条件。而明确产权归属只是改革的第一步，推进林业投融资机制改革、优化公共财政投入等深化改革则为实现林农增收、资源增长、生态良好及林区和谐的最终目标保驾护航。

1．“三个率先”，激发活力

“三个率先”，促进了两统一。武平推动林改向纵深发展，再一次以自我革命精神创造性地实现了“三个率先”，即率先开展林权直接抵押贷款，盘活了林农资产，实现林业发展“有钱投”；率先探索商品林赎买，通过赎买、租赁、置换等方式，让待砍伐的商品林变身为“绿色不动产”，妥善处理了生态保护与林农利益的关系；率先探索兴“林”扶贫，探索发展林下经济、生态旅游、林产品精深加工三大产业扶贫模式，实现了“不砍树也致富”。“三个率先”大大地激发改革活力，从林改探路到新的改革拓路。近几年，武平持续通过出台政策、资金扶持等措施，鼓励林农发展林下经济。得益于这些利好政策，林农实现不砍树也致富，正是“山添新绿、林改催生了好生态，点绿成金、林下经济助农致富”。例如，种草珊瑚技术要求不高，效益却挺高，亩产值能达到6000元。民主乡林荣村有2万多亩山地，大多是阔叶林，非常适合种植草珊瑚。村民王传龙投资20多万元购买8万多株草珊瑚种苗。目前，村里有11户林农跟着王传龙学着种植草珊瑚1000多亩，户均增收十余万元。中堡镇梧地村林农连永聪听说县里对发展林下经济在技术、资金上都有扶持，便投入资金发展林下养鸡。目前他的养殖规模达到5万只，每年出产10万多只鸡，产值400多万元，还带动周边100户林农开展林下养殖。这些林农的致富经，正是全国林改标杆县持续推进林改“升级版”建设，促进“百姓富、生态美”有机统一的一个缩影。

林改促进了林农财产性收入增加，有效实现了绿色就业。从经济学上看，产权实际上是资源稀缺条件下人们使用资源的权利，或者说是人们使用资源的适当规则，其核心是利用产权的激励机制来使产权拥有者获得利益。产权的落实标志着集体林业产权制度在中国的全面确立，有效提高了林地价值和农民投入林业生产的积极性。伴随着林地的不断升值，林地流转的地租金额呈现不断增长的态势，对于务工在外、抛荒山地的农民来说，其财产性收入得到显著提高。

林业在赋予农民财产性收益的同时，也有效吸纳了乡村劳动力的就业，集体林权制度改革为返乡农民实现“绿色就业”提供了条件和基础。林业已成为农民就业的“稳定器”和乡村社会稳定的“蓄水池”。随着林权流转市场的开放，“农民下山、资本上山”成为当前林业经营中常见的图景，村庄大量的闲置和弱势劳动力被有效地利用起来。在当地就业解决乡村剩余劳动力的同时，也一定程度上保障了村庄老人的养老问题。在当前农村养老和社会养老体制亟待完善的情况下，当地农民通过山林解决自己的养老问题，有效地保障了乡村社会的稳定和谐。

2. 统筹发展，激发动力

统筹产业发展。在我国整体进入后工业化发展阶段，区域经济中的产业发展并非只有梯度转移这一条路径，依托生态优势、自然资源、区位优势和人文优势，武平聚集了发展文化创意、生态旅游、体验经济等战略性新兴产业的条件和基础。

坚持农业农村优先发展，保护好绿水青山，发展好林下经济、乡村旅游，推动农村一、二、三产业融合发展。林区发展核心在林改，成败在林下经济，林下经济活则全盘棋皆活。林下经济模式多样，生态经济效益显现。发展林下经济是实现兴林富民的重要抓手，国务院及相关部门出台了一系列政策予以支持和推进，如2012年8月出台的《关于加快林下经济发展的意见》；2013年出台的《全国集体林地林下经济发展规划纲要（2014—2020年）》等。2015年4月公布的中共中央、国务院《关于加快推进生态文明建设的意见》再一次明确提出要发展特色经济林、林下经济、森林旅游等林产业。就目前调研的情形来看，林下经济成效显著，发展势头迅猛。总结起来主要有：林游模式，包括森林旅游和生态旅游等；林药模式；林蜂模式；

林菌模式等。多种多样的经营模式使林农在收获林地经济价值的同时，也保护了生态环境，充分体现了习近平总书记所说的“绿水青山就是金山银山”这一论断。

统筹合作经营，农民权益得到保障。基层实践中，因为社会排斥机制的存在，导致林地承包经营权被逐步集中到少数人手中，从而背离了林改“耕者有其山”的目标。这种情况的确存在，但是随着改革的不断深化以及政策的逐步完善，合作经营中更加注重利益的均衡，制度设定的目标正在逐渐实现。武平调查发现，合作经营中通过山林入股的方式较多，有效地彰显了公平正义。具体体现在两个方面。一是发扬民主、公平估价。山林入股合作经营，如何实现公平估价成为保障农民利益的关键。调研中发现当地农民充分发挥乡土智慧，采用独具乡村特色的方式确保各家的山林得以公平估价。二是让利于民、均衡收益。在过去，林农大户一次性买断林地剩余的承包期限，一次性付给农民流转资金，导致的直接问题就是随着林业市场的火热，个体农民和大户之间的利益差距越来越大，矛盾纠纷逐渐增多。

武平为推进新型工业化、城镇化、信息化、农业现代化、绿色化的“五化”同步、后来居上和赶超发展。重点策划建设环梁野山城乡一体化协调发展试验区，实现“山上山下”统筹发展，全域旅游在加快推进生态旅游、苗木花卉、林下经济等绿色生态产业发展的同时，也促进了城乡资源要素的对流和人口、就业的回流，大大推进了城乡融合发展及美丽乡村建设。

3. 深化改革，提升竞争力

当前林改处于不进则退的承上启下期，进一步深化林改任重而道远，必须锁定完善政府服务体系、促进农民收益、提增生态经济效益等目标。但任何制度改革都不可能是一蹴而就的，需要一个循序渐进的过程。目前武平深化林改成效已日益突出，呈现出较好的实践效果。集体林权制度改革是一个系统的、复杂的和长期的工程，缺乏服务力量的支撑，改革难以为继，政府服务体系的完善则是当前深化林改成效的直接体现。一要加强基层政府的监管服务，有效避免“跑马圈地”。一些工商业企业借林改之名大量低价圈林占地，致使大量农民失林失地。基层政府为了避免这类事件的发生，采取“保证金”的模式实行有效监督。二要提高财政激励。2015 年中央一号文件明确提出：增加农民收入，必须完善农业服务体系，帮助农民降成本、控风险。三要推进社会化服务。为解决林农的技术需求，采取购买服务方式，与福建农林大学建立起良好的技术合作关系，每年定期邀请专家来县给林农做讲座和技术培训。

（三）厚植绿色奠定振兴根基

不善弈者谋子，善弈者谋势。武平作为“林改”策源地和主战场，林改精神深度融合到武平经济社会改革开放发展的各方面、全过程，形成当代武平人的创新文化、生态理念、务实践行、文明风尚。把生态文明建设融合贯穿于政治建设、经济建设、社会建设和文化建设之中，政治生态清朗，经济生态化、绿色化，社会生态多元和谐，文化生态繁荣文明。

思路决定出路。决胜全面建成小康阶段，武平更加注重创新驱动，推进发展质量变革，实施生态立县、工业强县、旅游富民三大战略。更加注重区域协调，推进发展动力变革。从城乡经济一体化发展空间布局考虑，落子武平“一心一环两廊”区域发展布局，促进区域平衡充分发展，撬动乡村崛起。“一心一环两廊”为建设机制活、产业优、百姓富、生态美的新武平规划新格局。

武平立足生态、高起点定位，建设宜居宜业宜旅的生态文明城市。按照“产业兴旺、生态宜居、乡风文明、治理有效、生活富裕”的总要求，逐步形成“林改 + 旅游”“养生 + 旅游”“种养殖 + 旅游”的发展模式。同时，其不断借力捷文村效应，主动整合武平生态、山水、民俗、药田、茶海、花果、客膳、乡村、古镇等资源，积极打造主题小镇、全时体验、风景道、泛景区化旅游目的地，拓展赣州、梅州等辐射半径 300 千米游客市场。独特的林下经济与农产品品牌建设正在影响着武平，也吸引着八方游客。全域旅游与城乡融合发展良性互促。仅 2017 年该县旅游接待人数 207.07 万人次，比 2016 年增长 21.6%，实现旅游收入 19.27 亿元，比 2016 年增长 26.2%。

武平县不但是“全国林改第一县”“全国文明城市”“中国天然氧吧”“国家园林县城”“全国平安建设先进县”，而且还有一张很了不起的名片——“中国黄金果之乡”。据了解，如今的武平，在农业上最为亮丽的特色农业品牌莫过于“百香果”与“象洞鸡”。二者曾作为厦门金砖会晤国宴的用品，享誉中外。

传统发展观念及生产方式已经不能适应新时代发展潮流。绿色发展绝不是不要发展而是要转型升级发展，需要 GDP 但不唯 GDP。

在园区企业发展上，武平县园区多元要素积聚，多项基础设施建设日臻完善。2017 年 2 月，武平高新技术产业园区更是获省政府批复成立，成为全省首个县域省级“高新区”，成为闽粤赣区域新的经济增长极和县域高新技术产业发展示范区，对提升武平技术创新水平、促进产业转型升级、增强可持续发展具有重要带动作用。

创新是引领发展的第一动力，更是武平县的立县之本、发展之魂。武平县加快转型升级，加强产城融合，实现产业大发展、基础大提升、平台大跨越，打出了一系列创新组合拳，加快了县域改革创新发展步伐，成为吸引投资的新热土、城市建设的新风景、经济发展的新引擎。蓝图已绘就，起舞正当时。各类创新要素加速集聚耦合、裂变，成千上万市场主体活跃起来。我们有理由相信，以奋斗者姿态努力冲刺的武平县，能够奋力开创该县经济社会发展新局面，书写出“高质量发展”的时代答卷。武平县将紧紧围绕高质量发展、赶超发展要求，聚力开展赶超发展“项目服务年”活动，谋划实施好县域经济“一心一环两廊”发展，着力实现武平经济发展“高素质”、生态环境“高颜值”、脱贫攻坚“高水平”，推动“再上新台阶、建设新武平”迈出新步伐。

三 武平林权改革的突破与探索

武平林权改革过程实现三大突破、建立三大机制，综合改革激发活力、激发动力和区域竞争力，活络要素、活络产业、活络效益，以机制活促全局活。

（一）分山到户唤醒自主性

改革开放后，林农角色发生了悄然的变化，从林改的利益主体到林改的推动者；从社会管理的对象到社会治理的参与者和管理者；从经济社会变革的旁观者到推动者和支持者。

在林改这场革命中，林农们怀着脱贫致富的美好愿望，敢为人先，依据“山要平均分，山要群众自己分”的理念，多线并进实行分林到户，体现出自我组织的理性和能力。由于改革关照和确认了大部分农民的利益，因而群众对改革的支持和热情极高。在林改的具体实施的宣传发动、调查摸底、制订方案、确权发证等阶段，利益关联农户都亲身参与。正如村里一位老人所说：“捷文村搞林改比当年土改更积极。”据村干部回忆，当时家家户户情绪高涨，大会小会场场满座；为制订确实可行的改革实施方案，工作队员和农户一起深入山场地块，调查摸底，做到对每一块山、每一片林心中有数；为广泛听取广大村民意见，通过开会座谈、入户宣传等形式，即使是对外出务工人员，也通过电话、书信等方式，与他们取得联系，充分征求他们的意见、看法，全村 500 多人都把林改当作与自己切身利益息息相关的大事，积极建言献策。林农拥有了林地经营权，开始成立林业协会组织。协会的职责包括：一是大力宣传，贯彻党的林业方针、政策和法律法规，提高广大村民群众爱林护林的积极性、主动性，增强责任心；二是制止偷砍盗伐、非法征占用林地和违章用火等行为的发生，维护林区秩序稳定；三是发生火警、火灾，积极组织扑救，并协助有关部门查处火灾肇事者；四是积极组织会员交流，推广、应用林业新技术，提高林农经营林业水平。与此同时，制定了护林防火村规民约，并经村民代表大会讨论通过，公布施行，有效地规范了林业经营和管理行为。

基层林区在林改工作组的指导下，制定实施意见和方案，并发放到村民小组征求意见，最后召开村民代表大会，讨论通过林改方案，由村民代表签字确认并公示。重点把握三条：一是稳定 1981 年划分的自留山、责任山；二是把已划定分的自留山、责任山实地规划清楚；三是村集体统管的山林用于均山调剂，为确保家家户户都能分到山，不采取对外招标转让等形式，防止内外勾结，外人进村来买山场，造成部分村民无山可耕。之所以选择均山的模式，有几个方面的原因。首先，出于试点的需要。林业“三定”已经将责任山划分到各家各户管理。分山到户的方式使得确权发证的阻力较小。1981 年的时候各家各户已经分好了责任山和自留山，只是存在界址等需要划定清楚。其次，集体统管的模式已经难以为继，农民有着强烈的自己经营山林的愿望。群众通过向工作组、村委会、村民代表反映自己的意见，明确反对把集体统管的山林对外招标转让，要求还林于民。

村民在林改后的合作采取联户管理。随着原集体统管山林部分转让到农户经营，为了应对森林火灾或偷砍盗伐林木等突发事件，降低山林管护风险，在林权发证以后，逐渐形成了联户管理的模式。根据互惠互利的原则，成立了护林防火协会。林农视山林如家产，自觉投入巡山护林，尤其是森林防火，一有风吹草动，全村男女老少都能做出快速反应。2003 年地处边远的金屋坑发生一起火警，不到半小时全村出动了近百人，一举把山火扑灭了。以前山上的树都是公家的，能偷就偷。发生山林火灾也没人愿意去扑救。如今说有人去偷砍树，就会有人出来制止。还有就是防火，大家都是比较重视，如果谁不小心，烧到你的山，由于监督的存在，最起码你要赔嘛。这样就不会乱来了。又如开路的事，农户组成一个联合体，他们自己组织协商，组成了自筹资金的联合体。全村大概有 2/3 的农户联合起来了。另外的 1/3 是离村比较远，还没有联到。目前会员已发展到 122 户，管护面积达到 15000 多亩。[①]

联合体的存在实际上起到了村民之间的桥梁纽带作用，特别在林业经营上并不能像耕地一样分得那么清楚，在管护、经营等环节上需要合作来克服分散化、碎片化经营带来的困难。目前，周边乡镇（如中赤乡、岩前镇）等出现了村民从广东引资合股开发山地的事例，吸收社会资本办林业，拓宽了社会办林业的范围。武平引导林农走“合作造林”“联户经营”等多种形

① 黄建兴：《林权改革的核心是产权》，《中国经济》2006 年 6 期。

式造林的新路子，对于较为分散、面积小的林地，从便于种植管理的角度出发，由几户或十几户联合起来，采取统一造林、统一管护、统一收益分配的方式联户造林。

（二）林权改革由破而立

1. 实现三大突破

武平集体林权制度改革是重大的制度创新，实现了重要的三大突破。一是突破产权。采取产权量化给个人的做法。如果林权证不是发到林农，而是发给一个村、小组或者是合作社，效果不会有现在那么好。只有将林权量化给个人，农民的积极性才能被调动起来，他们对资产的关切度才能大大增加，农民也能凭林权证自愿参加合作社。二是突破预期。2008 年中央 10 号文件中把林地承包期定为 70 年不变。70 年，就到第三代以后了，“爷爷种树，让孙子来砍”，林区农民有了稳定可靠的预期，可以安下心来发展生产。三是突破瓶颈。森林资源变现难、林业投入融资难，成为最需突破的瓶颈。明确“推进林权流转、推进林权抵押贷款，促进规模经营、促进林农增收”为解决“两难”问题的根本途径。通过改革创新，林地和林木可以直接抵押，实现“林农下山、资本上山”，突破资本约束，经济就活了。深化林改搞好农村产权抵押贷款，必须建立两个中心：一个是农村信用担保中心，也就是通过街道办事处、居民组织，对农民的信用情况、实际资产了解得一清二楚，向银行借钱时通过农村信用担保中心给农民担保，农民就可以借到钱；另一个中心是农村产权交易中心，如果抵押贷款不能偿还了，银行可以把抵押的土地、林地、房产位置和面积在网上公布，找买家，上网竞价，钱直接拨给银行，多余的再还给抵押人。这样，银行就放心了。

2. 建立三大机制

一是改革创新机制。发端于捷文村的武平林权改革，经历艰难探索，首创林权改革四权四方联动的改革机制。即“明晰产权、放活经营权、落实处置权、确保收益权”为主要内容的武平林改模式，以及“县直接领导，乡镇组织实施，村具体操作，部门搞好服务”的林改工作机制，促进了林业发展、林农增收和林区稳定。武平也以其“耕者有其山”的模式和先行先试的精神而得到认可。二是社会治理机制。林改不仅改出好生态、改出好机制、改出美好富裕生活，也改出多元治理、改出乡村文明新风尚。三是资源转化机制。制度创新是武平经济增长的动因之一，均山确权有效激励林农生产热情及投入，也促进了林业资源的有效转化，实现了造血机制。

（三）综合改革激发活力

创新、绿色、协调、开放、共享的新发展理念为武平综合改革全面推进指明了方向。武平全面推进综合改革，激发改革活力、形成联动合力、提升区域竞争力。

激发改革活力。林改成效体现在通过林区生产经营制度的创新：明晰产权，确立了经营主体地位，激发了林农积极性；建立有效的林业生产经营组织，促进新型林业合作经济组织，提高了林业生产组织化程度；建立健全林业社会化服务组织体系，提供高效便捷的社会保障服务；建立林业要素市场和林权流转平台，推进林业资源配置市场化。

形成联动合力。集体林权制度改革是农村生产关系的重大变革，事关全局、影响深远。集体林权制度改革涉及面广、政策性强。武平各有关部门各司其职，密切配合，通力协作，积极参与，主动支持，林改就必然顺畅。各群众团体和社会组织要发挥各自作用，为推进集体林权制度改革贡献力量。加强舆论宣传，努力营造有利于集体林权制度改革的社会氛围。

提升区域竞争力。林权综合改革促进基层民主与社会治理建设。其一，林改对农村基层民主制度的促进。提高村民的民主意识，扩大村民参与决策权，保障村民的经营自主权和收益权，促进民主管理，强化村民的民主监督权，促进村民行使选举权与被选举权，扩大村民行使民主权利的经济保障，扩大村民行使民主权利的制度保障。其二，林改对完善农村基层管理体制的有力促进。促进村民委员会管理体制的完善，促进基层政府及其部门管理体制的完善，促进党风政风建设，提高农村基层政权组织执政能力，密切干群关系。林改是构建林区和谐社会的关键。新一轮林改前林区存在的不和谐现象，林权制度不完善制约着林区和谐社会的构建。林改促进林区和谐社会的建设，因而大大提升了区域竞争力。

（四）深化改革的新探索

经过 17 年的接力奋斗，武平林改改造和重塑了农村生产关系，实现了生态环境改善和农民脱贫致富协调发展，推动绿色发展和生态文明建设。在我国林业改革全面深化背景下，武平深化林改开启新探索。改革没有终点，决胜全面建成小康社会的现实目标再次倒逼武平深化集体林权制度改革，深入总结林改经验，不断开拓创新，推动林业改革再上新台阶。如何围绕增绿、增质、增效，着力构建现代林业产权制度，创新国土绿化机制，开发利用集体林业多种功能，广泛调动农民和社会力量发展林业，更好地实现生态美、百姓富的有机统一。深化集体林权制度改革和林业改革任务艰巨。一是要进一步理顺林业发展的体制机制，加大政策支持力度，推动农民多种树、种好树，全面提高林业生态效益、经济效益。二是要逐步建立集体林地所有权、承包权、经营权分置运行机制，积极引导适度规模经营，强化管理和服务，发展壮大涉林产业。三是要坚持林地集体所有不动摇，不能削弱集体林地家庭承包的基础性地位；坚持森林生态保护红线不放松，不能以牺牲和破坏生态环境为代价；坚持农民利益不受损，不能借改革之名与民争利、损害农民合法权益。打造“林改武平经验”升级版突出进行了改革新探索。

武平县林改确立了既要生态美又要百姓富的改革导向，兼顾“公平、效率和稳定”三者平衡，使改革有条不紊、逐步深化。深化森林分类经营管理。坚持从源头把控，按照森林资源的不同功能，采取管严生态公益林、天然商品林、重点生态区位商品林，全面放活集约经营商品林的思路，着力构建科学、完善、合理、可持续的林业发展结构，使各种林业资源得到最佳配置。通过推进分类经营管理，全县以生态效益为主的森林面积由 2001 年的 87 万亩增加到 2017 年的 202 万亩。同时，确保林农收益权。“山要平均分、山要群众自己分”，在充分尊重群众意愿的基础上，把所有集体商品林按要求落实到户，武平林权证到户率达 100%，确保了“耕者有其山”。

创新四项机制，提升林业活力。深化林权制度改革的关键是创新林业发展机制，盘活林地、林木等资源要素，推进资源向资产转化、资产向资本转化，实现生态效益和经济效益的全面提升。首先是创新经营机制。着力创新经营技术和经营模式，建立多元化、集约化、规模化经营与科学有效管护相结合的工作机制，大大刺激了社会投身林业经营的积极性。一是放活一般商品林经营权。二是构建多元化的合作经营模式。三是率先开展电力走廊生物防火林带建设。其次是创新投融资机制。一是实行林权直接抵押贷款。二是建立农村林权抵押贷款村级担保机构。为推进林权抵押贷款，武平修订林权抵押贷款实施办法，目前贷款限额从 10 万元提高到 30 万元。再次是创新收益机制。一是开展商品林采伐管理制度改革。二是对林下经济发展实现资金扶持引导。三是推行生态效益补偿和重点生态区位商品林赎买制度。四是实行森林综合保险保费补贴政策。最后是创新管护机制。一是开展生态公益林管护制度改革。二是开创林托管模式。实行护林员“乡（镇）政府、林业工作站监督、村委会管理，村聘、村用的用”管理模式；建立“林地变股权、农户当股东、收益共分享”的林地经营新机制，探索“保底 + 递增”“保底 + 保值”等合作分红模式。

党的十九大报告明确指出要加快生态文明体制改革。福建作为首个国家生态文明试验区，在探索生态产品价值实现等方面走在全国前列。为深化集体林权改革试验先行，2015 年武平成为全省确立的 7 个试点县之一，开展重点生态区位商品林赎买工作，采取收储、置换、赎买、租赁等形式，分两年实施重点生态区位商品林赎买面积 1.42 万亩。

在改革进程中，武平突出“市场化取向、规模化经营、产业化发展、现代化提升”的改革思路，为武平林业迈向可持续发展提供了有力保障和坚实基础。一是坚持市场化取向。二是扩大规模化经营。三是促进产业化发展。四是提升现代化水平。林业现代化是林业转型升级的必然选择。武平围绕构建现代林业，着力完善林产品价格形成机制，优化林业生产要素配置，提升林业发展的质量和效益，有效带动设施林业等一批现代林业快速发展。

为加快“国家林下经济示范基地”建设，武平县按照林农意向、市场导向和农村产业结构调整要求，结合林地保护与生态建设布局，确定全县林下经济发展采用“一心四区”总体布局。武平县确定的“一心四区”总体布局，其中“一心”，是指以城厢、平川、万安等乡镇中部环城关以森林景观利用为主的林下经济发展中心；“四区”指北部湘店、大禾、永平、桃溪等乡镇以林茶为主的林下经济发展区，西部东留乡以林花为主的林下经济发展区，东部中堡、武东、十方等乡镇以林禽为主的林下经济发展区，南部中山、民主、中赤、下坝、象洞、岩前等乡镇以林药为主的林下经济发展区。全面深化集体林权制度改革，更好地实现“生态美、百姓富”的有机统一。

四　绿色崛起的武平经验

从国内外发展的历史与现实、理论与实践看，进入后工业化时期，后进地区赶超发展摆脱路径依赖、发挥后发优势，必须顺应时代潮流持续不断地改革开放与创新，以相对比较优势参与区域分工并实现比较优势的交换，才有可能实现后来居上、生机勃发。武平模式便是这种崛起的样板。

（一）坚持以人民为中心

人民是改革的本质属性。人民是改革的出发点、落脚点和依靠力量。武平从林改到综合改革，再到全面深化改革，这一路走来始终以人民为中心、以人民的美好生活为追求目标。

人民有所呼，改革有所应。以人民为中心的发展思想体现在武平林改和经济社会发展的各方面、各阶段。切实做到老百姓关心什么、期盼什么，改革就要抓住什么、推进什么，体现在林改、增收、民生短板、社会治安、精神文化生活、创建文明城市等方面。通过改革给人民群众带来更多获得感、幸福感和安全感。不断提高领导、谋划、推动、落实改革的能力和水平，切实做到人民有所呼、改革有所应。

2002 年 6 月，时任福建省省长的习近平同志亲临武平调研，充分肯定和支持武平县林改的做法，并先后做出“集体林权制度改革要像家庭联产承包责任制那样，从山下转向山上”“林改的方向是对的，要脚踏实地向前推进，让老百姓真正受益”等重要指示，对武平林改一锤定音。武平县委、县政府牢记嘱托，把让老百姓真正受益作为改革的目标。一切为了人民是全面深化改革的出发点和落脚点。突破一些过去认为不可能突破的关口，也解决了多年来想解决但一直没有很好解决的问题，向人民交出了一份沉甸甸的民生成绩单：一切为了人民，是中国共产党的立党初心。武平改革之路任重而道远，但改革的“人民”本质决定了它具有光明的前景。

任何一项制度的建立都必须要有一定的社会基础。林改通过产权制度改革保障林农的经济权利；通过基层治理的社会改革保障林农的社会权利。在此基础上，通过基层民主、保障政治权利，引导最广泛的政治建设、经济建设、社会建设、文化建设和生态文明建设。改革开放在认识上和实践上的每一次突破和发展，无不来自人民群众的实践和智慧。改革要依靠人民群众支持和参与。改革为了人民，改革也要依靠人民。

考察武平集体林权均山到户的制度创新过程发现，农民的山林权的理性表达和运用效果，可以为后续林改提供来自主体动机的视角，避免自上而下政策设计的信息不对称而造成的扭曲、误读。总的来说，林改前的集体林制度改革多是国家主导的制度变迁，频繁的政策变动没有给农民以稳定的产权预期，缺乏农民的真正支持配合，也欠缺对林业发展内生需求的考虑。历史反复证明，林地制度改革离不开农民的支持，只有尊重农民的意愿，找到国家利益与农民利益的均衡点，这样的制度设计和安排才能获得成功。

武平坚持以人民为中心的绿色发展之路，也是自上而下的改革与自下而上的改革并重推进之路。让老百姓真正受益，感受到实实在在的改革成效，就能取信于民并凝聚民心，引导广大干部群众共同为改革想招、一起为改革发力。林权改革以来，建立完善以农村村民委员会、城市居民委员会和企业职工代表大会为主要内容的基层民主体系，地方政府创新和基层政治管理创新探索，加强对权力的制约与平衡，提升了政府公信力；调整政府与社会的关系，促进社会组织的健康发展，增强了社会动员力；促进公民文化的形成与发展，培育了公民参与能力。提高公民的权利与义务意识、自主与平等意识，培养公民的民主意识与民主作风，从而形成促进武平改革开放创新发展的同心圆、聚合力。

（二）执着推进绿色发展

树立和践行绿水青山就是金山银山的理念。武平林改带来好生态，绿色奠定了全面振兴之基、勃兴之能。

整体设计，规划先行。武平着力推动区域生态发展新格局，加快谋划乡村振兴新篇章，从城乡经济一体化发展空间布局考虑，实施县域经济“一心一环两廊”战略布局。武平把绿色发展理念贯穿于产业发展和城乡建设始终，2018 年聚力开展“项目服务年”活动。实施“精准应对”经济新常态理念，全力落实“四个一批”重点工业企业规模与效益倍增计划，实施好 100 个年度计划投资 80 亿元以上的重点项目。仅 2018 年上半年就建成生态型建材企业、重点循环经济企业 20 多家，并以龙头企业示范带动，持续推进工业提质增效，加快培育生态产业集群。坚定不移走生态立县、绿色崛起科学发展之路，激活绿色新动能。促进传统产业转型发展，是近年来武平县大力实施绿色生态发展战略的一个侧影。注重资源循环利用，建成利用煤矸石生产空心砖等新型建材企业数十家，以及以动物粪便为原材料制造有机肥等重点循环经济企业 20 多家；通过福建塔牌、紫金矿业等龙头企业示范带动，持续推进工业提质增效，加快培育产业集群。

围绕高质量加速度发展要求，武平坚定不移走“生态立县，绿色崛起”科学发展之路，将绿色发展理念融入经济社会建设各领域，激活强大发展新动能，并积极推进“产城融合、城乡融合、三生融合”等三维融合。生态优势转化为经济优势是我国当前重大的理论与实践课题。深化认识，立足社会经济自然复合生态系统，打造自然、文化与区位等多元融合生态优势。优先发展和依托生态经济公共服务平台，将生态优势持续转化为本地与周边地区的经济优势，提高产业竞争力和宜居环境吸引力等。加快推进重点区域流域生态经济区的规划建设，加速绿色崛起，探索总结推广武平模式，打造闽西山区生态经济建设的重要火车头。

为持续打好生态环保攻坚战，武平加大自然生态修复和环境保护力度，通过“拆、转、治、清、管”，推进水流域环境综合整治。同时，规划建设生态功能小区，构建县域中心城市—次中心—特色镇——般乡镇和美丽乡村五级城镇体系，把森林搬到城市，将城市延伸到乡村，打造宜居宜业宜旅的生态家园。

（三）专注创新能力建设

咬定青山不放松。武平围绕林改的奠基、林业综合开发、产业多线发展，五化同步，执着于创新能力建设。

在深化林改过程中，我国各地涌现出很多创新探索的典型。地方实践是完善国家顶层设计的一个重要基础。因为地方只有探索、实践了，政策才有生命力，这是我们制定政策的重要依据。新一轮林改启动以来，各个地方做了大量的探索，2015 年国务院林改工作领导小组在全国确定包括福建在内的四个省份①作为综合试点。这四个省份提供了很多经验。通过对这些经验的总结、提炼和深化，进行推广之后，一方面减少走弯路、减少改革成本；另一方面，有利于林改的稳步和快速推进，更好地造福于人民群众。武平林改最值得借鉴之处就在于：“敢为人先、接力奋斗”。

17 年的武平探索，丰富发展了我国改革开放的基层经验和方法体系。一是改革的顶层设计与地方探索互动。二是林业改革纵深与综合改革的互联。三是动员性改革与主动性改革的互促。四是问题导向改革与目标牵引改革互补。

改革开放进入深水区，如果各领域改革不配套，各方面改革措施相互牵扯，甚至相互抵触，全面深化改革就很难推进下去。因此，要形成改革合力，使各项改革措施在政策取向上相互配合、在实施过程中相互促进、在改

---

① 国家深化林业综合改革四个试点省份分别为：江苏省、安徽省、福建省和青海省。

革成效上相得益彰，深度发生化学反应、产生同频共振效果。

改革开放40年是一个接力前行、开启强国之路的伟大历程。习近平新时代中国特色社会主义思想是马克思主义中国化的最新体现，是新时代中国发展的重要指导思想。进入新时代，武平发展需要“五力并举”：创新是第一驱动力，新时代创新力是关键，内生动力和改革活力是基础，同时区域崛起、后来居上最后终究要体现在竞争力和践行力。“五力并举”是“全国林改第一县”武平的不二选择和必由之路。

（四）人与自然和谐共生

马克思的自然生产力的思想和理论认为客观的自然界有一种自然力量对人类的生存和发展发生着直接或间接的影响。这些自然力量的总和就是自然生产力。马克思的自然生产力理论对我国新时代中国特色社会主义生态文明建设具有重要理论启示和实践价值。人类必须尊重自然、顺应自然、保护自然。人与自然和谐共生是人类可持续发展的目标追求。

“绿水青山就是金山银山”的理念是区域经济进入高质量发展轨道的重要推力，体现经济绿色发展的深刻理论内涵，绿色即发展、发展必绿色。从绿色发展角度看，武平经济绿色发展之路具有两大弱点：一是绿色发展的基础厚实但发展并不平衡，经济全球化和全方位开放背景中，武平的绿色转化存在一定程度的短板和制约；二是经济发展与生态环境存在低开发度的不协调现象，绿色与经济要协调，两者才能共赢。武平深化林权制度改革面临新要求、新挑战和新机遇。林业生态保护与实现林业经济效益的矛盾仍需进一步化解；深化林业经营体制改革、推进林业规模经营仍需突破政策性约束；林权流转改革的力度必须进一步加大；林业投融资渠道还需更加宽畅。

发展是人民的心声，发展是时代的诉求。从产权不清到明确四权、从林业经济到林下经济、从百姓富到生态美、从产权改革到配套改革、从林农增收到兴林扶贫，武平驰而不息、久久为功地推进这五大转变，使今天的武平产业更加兴旺、生态更加宜居、治理更加有效、乡风更加文明、生活更加富裕，踏上人与自然和谐共生的新征程。

案例

捷文村的绿色嬗变：从寡妇村到美丽乡村

捷文村距武平县城11千米，国道357线穿境而过，是全国集体林权制度改革策源地，是武平县城饮用水源捷文水库所在地，是生态环境良好、森林资源丰富的重点林区村。全村共有5个村民小组164户632人。全村土地面积3.2万亩，其中耕地面积680亩、林地面积2.68万亩，森林覆盖率84.2%。然而由于田少山多，村民大多外出打工，村集体经济增收创收困难，多年以来一直是个省级贫困村。与福建很多山村一样，捷文村祖祖辈辈靠山吃山，这山吃得让全村差点成了“寡妇村”。但凡家里急需现金，林农就跑到山上集体林中砍上几棵树。你也砍、我也砍，虽说是插根扁担都发芽，但基本上是长不到碗口粗就被砍光了。因为盗伐，全村就有10人被抓、7人被判刑。只要听说森林公安来了，村里很多男人闻风“跑路”，捷文村因此落下个“寡妇村”的名号。[①] 近年来，随着新一轮脱贫攻坚战役的全面打响，捷文村通过党建引领，发挥“林改策源地”标杆优势，2016年捷文村森林覆盖率达84.2%，村集体实现收入30.8万元，农民人均可支配收入达13510元，全村建档立卡贫困户8户29人于2017年全部脱贫。“不砍树也致富”使昔日的穷山村变为美丽新村。捷文村先后获“全国集体林权制度改革先进集体”“全国生态村”“市新农村建设示范村”“市级文明村”“县级平安和谐村”“县无讼无访村”“县先进基层党组织”等荣誉称号。

“绿水青山就是金山银山。”敢为人先的捷文村干部群众再次大胆探路绿色发展。生态环境良好、森林资源丰富是捷文村的主要优势，在更好地保护森林资源的同时更好地发展成了捷文村村两委的新目标。

2018年1月15日，中办调研室向福建省委办公厅转达了习近平总书记

① 赵鹏：《从曾经的国定贫困县到福建省“十佳县”武平林改十五年》，《绿色中国》2017年8月16日。

图1-4　武平县捷文水库

对捷文村群众来信的重要指示："得知通过集体林权制度改革，村里的林子变密了，乡亲们的腰包变鼓了，贫困户们也都脱贫了，感到很高兴。希望大家继续埋头苦干，保护好绿水青山，发展好林下经济、乡村旅游，把村庄建设得更加美丽，让日子越过越红火。"

牢记习近平总书记嘱托，捷文村正在加快实施"乡村振兴美丽捷文"三年（2018～2020）发展规划。结合落实乡村振兴战略，按照"产业兴旺、生态宜居、乡风文明、治理有效、生活富裕"的要求，坚持以林下经济和乡村旅游为抓手，落实乡村振兴战略，在县委、县政府的重视下，捷文村实施一批项目，决心通过三年时间，把"林改策源地"捷文村打造成生态观光、休闲娱乐、农耕体验为一体的省级乡村旅游特色村，远近闻名的改革村、小康村，全国有名、全省全市有位的乡村振兴战略示范点。

美丽捷文"一景两带三基地"新布局。一景：依托捷文村境内山体植被茂盛，田园风光秀丽，原生态景观和客家山村的独特优势，综合实施山水林田湖改造升级，打造生态观光、休闲娱乐、农耕体验为一体的乡村生态旅游观光景区，创建成生态旅游名村。两带：一是农业观光带——利用高排下、霞彩绕两个自然村之间环形道路间耕地较多、竹林、阔叶林资源丰富的优势，发展林果、林下种植养殖等，提高农林综合开发效益；二是特色景观带——在乌泥坑村主干道边、山体边排水沟衔接处种植红梅、红枫、红果冬青等多花果树和彩色树种，开设休闲步道，主打具有观赏及休闲相结合的特色景观带。三基地：一是种养基地——引导村民种植甜橙、芙蓉李等果树，养殖七彩鸡、竹鼠、蜜蜂等，为“森林人家”、电商服务中心提供原材料或产品；二是林果基地——利用乌泥坑、霞彩绕两个自然村的田园空地，投入100万元左右，对村部周边征地20多亩，土地流转100多亩，引导农民或引进公司种植适宜捷文村产业定位与气候条件的经济作物。建立季节性的林果采摘基地，做到果色品种多样，观赏、采摘与效益相结合；三是林下经济基地——争取上级相关部门政策支持，鼓励村民重点发展林下经济，种植花卉、药材与食用菌，如富贵籽、重楼、仿野生灵芝等。通过专业合作社+农户的形式，引导村民发展七彩鸡、白鸭、蜜蜂等特色养殖，对形成一定规模的种植养殖户经相关部门验收后给予相应的补助100万元。打造林药林菌基地。争取上级林业部门项目政策支持，鼓励村民在沉沙坝重点发展富贵籽、仿野生种植灵芝、重楼（七叶一枝花）等，逐步形成林下经济特色产业链。

抓好五大建设，促进乡村旅游。一是建设两处停车场。投入180万元，在村部旁边征收8亩地建设旅游停车场一座（设公厕）。二是建设电商服务区。投入50万元，在村老年服务中心旁边征地200平方米建设电商服务区。三是打造两家以上“森林人家”和若干家民宿。四是建设森林步道18千米380万元，五是建设一支捷文村旅游管理团队。

推进六大工程，完善美丽村庄建设。一是实施生态护岸建设工程。投入300万元，开展全村小流域治理，重点实施大塘里至国道357线（乌泥坑）约1.5千米的生态护岸工程和沉沙坝约2千米的生态河堤工程。二是实施环村慢道系统工程。投入100万元实施约1.5千米的环村休闲步道建设。三是实施村庄绿化亮化工程。投入60万实施村中心地带绿化亮化工程。四是实施立面改造工程。投入130万元对村核心区域和主干道旁边房屋进行统一风格的立面改造。五是实施生活污水净化工程。投入100万元建设人工湿地，对生活污水进行净化处理，并加强村庄日常保洁工作。六是实施自然村道硬化工程。投入400万元。争取到2018年12月份捷文村核心区域建设初见成效，特色产业已成雏形，全村基础设施基本完善，基本实现建设目标。到2020年，各项目全面完成，达到“美丽捷文”建设总体要求，村级集体经济收入突破50万元，村民人均可支配收入达到22750元。

参考文献

习近平：《决胜全面建成小康社会 夺取新时代中国特色社会主义伟大胜利》，《人民日报》2017年10月28日，第1版。

焦玉海：《习近平总书记引领集体林区走向生态美、百姓富的生态文明新时代》，《中国绿色时报》2017年7月14日，第1版。

贺东航：《中国林改策源地与“福建经验”》，《林业经济》2017年第8期。

林琰、陈治淇、陈钦、潘辉：《福建省重点生态区位商品林赎买研究》，《中国林业经济》2017年第2期。

余荣卓、蔡敏：《推进闽北生态公益林赎买和保护的方法》，《林业经济问题》2017年第37（4）期。

王仰华：《从首创林改到绿色崛起》，《闽西日报》2017年7月26日，第2版。

《中共中央国务院关于实施乡村振兴战略的意见》，《人民日报》2018年2月5日，第1版。

郑景顺：《福建林改活山富民美生态》，《农林工作通讯》2017年第12期。

赵鹏：《从曾经的国定贫困县到福建省“十佳县”武平林改十五年》，《绿色中国》2017年8月16日。

陈厦生：《武平风物》，社会科学文献出版社，2018。

《汪洋出席全国深化集体林权制度改革经验交流座谈会并讲话》，http：//www.gov.cn/xinwen/2017－07/27/content_ 5213826. htm。

《“乡村振兴美丽捷文”三年（2018～2020）发展规划》，武平县发改局。

第二章

推进绿色发展：武平产业转型与兴旺

产业作为一个地区的经济发展支撑，其本身能否实现绿色化发展，关系到区域绿色发展的全局，因而一个地区要走绿色发展之路，就要求通过产业转型升级实现产业绿色化。前文论述了武平林改的突破与经验，林改也为产业转型升级、实现绿色发展增添了强劲动力，奠定了物质基础。产业转型从县域经济发展角度看，也是要求根据国内外经济、科技发展现状和趋势，通过特定的产业、财政金融等政策措施，对其现存产业结构的各个方面，即产业规模、产业组织、产业技术装备等进行调整，使资源存量在产业间进行再配置，将资本、劳动力等生产要素从衰退产业向新兴产业转移。产业升级则更多强调产品附加值的提高、生产效率和产品质量提升以及产业链的升级。大力发展绿色产业，是武平经济发展的最大优势和潜力，也是实现武平乡村振兴战略的关键步骤。武平在产业转型和绿色发展中的大胆实践已取得较大成效。本文对一些行之有效的产业转型经验进行总结，并对武平的未来产业转型发展进行了展望。

一　产业转型对乡村振兴的意义

1. 产业转型是乡村振兴的经济基础支撑

产业发展为乡村振兴提供重要的支撑，乡村振兴中的产业兴旺，必须是绿色产业发展兴旺；需要构建符合现代农业发展要求的绿色生态产业体系、生产体系、经营体系，加快农村一、二、三产业融合发展，使农村从绿色发展的洼地转变为发展高地，解决好发展不平衡不充分的矛盾，建设好美丽乡村，让农民能够与城市居民共享改革开放成果，过上日益美好的幸福生活。

2. 产业转型是实现县域经济高质量发展的必然要求

产业转型需改变过去那种“高投入、高能耗、高污染、低产出”的发展模式，降低单位生产总值的能耗水平，降低二氧化碳等主要污染物的排放量，提高产品附加值，保护人类赖以生存的自然环境。武平生态良好，但长期发展过程中也不同程度存在类似问题。加快调整产业结构，大力发展低耗高效、高科技含量、高产品附加值的绿色产业，淘汰落后产能，促进县域经济转型升级走向高质量发展之路。

3. 产业转型是深化县域经济供给侧结构性改革重要途径

深化供给侧结构性改革是十九大报告提出的提高供给体系质量的主攻方向。随着我国经济进入高质量发展阶段，深化供给侧结构性改革，必须不断促进互联网、大数据、人工智能等技术和实体经济实现深度融合，在绿色低碳、创新引领、共享经济和中高端绿色消费中培育新增长点，形成引领经济向高质量发展的产业链。支持县域传统产业绿色化改造，加快建设有利于产业绿色发展的基础设施，坚持“三去一降一补”，推进生产要素优化配置，同时扩大优质增量供给，将资源节约和环境保护理念贯穿于产业发展过程的各个环节，把转型发展绿色产业理念融入经济发展规划和政策制定之中，推动县域社会生产力水平向产业价值链中高端迈进，形成绿色生产方式和生活方式，实现经济、社会和环境协调发展，达到经济效益、社会效益和生态效益共赢。

二　武平实现产业转型的条件与基础

武平县是福建省典型的山区县，经历了从国家贫困县到福建经济十佳县的发展历程，绿色发展是武平始终坚持的方向。武平深入实施生态立县、工业强县、旅游富民的发展战略，全力打赢项目落地、脱贫攻坚、生态环保的“三大战役”，扎实推进产业转型升级体系建设，取得了良好成绩。及时总结武平在绿色发展、产业转型升级方面的发展实践，对实施乡村振兴战略特别是山区实施该战略具有重要现实意义。

（一）武平实现产业转型与兴旺的有利条件

（1）国家政策提供机遇指明发展方向。在积极落实《赣闽粤原中央苏区振兴发展规划》、《长（汀）连（城）武（平）扶贫开发试验区发展规划》的基础上，武平紧紧抓住国家支持福建自贸区、“海上丝绸之路”核心区、国家生态文明试验区（福建）建设的历史发展机遇，在林改基础上，大力发展特色绿色经济、低碳经济、循环经济，建立可持续发展的战略性新兴产业。2012 年国务院办公厅颁发《国务院办公厅关于加快林下经济发展的意见》，国家林业局随后下发《国务院关于支持福建省加快建设海峡西岸经济区的若干意见》，福建省发布《福建省林下经济发展规划纲要》，对武平林下经济发展予以政策扶持。2013 年武平被国家林业局确定为福建省唯一的“国家林下经济示范基地”，2017 年国家林业局将武平县列为集体林业综合改革试验示范区。

近年来，国家还针对三大产业转型发展陆续推出了专项绿色发展规划，如 2015 年中共中央、国务院《关于加大改革创新力度　加快农业现代化建设的若干意见》，围绕建设现代农业，加快转变农业发展方式；围绕农民增收，加大惠农政策力度；围绕城乡发展一体化，深入推进新农村建设；围绕增添农村发展活力，全面深化农村改革做出部署。2015 年国务院办公厅发布《关于促进农村电子商务加快发展的指导意见》，2017 年中共中央办公厅、国务院办公厅印发《关于创新体制机制推进农业绿色发展的意见》，都为武平生态农业的进一步推进及一、二、三产业融合发展指明了方向。2015 年国务院制定《中国制造 2025》，提出坚持“创新驱动、质量为先、绿色发展、结构优化、人才为本”的基本方针，坚持“市场主导、政府引导，立足当前、着眼长远，整体推进、重点突破，自主发展、开放合作”的基本原则，通过“三步走”实现制造强国的战略目标等，武平积极推动节能降耗，加快工业产业转型升级步伐，推动实现绿色制造。

（2）地方政府积极作为，注入强劲动力。福建省委、省政府在落实国家促进绿色发展实现产业转型的政策基础上，2015 年还颁发了《福建省实施〈中国制造 2025〉行动计划》，明确福建省未来十年制造业发展路径和战略任务。同年福建省出台了《关于加快互联网经济发展十条措施》，把加快发展互联网经济作为福建实施创新驱动和打造经济升级版的重要引擎。福建省对林改和林下经济发展也是高度重视，近年来先后出台了《福建省人民政府关于进一步加快林业发展的若干意见》《福建省人民政府关于深化集体林权制度改革　加快国家生态文明试验区建设的意见》《福建省关于持续深化林改，建设海西现代林业的意见》等政策，对福建产业转型升级和林权改革的继续深化提供了指引。

武平县自 2001 年在全国率先进行林改以来，陆续发布了多项政策，总结试点经验，不断深化集体林权制度改革，为释放农村经济活力奠定政策基础。如 2002 年制定出台《武平县关于深化集体林地、林木产权改革的意见》，2013 年出台《关于进一步深化集体林权制度改革的若干意见》和《武平县林权抵押贷款实施办法》，2015 年印发《武平县进一步全面深化林权制度改革实施方案》，2017 年出台《中共武平县委武平县人民政府关于全面深化集体林权制度改革加快国家生态文明示范县建设的意见》等政策，对于促进林权制度改革深入、发展林下经济、提高林农收入、实现基层社会和谐稳定起到重要作用。

武平县政府为了促进产业转型升级，精准施策抓企业帮扶，认真落实各项惠企政策，和周边县市、企业、军工企业、省属企业、金融机构签订战略合作协议，出台了一系列促进工业转型发展的政策。如《武平县人民政府关于促进工业产业发展的若干意见》《武平县人民政府关于推进工业创新转型稳定增长十三条措施的通知》《武平县人民政府关于对部分产业规模企业试行用电增量补贴的通知》《中共武平县委　武平县人民政府关于实施精准服务规模工业企业三项措施的通知》《中共武平县委 武平县人民政府关于深入推进工业强县战略实施“四个一批”重点工业企业规模与效益倍增计划的意见》《中共武平县委 武平县人民政府关于印发〈武平县产业发展“双培育”“双倍增”三年行动计划（2018～2020年）〉的通知》《武平县人民政府关于服务“双培育”“双倍增”重点企业招用工激励措施的通知》等。

为促进武平现代物流业的发展，补上发展短板，实现农村一、二、三产业融合发展，武平县政府陆续出台了相关扶持政策，如《关于印发〈武平县电商创业园入驻企业扶持办法（试行）〉的通知》《关于印发〈武平县商贸流通及服务业稳定增长扶持奖励办法〉的通知》《关于印发〈武平县工业项目招商引资优惠政策〉（修订）的通知》等。

为推动武平生态农业的发展，增加农民收入，培育新型职业农民，武平县政府出台了帮扶政策，如《关于印发〈武平县2016～2018年甜橙产业发展扶持奖励办法〉的通知》《关于印发〈武平县新型职业农民培育认定及管理办法〉的通知》《关于印发〈武平县2017～2019年武平绿茶产业发展专项资金管理办法〉的通知》《关于印发〈武平县2018～2020年百香果和象洞鸡产业发展扶持政策〉的通知》等。

（3）为市场消费升级提供重要保障。绿色消费是指消费者对绿色产品的需求、购买和消费活动，是一种具有生态意识的、高层次的理性消费行为。绿色消费是从满足生态需要出发，以有益健康和保护生态环境为基本内涵，符合人的健康和环境保护标准的各种消费行为和消费方式的统称。主要表现为崇尚勤俭节约，减少损失浪费，选择高效、环保的产品和服务，降低消费过程中的资源消耗和污染排放。随着人们收入的增长，我国进入消费升级的新发展阶段，人们在量上的消费需求得到满足后，开始注重消费品质，消费者已由“生存型”消费转向“发展型”和“享受型”消费，消费者消费升级愿望强烈，绿色消费理念已逐渐成为影响社会经济发展进程的一种重要意识。从温饱生活迈入了小康生活，人们对于生活消费品的选择越来越注重绿色环保内涵，特别是对农产品的消费需求更倾向于绿色无污染。林下种植或养殖的生态食品，能够提供营养价值高、无残留毒性、无环境污染的产品，即使产品价格高于同类非林下产品2～3倍，仍然受到人们的追捧。同时人们有更多的时间且愿意花费一定的费用出去旅游，森林旅游以“氧吧”为亮点，使游人呼吸清新的空气，陶冶性情，解除疲劳，强身健体，化烦解忧。武平生态环境质量居全省第二位，是典型的林区县，林下经济生产的产品契合了城市消费者对绿色无污染的产品的需求，而巨大的林下空间则为森林旅游发展提供了有利条件。此外，一些对于环境要求较高的产业如文化旅游、健康养老、绿色制造、生产生活服务等也具有较大的市场空间。

（二）林改为武平产业转型与兴旺奠定了坚实基础

林改为产业转型升级实现全面可持续发展增添了强劲动力，奠定了物质基础。这种绿色发展首先体现在观念和思维的转变，观念的转变推动了机制创新，机制创新带来了林业的兴旺，林业兴旺带来了生态兴旺，生态兴旺带来了文明的兴旺。武平县由林改带动了产业转型与升级，产业结构不断优化，发展质量日益提高。武平县是福建省唯一入选国家林下经济示范基地建设的试点单位，2017 年国家林业局将武平县列为集体林业综合改革试验示范区，目前还是全国全域旅游创建示范区、全国电商进农村综合示范县和全国科技进步先进县。

武平县坚持将绿色发展理念融入发展的各个领域，使生态红利迅速转变为发展红利。2001 年林改开始时，武平县地区生产总值 20.13 亿元，2017 年，武平县地区生产总值 183.1 亿元，年均增长 11.3%。人均地区生产总值也由 5521 元增长到 58476 元，增长了 9.6 倍。农民人均纯收入由 2859 元提高到 14980 元，增长了 4.2 倍。三次产业结构之比从 36.3∶32.5∶31.2 优化为 19.4∶42.1∶38.4，第一产业在地区生产总值中比重大幅下降，第二产业得到大力发展，第三产业加快发展，已接近第二产业发展规模，产业结构不断优化。地方财政预算收入由 0.78 亿元增长到 7.6 亿元，增长了 8.7 倍。固定资产投资总额从 2.68 亿元增加到 285 亿元，增长了 105 倍，社会消费品零售总额从 5.71 亿元增长到 75.8 亿元，增长了 12.3 倍（见表 2－1）。“十二五”以来，武平县地区生产总值仍然以每年 11.1% 的速度增长，同时森林覆盖率继续稳步提升，已达到 79.7%。生态优势成为武平最大的优势，林业收入在农村居民可支配收入的比重从 2001 年的 16.6% 提高到 2016 年的 26%。武平县以改革探路，用实践践行了“绿水青山就是金山银山”的发展理念，让荒山变成“绿山”，让农民捧上“金山”，让发展有了“靠山”，初步实现了“不砍树也致富”。在“生态立县”发展战略引领下，武平县进入了“福建经济发展十佳县”的行列。

表 2－1　武平县林改以来经济发展主要指标

年份	地区生产总值（亿元）	人均地区生产总值（元）	农民人均纯收入（元）	三次产业结构之比	地方财政预算收入（亿元）	固定资产投资总额（亿元）	社会消费品零售总额（亿元）
2001	20.13	5521	2859	36.3∶32.5∶31.2	0.78	2.68	5.71
2017	183.10	58476	14980	19.4∶42.1∶38.4	7.60	285.00	75.80

资料来源：《福建省统计年鉴 2002》；《武平县统计年鉴 2018》。

三　武平产业转型与兴旺取得的成效

武平通过快速发展的持续积累，经济总量、产业支撑、对外交通等迈上更高起点，绿色发展的基础条件更加坚实，后发优势更加凸显。在 2016 年 7 月 18 日召开的武平县第十三次党代会上提出“一三三三”科学发展思路，即全面实现与福建省同步全面建成小康社会的“一个目标”；积极构建武平省级工业园区、省级高新技术产业园区、环梁野山城乡一体化协调发展试验区三大产业发展平台；打造矿产品加工产业、不锈钢加工及机械制造产业、农林产品加工产业三大传统主导产业；培育新型显示和智能制造产业、文化旅游产业、电商和物流三大战略性新兴产业。做好这“三个三”产业转型升级体系工作，以促进县域经济实现跨越式发展。

（一）把三大产业发展平台建设成创新创业的集聚区

（1）武平省级工业园区发展平台。围绕打造不锈钢加工、机械制造等传统产业转型升级专业园区，通过重点提升规划，完善基础设施和服务配套，引进产业龙头项目，完善不锈钢等专业园区建设，创新管理体制机制，提升公共服务水平等措施，提升园区集聚承载能力和综合效益。2017 年，实现工业总产值 58.82 亿元，同比增长 13.98%；固定资产投资完成 22.20 亿元，同比增长 17.58%；税收 5260.8 万元，同比增长 23.52%。以不锈钢加工为重点的机械制造产业 2017 年实现产值 31.35 亿元，同比增长 9.55%。在经济增长的同时实现了节能降耗，县规模以上工业增加值能耗 1.29 吨标准煤/万元，同比下降 11.81%。这将扭转大规模布局开发园区和新城新区的倾向，继续强力推进产城融合，将产业发展空间作为城市功能的重要组成部分。武平按照走新型工业化、产业生态化道路的要求，提高项目准入门槛，对所有进区项目从产业改革、环保标准、发展前景、投入产出等方面进行严格把关，确保项目发展符合生态园区要求。加大培育新上规模以上企业力度，积极引导企业实施技术创新、机器换工、智能制造，促进不锈钢、机械制造、农林产品精深加工等产业向价值链中高端发展。建成、拓展省级科技孵化器，加快新兴产业集聚。到 2020 年，园区将培育超亿元企业 20 家，其中超 10 亿元企业 5 家；工业总产值将突破 100 亿元。

（2）省级高新技术产业园区发展平台。积极响应国家与福建省鼓励发展新型显示和智能终端产业的战略部署，武平大力推进县域经济从资源支撑型向技术创新型拓展升级，抓住电子信息产业发展的战略机遇。以新型显示和智能制造产业为主导，重点发展新材料、先进制造业、农林产品精深加工等产业，切实增强园区综合创新能力。2015 年 11 月武平申请设立县域省级高新技术产业园，2017 年 2 月获福建省政府批复同意，成为全省首个由县级政府打造建设的省级高新区。武平省级高新区以“一区三园”为空间布局，核定面积 7.86 平方千米，包括核心区岩前工业园 3.47 平方千米，拓展区县城工业园 2.9 平方千米、十方工业园 1.49 平方千米。园区集聚科技人才资源，打造高新技术产业链、创新链，积极发展现代物流、科技服务、“互联网 +”等现代服务业，致力实现区域科技和人才资源集聚，技术创新源头接续，培育一批高新技术企业和高新技术产业集群，探索出一条山区贫困县依托科技创新实现县域产业转型升级的创新发展之路。通过编制规划，采取高标准引领创建工作、高品位打造优质环境、高起点推动产业转型升级、高质量汇聚创新要素、高效率统筹协调全局等措施，为高新区的发展奠定了良好基础。

武平现拥有高新技术企业 9 家，省级企业技术中心 1 家，市级 13 家。驰名商标 1 个，名牌产品 4 个，著名商标 28 个。2017 年研究与试验发展（R&D）投入 3.17 亿元，同比增长 21% 以上，两年新上 6 家高新技术企业，培育了 3 家省级科技小巨人领军企业，8 家市级科技小巨人领军企业。截至 2017 年，武平县累计申请专利 3799 项，正德光电、福建坤孚获得龙岩市第四届创新创业大赛一等奖，囊括了此届大赛的所有一等奖。2017 年规模以上工业高技术产业增加值为 9.32 亿元，占规模以上工业增加值的 20.92%，占地区生产总值的 5.1%，年产值超亿元的工业企业 48 家，规模以上工业企业 130 家。

着力建设好岩前特色小镇，坚持集中集聚，努力把岩前新区建设成为以新型显示和智能终端、新材料等为主的高新技术产业园；把十方新区建设成为以农林产品精深加工以及现代物流等为主的产业园。到 2020 年，入园企业达到 100 家，新上规模以上企业 8 家，年产值超亿元企业达 50 家，工业总产值突破 100 亿元。武平高新区将构筑成闽南金三角、广东珠三角等发达地区高新技术产业转移“桥头堡”“拦河坝”“蓄水池”，扩大主导产业集聚规模，努力把新型显示、不锈钢加工培育成为百亿级支柱产业，通过招商引资、技改升级、整合提升、科技创新，努力打造百亿园区，成为武平县域经济发展核心动力区和龙岩市东进沿海、西连腹地生态型经济枢纽的重要增长极、福建省县级高新技术产业发展的典型示范，力争到 2025 年建设成为国家级高新技术产业园区。

（3）环梁野山城乡一体化协调发展试验区产业发展平台。试验区依托中心城区区位优势，以梁野山景区和客都汇文化创意产业园为龙头，以云礤、园丁、尧禄、东云、东岗五个村为节点，以“两头带动、五村联动、辐射周边、城乡一体”为策略，通过产业培育、文化植入、景区提升、美丽乡村建设、电商融合和打通城厢五村互联互通交通网络基础设施等措施，打造尧禄村等“五朵金花”，推动城乡融合、产城融合、文旅融合。以核心区建设为示范，辐射、带动、引领环梁野山周边万安、永平、武东、中堡、桃溪等乡（镇）联动发展，孕育形成生态文化旅游经济圈。2018 年试验区坚持“串点连线拓面”的发展路径，计划重点实施 18 个项目，总投资 14. 434 亿元，现已完成年度计划投资的 49. 96%。试验区将更加注重规划引领，处理好开发与保护的问题，项目建设要充分考虑文化挖掘、生态保护、产业发展、地形地貌等特点，尤其是客家桃源尧禄村等“五朵金花”建设项目要结合乡、村旅游元素加以规划和建设，形成原始的具有浓郁客家元素的乡村旅游风貌。试验区把梁野山创 5A 景区、打造“五朵金花”乡村旅游当作全域旅游龙头性和示范性项目抓紧抓实，加大政策支持力度，引进社会投资类项目参与试验区建设。到 2020 年，将培育试验区农旅融合企业 20 家，产值达 10 亿元。

（二）把三大传统主导产业打造成转型升级的生力军

（1）矿产品加工产业。引导企业强化管理、技术创新、节能降耗，降本增效，实现绿色制造。以福建塔牌、武平紫金等企业为龙头，加快引进高技术含量、高附加值的矿产品深加工项目，提高资源综合利用效率。围绕“十三五”矿产资源开发利用规划，积极培育现有矿产骨干企业加大技术创新和技术引进力度，延伸产业链条，促进产业优化升级。充分利用悦洋矿区丰富的银矿资源，打造有武平特色的“中国银都”，加快整合三鑫、银鑫，深化金银铜矿精细开发，提高尾渣综合利用效率，最大限度地提高附加值。积极引进石灰石深加工，发展重质碳酸钙及节能、保温隔热、隔音复合多功能新型建材等高技术含量、高附加值的矿产品深加工项目。支持白云石开发，发展镁合金产业，生产镁合金板材、型材、镁合金压铸件和连铸连轧板材等深加工产品。发展高端稀土材料及器件项目，推动高性能稀土磁性材料、催化材料、抛光材料、发光材料等高端材料及器件产业化。积极拓展矿产品开发领域，提升萤石矿、膨润土等矿种开发利用水平。2017 年，矿产品加工业实现产值 41. 7 亿元，比上年增长 14. 4%，比 2013 年增长 66%。矿产品加工产业将继续推进资源整合，做强做大矿山企业，实现矿业经济可持续发展。有序推进稀土资源综合回收利用。到 2020 年，矿产品加工产业产值将突破 60 亿元。

（2）不锈钢加工业及机械制造产业。引导企业技术开发、创新产品、建立品牌，提升市场竞争力。发挥钢泓、双兴等骨干企业优势，加快推进金鲨、世能科泰等项目建设，加强上下游配套，打造闽粤赣最大的不锈钢加工制品产销基地。立足不锈钢产业园列入全省不锈钢产业“三基地一园区”布局，围绕构建一条链（不锈钢产业链）、发展四大块（冷轧、深加工、产品检测、商贸物流）、强化三大类（机械装备不锈钢部件、建筑装饰不锈钢制品、日用不锈钢制品），坚持由低端向高端转变、多元向特色突破、外引向内生跨越、分散向集聚发展，推进不锈钢大型冷轧项目建设，拓展生产不锈钢日用品、建筑材料类、医疗器械类、节能环保类、机械装备类、石化行业类及 IT 多媒体领域的不锈钢产品。支持钢泓科技建设耐巴赫不锈钢家居产业园，促进众森、奥华、嘉喜、世能科泰等不锈钢重点企业加速做大做强，建成金鲨不锈钢冷轧项目，继续引进不锈钢下游精深加工企业。完善不锈钢专业交易市场等物流配送体系，形成从冷轧到制品加工到产品检测和集散交易的较完善的产业链条，加快不锈钢产业转型升级。2017 年武平县不锈钢产业企业产值 26.4 亿元，比上年增长 12.1%，比 2013 年增长了 556%。武平将把不锈钢产业园建成规模化、标准化、集团化的专业园区，打造成全国重要的不锈钢制品生产基地和福建最大的不锈钢下游产业基地。大力发展汽车配件、新能源装备、环保装备、输送设备等产业，依托宇田汽配、坤孚股份、吉美汽工、金瑞达、康图金属制品等企业，强化企业品牌建设、技术创新、产业服务，提升企业核心竞争力。到 2020 年，将形成不锈钢及机械制造百亿级支柱产业（见图 2－1）。

图 2－1　福建双兴不锈钢有限公司车间

（3）农林产品加工产业。加大扶持百香果、象洞鸡等特色产业发展，打造“中国黄金果之乡”。持续推进林改“升级版”建设，发展林下经济，推进中草药、蜂蜜加工业的发展。以安兴食品、鑫宏峰茶业、新洲林化、喜浪米业、龙兴木业、中天农业、瑧富果汁等企业为龙头，引进科技含量高、规模大、市场竞争力强的农林产品加工企业，推进茶叶、食用菌、百香果、象洞鸡、中药材、蔬菜、瓜果、粮油、油茶、木材等优势绿色产业的生产加工。积极推动建设万亩出口食品农产品备案基地，全力打造出口食品大县。2017 年全县规模以上农产品加工产值达 50 亿元、增长 9.6%。现有省级龙头企业 6 家，市级龙头企业 25 家。到 2020 年，农产品加工产值达到 75 亿元（见图 2－2）。

图 2－2　国家林下经济示范基地

（三）把三大战略性新兴产业培育成强县富民的新引擎

（1）新型显示和智能制造产业。以建设新型显示等专业产业园为龙头，推动正德光电、合信创展实现量产，引进行业领军企业，打造上下游产业链，形成产业集群。以建设新型显示特色小镇为契机，以“产业链做全、规模做大、园区做优”为目标，加快新型显示产业集聚，兼顾旅游以及社区功能，着力打造一个产业强、生活美、环境优的宜居新型显示小镇。支持正德光电和合信创展拓展市场、整合关联企业、引进上下游合作伙伴，向市场潜力大、价值利润高的产业链缺失环节延伸，加快福思科技、盈邦（香港）光学科技等一批光学新材料项目建设，打造“显示用光学基膜新材料—背光模组光学薄膜新材料—平板显示模组—配套零部件和包装材料—智能终端整机”产业链，逐步形成产业集群。积极引进智能类电视、平板电脑、手机、可穿戴装备、照明、新型网络终端、硬件和配件等多种智能产品的生产企业聚集。引导现有印制线路板企业通过升级改造，提升企业产能，提高智能制造水平，引导发展高端覆式和柔性线路板，改进产品结构，优化发展方式，打造集成科技产业园。新型显示和智能制造产业 2017 年实现产值 28.7 亿元，比上年增长 38.11%，比 2013 年增长 2 倍。继续实施智能化改造提升工程，推广“数控一代”，实施“机器换工”专项行动。大力培育和引进智能装备制造企业、系统集成和设备服务企业。推动正德光电与中国电子科技集团 45 所、55 所合作项目的落地，申报省级军民融合新材料产业园。到 2020 年，新型显示产业产值将达到 60 亿元。

（2）电商和物流产业。持续打造武平县电商创业园和电商产业园综合平台，深化与电商龙头的紧密合作，丰富武平特色，推动当地产品网上销售，积极创建国家电子商务示范基地。围绕“国家电子商务进农村综合示范县”建设目标，完善电商扶持政策，加快构建农村电商“一中心六体系”，坚持市场主体、政府参与，突出重点、综合平衡，因地制宜、统筹兼顾，通过普及和深化电子商务应用，拓宽县域农村产品网络销售渠道，促进武平县农村产品的网上销售；加强农村电商公共服务体系建设，推动农产品、农村工业品、乡村旅游及服务产品的电商化、品牌化、标准化，提高农村产品商品化率和电子商务交易比例，促进农业发展方式转变，推动农村一、二、三产业融合发展，把武平县建成县域农村产业特色明显、公共服务完善、空间布局合理、电商人才丰富的电子商务强县。鼓励物流企业做大做强、创建品牌，引导支持物流企业通过联合、兼并和重组快速做大做强。依托古武高速、永武高速的建成，浦武高速、双龙铁路的动工建设，加快物流园规划，建设以商贸交易为主体、物流仓储配送为依托、信息平台为手段的闽粤赣边经城关至十方的商贸物流长廊和十方物流小镇，推动闽粤赣边农产品冷链物流等一批为农服务的市场物流项目与现代农业的互动发展。推进龙洲物流园公路港建设，引导物流企业入驻物流园区，促进物流企业集聚做强，完善对外物流专线，健全县、乡、村三级物流体系，早日建成闽粤赣边物流枢纽。武平县共有电商企业285家，2017年实现电商交易额40亿元。武平电子商务产业加快集聚，将继续壮大电商经济规模，扶持地方农产品电子商务，强化互联网基础设施支撑，推动移动互联网、云计算、大数据、物联网与传统产业结合，培育发展新产业、新业态、新模式，打造新的产业增长点，培育一批实力雄厚的电子商务龙头企业。至2020年，电商和物流产业产值将达到60亿元。

（3）文化旅游产业。以生态文化、红色文化、客家文化为根基，围绕“养生福地，清新武平”的目标定位，大力发展全域旅游，突出“旅游+”，强化旅游与其他行业的深度融合，形成串点连线成面的“星罗棋布”全域旅游新格局，创建福建全域旅游示范区，打造闽粤赣边重要旅游目的地。突出开发利用好“三山、一庙、一古镇、一公园”等特色资源，融合客家文化、红色革命文化、民俗文化，打造客都汇文化旅游小镇，推进梁野山旅游景区创5A、狮岩景区创4A，加快中山历史文化名镇、兴贤坊传统文化街区、高依山白鹭风景区、环梁野山自行车骑游线路建设，推进中山河湿地公园、狮子山景区和灵洞山景区开发和招商，强化“旅游+”，开发提升乡村旅游业态，完善旅游基础设施、配套要素、市场环境和营销网络，形成串点连线成面的“星罗棋布”全域旅游新格局，着力把武平建设成为闽粤赣城市群“清新养生后花园”、国家东部重要的生态旅游休闲目的地。实施优秀传统文化传承发展“九大工程”，打造“四校合一”继续教育基地，主动对接古田干部学院，精心设计“全国林改第一县”精品课程和现场教学典型案例，努力成为新兴教育培训基地。拓展发展医养结合、居家社区、候鸟型健康养生项目，加快推进农业部康养农业互联网特色小镇和以县城为中心的养老养生基础设施建设，形成“养眼、养生、养智、养趣、养心”的五养基地。实现旅游富民，武平有着丰富的资源优势和基础条件，实现乡村旅游业可持续发展，推出乡村旅游、民宿、农家乐等旅游产品，全面提升基层民众旅游致富的品质和收益，让绿水青山给武平人民带来实实在在的金山银山。武平 2017 年接待旅游人数 211 万人次，同比增长 29.2%；实现旅游总收入 22.4 亿元，同比增长 31%，比 2013 年接待游客人数增长 74.3%，旅游总收入增长 3 倍。不断完善旅游产业配套，立足“景区闲游，乡村体验、县城住购”，加快推进旅游商贸项目和公共配套项目建设，满足“吃、住、行、游、购、娱”旅游市场需求，加强品牌培育与宣传推介。到 2020 年，文化旅游产业产值将达到 30 亿元。

（四）把做强绿色产业作为实现高质量发展的关键路径

（1）大力发展林下经济。武平秉持“既要金山银山，也要绿水青山”的发展理念，严把项目引进关，持续深化林改，大力发展林下经济及与林业相关的产业，推动群众脱贫致富、全面建成小康社会，走出脱贫攻坚“武平模式”。武平县森林覆盖率达 79.7%，林木蓄积量达 2179 万立方米，并且以每年新造林 4 万 ~6 万亩的速度筑起绿色屏障。如何协调吃山与护林之间的矛盾，是谋求绿色发展必须破解的难题。武平从靠山吃山中摸索出一条种养结合、综合利用的林下经济模式，利用荒山荒地鼓励群众种植茶叶、水果、食用菌、金线莲、铁皮石斛，推进以野生花卉富贵籽为主的花卉基地、以金线莲为主的中药材基地建设；发展林下养鸡、养蜂、养羊、养石蛙、养蜂等林下特色产业。林下经济作为一种新型农业生产模式已在武平生根开花，329.5 万亩的林地为林农带来了丰厚的生态红利。2017 年 9 月，武平被确定为全国首批、福建唯一的国家林下经济示范基地，林下经济产值达到 27.66 亿元。近年来，武平培育出新洲林化、龙兴木业、臻富果汁等一批重点龙头企业，现有国家林业重点龙头企业 1 家，省级林产品龙头企业 2 家，省级品牌 7 个，武平金线莲、武平富贵籽、武平绿茶获得“国家地理标志证明商标”称号。

武平县委、县政府坚持深化林改与脱贫攻坚的有机结合，以深化福建唯一的“国家林下经济示范基地”建设为抓手，县财政每年安排 300 万元专项扶持资金，鼓励和引导农民大力发展林药、林花、林菌、林畜、林禽、林蜂、林游等林下经济，尤其对贫困户发展的涉林项目予以重点扶持。构建多元经营体系，大力扶持发展林业专业合作社、股份合作林场、家庭林场等多元市场经营主体，建立“林地变股权、农户当股东、收益共分享”的林地经营新模式，拓宽林农增收路子。目前，武平已成立林业经济合作组织 92 个，合作造林面积达 50.5 万亩。出台产业扶贫方案，对发展种植的贫困户建档立卡，实行“两提高、三优先”政策，即提高贫困户土地流转租金、提高贫困户劳务工资，优先给予贫困户提供技术指导、优先回购贫困户农林副产品、优先安排贫困户用工。对带动、帮扶贫困户脱贫致富的林业经营主体进行资金补助，帮助贫困乡村与贫困户实现稳定增收。

（2）大力发展循环经济。武平县注重资源循环利用，大力发展循环经济。武平建成利用煤矸石生产空心砖等新型建材企业数十家，以及以动物粪便为原材料制造有机肥等重点循环经济企业 20 多家；通过福建塔牌、紫金矿业等龙头企业示范带动，持续推进工业提质增效，加快培育产业集群。原先不值钱的稻草，时下却以每百千克 22 元的价格，走进了岩前科技示范园区内的生产车间，成为栽培白灵菇的原料。目前，像这样利用废物作原料的企业，在武平食用菌产业园里已经有十多家。这些企业以利用工农业生产废弃的煤矸石、稻草、猪粪等为原料，变废为宝，成为新的经济增长点。武平宁洋煤矿经过几十年的开采，废弃的煤矸石已堆积如山，就近新建的叶坑煤矸石机砖厂，以煤矸石作主要原料生产砖块，既消化了生产煤炭的废料，又降低了砖块生产成本。目前，武平已新增 4 家新型墙体材料生产企业，年产煤矸石机砖 6000 万块，年节约煤炭约 9 万吨，减少黏土使用量 240 万吨。高效利用能源，实现区域内废物排放最小化，武平逐步建立起企业小循环、产业中循环、区域大循环的循环经济发展格局。

（3）创建绿色产业示范园区。武平坚持走科技先导型、资源节约型、生产清洁型、生态保护型、产业循环型的园区建设思维。加强传统产业园区循环化改造，实现产业废物交换利用、能量梯级利用、废水循环利用和污染物集中处理，完善再生资源回收体系，推进资源再生利用产业化，推广循环经济典型模式和循环经济技术，推进低碳产业发展，鼓励引进可支持环保、节能降耗、资源综合利用的技术和可循环利用资源的建设项目。推进传统制造业绿色改造，推动建立绿色低碳循环发展产业体系，鼓励企业工艺技术装备更新改造。推广清洁生产，淘汰落后产能，调整能源结构，采用无害或低害的新工艺、新技术，降低原材料和能源消耗，实现少投入、高产出、低污染。

（4）建设生态农业产业链。武平县以扶贫攻坚和农民增收为根本出发点，确立农业、文化、旅游三位一体，生产、生活、生态同步改善的建设发展理念，让村民能立足农村、扎根农村、兴旺农村。近年来，武平农村充分利用“互联网+”、农业合作社、农业服务政策等资源，初步形成了东留镇富贵籽和瓜果产业、桃溪镇绿茶产业、城厢镇乡村旅游和花卉产业、万安镇林下经济产业、民主乡百香果产业、下坝乡仙草产业、岩前镇食用菌和花生产业、武东镇白兔养殖产业、象洞镇象洞鸡养殖产业等。大力推行优势特色农业提质增效行动，把地方土特产和小品种做成带动农民增收的大产业。建立食用菌、百香果等特色农产品标准化生产示范，建设武平绿茶、富贵籽等一批具有地理标志的农产品和原产地保护基地，培育优质生态、农民增收的农村产业。将生态理念融入全域旅游战略，制定对旅游资源开发的环境要求，确保旅游设施与自然景观相协调，合理设计旅游路线，使旅游基础设施建设与生态环境的承载能力相适应。逐步由生态保护转向生态经营，唱响生态经济新篇章。以旅游设施建设带动旅游环境面貌改观，旅游区污水、烟尘和生活垃圾科学处置和达标排放。将乡村旅游纳入环境监管范畴，完善“森林人家”等旅游项目的环保准入条件，避免餐饮废水直接排放影响周边环境和水体。发展“生态型乡村旅游”，凸显天然、闲情和野趣，展现乡村旅游的魅力，“森林人家”已在武平遍地开花。全县建成各类“森林人家”61家，其中获省级授牌的有37家，带动了一大批人就业脱贫。如今，梁野山国家级自然保护区和中山河国家湿地公园两大“国字号”龙头项目生态建设的积极推进，加速了立体式、全景式生态新武平的形成。

（五）武平产业转型的经验做法

（1）坚持以项目建设为引擎，培育新兴产业促转型。培育中小微企业成长型企业和武平的“独角兽”企业，全力以赴培育新动能，着力引进战略投资者，加快了新型工业的步伐。按照“需之能有，有之能用，用之能优”的思路，“无中生有、有中生新”，策划生成一批工业项目。

（2）坚持以自身优势为依托，提升传统产业促转型。着力做优做强主导产业，改造提升传统产业，实现绿色制造，培育发展新兴产业，推动工业科技项目向平台化、智能化、网络化、服务化发展，进一步做实做优存量、做大增量，努力推动传统产业向中高端迈进，向效益型、集约型、生态型发展。

（3）坚持以招商引资为突破，引进企业促转型。以“尊商、安商、扶商、富商、亲商、清商”为招商理念，不断提升招商引资成效。规范落地流程，优化发展环境，完善优惠政策，建立项目准入评审机制，实行双向多边考察机制，明确项目合同约束机制，规范项目合同审批机制。精细项目服务，提高发展实效、强化过程管理、优化推进服务、细化跟踪管理、促进诚信履约，致力亲商清商，提升发展形象。

（4）坚持以企业帮扶为载体，优化环境促转型。为企业发展提供要素保障，武平出台一系列科技创新政策，建立中小微企业应急保障资金，建立战略性新兴产业股权投资基金，建立信用融资担保有限公司等。逐步形成“大、优、特、强”的产业特色，“做大”矿产品加工业，“做优”农产品加工业，培育农产品加工农业产业化龙头企业，大力推进木制品、大米、油茶、水果、茶叶等农产品精深加工，健全生态农业产业链。“做特”不锈钢产业，加强规划和政策引导，设立了不锈钢产业园区。“做强”机械制造产业，向智能化改造、机器换工方向发展。

（5）坚持以产业绿色化为根本，提高核心竞争力促转型。生态优势日益成为武平的核心竞争力。武平坚持把产业结构调整作为生态文明建设的重点，培育发展“三大产业发展平台、三大传统主导产业、三大战略性新兴产业”等“三个三”产业体系，大力发展绿色经济、循环经济和低碳经济，培育生态旅游、休闲养老、苗木花卉、林下经济等绿色生态产业，将生态优势转化为竞争优势，把产业创新作为实施创新驱动的关键路径，通过高新区引进培育高新企业，推动县域产业转型升级、做大做强县域经济，走出了一条经济建设与生态建设同步推进的可持续发展之路。

四　进一步促进武平产业转型与兴旺的思考

新时代武平将按照“五位一体”总体布局和“四个全面”战略布局的要求，牢固树立“创新、协调、绿色、开放、共享”的发展理念，从实际出发，以保持经济稳定较快增长为目标，以产业转型升级为主线，以提高发展质量和效益为中心，主动融入“中国制造2025”“互联网+”，深入实施生态立县、工业强县、旅游富民的“三大战略”，围绕高质量跨越发展要求，坚定不移地走“生态立县，绿色崛起”科学发展之路，努力打造闽粤赣边生态型经济枢纽重要增长极。

根据全面建成小康社会的目标要求，综合考虑未来发展趋势和既有条件，在保护好生态环境的前提下，将实现经济综合实力进一步跨越提升，经济发展活力进一步增强，增长速度将高于地区平均水平，提前实现经济总量和城乡居民收入比2010年翻一番。按照产业绿色化、生态产业化要求，持续推进“三个三”产业转型升级体系建设，三大产业发展平台功能明显完善。大力推动农业由传统分散向特色现代转型，工业由规模增长向创新增效转型，服务业由低端低质向高端优质转型，形成“一产为基础、二产为支撑、三产为动能”的产业结构，努力探索出一条富有武平特色的山区县产业转型升级之路。

（一）农业由传统分散向特色现代转型

武平围绕提高土地产出率、资源利用率、劳动生产率，更加注重依靠规模化、标准化生产提高农业产出能力；更加依靠新技术、新商业模式增强农业发展活力；更加依靠一、二、三产业融合挖掘农业增收潜力；更加依靠体制机制改革强化农业农村发展动力，大力发展生态型、特色型、效益型、规模化、设施化、复合化、品牌化农业，转化生态资源优势，强化农产品竞争优势，提升农业产业优势。

1. 提升农业综合生产能力

武平大力推进农业现代化，加快转变农业发展方式，走“产出高效、产品安全、资源节约、环境友好”的农业现代化道路。

（1）继续稳定粮食生产，全面提升产品品质。以稳定粮食播种面积为基础，以依靠科技进步、提高单产为关键，以优化结构、全面提升产品品质、提高产品安全性为重点，实施粮食增产工程项目和粮食高产创建活动，建设粮食丰产片；以推广超级稻、免耕栽培、测土配方施肥、水稻全程机械化作业等“五新”技术为重点，促进全县粮食单产的提高，巩固商品粮基地县地位。

（2）调整结构模式，实现农产品由初级加工向精深加工转变。坚持安全、生态、高效、环保原则，优化畜禽品种结构，发展畜禽优势特色品种，推广生态环保型养殖模式，提高畜牧业质量和竞争力。重点发展象洞鸡、福建白兔、黑山羊、肉牛、蜂蜜等地方特色畜禽产品，配套畜禽粪污、病死畜禽等废弃物处理，推进畜产品加工、加工屠室、冷藏、包装、配送等服务项目建设。加大水产养殖品种结构调整力度，引导和支持优势特色水产品养殖，着力打造休闲渔业品牌。以蔬菜、食用菌、花卉等为重点，大力推进设施化栽培和产业化经营，提高园艺产品质量。加强品牌建设，做大做强特色设施园艺产业。统筹利用林上、林下、林中空间，加强果茶、林竹、林下经济示范基地建设，扶持发展林下种植、林下养殖、林下产品采集加工和森林景观利用，推进立体化复合生产，提高林业综合效益。

2. 构建新型农业经营体系

（1）培育龙头企业，建立现代企业组织体系。坚持以工业化理念抓好农业特色产业，围绕特色设施园艺、立体林业、特种养殖等主导产业，按照“建基地、抓龙头、深加工、带农户、创品牌”的思路，引进和培育一批产业关联度大、技术装备水平高、带动能力强的龙头企业。鼓励和支持龙头企业发展农产品加工，重点打造和延伸粮食、畜禽水产品、蔬菜、果品、茶叶等精深加工产业链。支持农产品加工龙头企业进一步做大做强，引进和培育一批市场前景好、科技含量高、经营规模大、带动能力强的农业产业化龙头企业，引导企业自主创新，打造龙头企业为主体、中小企业为骨干的现代企业组织体系。

（2）加快建立农民合作组织，提高农业和农民组织化程度。以龙头企业为骨干，转变农业发展方式，提升农业产业竞争力和经济效益。力争培育经营规模大、人员素质高、综合效益好、示范作用强的家庭农场500家和专业合作社450家，农户参加农民合作社比重达55%以上，充分发挥其典型带动示范引领作用，促进县家庭农场和专业合作社快速健康发展，使之成为农业现代化建设的重要力量。

3. 推进农产品生产经营品牌化、标准化

以武平绿茶、中草药、仙草、红豆杉、富贵籽和金线莲等系列产品为主，以创建名、精、优、新农产品品牌为战略方向，以“中国驰名商标”“地理标志保护产品”“中国名牌产品”“省著名商标”“省名牌产品”“有机食品”“绿色食品”“无公害产品”等认证为重点，突出优势，系统打造本土优质品牌。争取到2020年，“三品一标”认证农产品产量比重达40%以上。推进农业标准化和信息化，建立健全农产品和农资追溯体系。完善农业科技推广体系和农业社会化服务体系，促进农业与其他产业融合发展。

（1）推进农业标准化建设。以农业龙头企业、专业合作社、家庭农场等生产经营主体为重点，制定农业标准化生产技术规范，开展农业标准化示范创建活动，加强生产过程标准化管理，按照标准开展生产活动，到2020年建设果蔬茶菌农业标准化示范基地14个（蔬菜基地5个、水果基地2个、茶叶基地5个、食用菌基地2个），创建国家级畜禽标准化养殖示范场5家、省级畜禽标准化养殖示范场10家，创建农业部水产健康养殖示范场5个，制定15个标准化栽培技术标准。

（2）推进农产品质量安全可追溯体系建设。按照“生产有记录、信息可查询、流向可跟踪、责任可追究、产品可召回、质量有保障”的总体要求，进一步推进武平县蔬菜、茶叶、水果、食用菌、畜禽、水产等主要农产品的质量安全可追溯管理，到2020年建立可追溯管理企业13家以上，提升县农产品质量安全水平。建立农产品质量安全例行监测制度，对生产中的农产品开展质量安全检测，产地检测检疫乡（镇）开展面达到100%，城区定点屠宰检疫率达100%。全面、及时、准确地掌握农产品质量安全状况。

（3）完善农业科技推广体系和农业社会化服务体系。一是加强农业科技普及。坚持政府主导、多方参与、需求导向、模式创新的原则，根据“科教兴农、人才强农、新型职业农民固农”的战略部署，抓好新型职业农民培育，加快建立“三位一体、三类协同、三级贯通”的新型职业农民培育制度体系，强化项目实施管理，创新培育模式、提升培育质量，加快建立新型职业农民培育制度体系，着力培养一支有文化、懂技术、会经营的新型职业农民队伍，为发展特色现代农业提供有力的人才支撑。开展示范培育，实施现代青年农场主计划，加快建立培育制度。二是推进农业科技创新。将现有的理论和技术应用于实践，在生产实践中不断发现和解决新问题，通过加快关键技术攻关，不断为现代高效农业建设增加技术储备，持续组织开展重大关键技术攻关研究，力争在“十三五”末推出3～5项重大科技成果。三是完善推广体系建设。持续完善全县17个乡镇农技站业务用房的新建和改扩建，配备仪器和办公用具，改善基层农技干部的办公条件和生活条件。加强科技推广，大力推广绿色综合防控技术、综合集成技术、专业化统防统治等技术，全面提升农业技术的到位率和入户率。四是构建农技推广“云平台”基层工作站，实现县、乡、村互联互通，全面提升基层农技人员的信息化装备水平和服务能力。五是推进农业机械化水平。按照“立足大农业，发展大农机”的总要求，以发展农机服务组织为主攻点，以提升薄弱环节机械化水平为突破口，以推广先进适用农机化新技术为着力点，认真落实政策，优化装备结构，培育发展主体，加强管理指导，促进农机农艺融合，不断提高机械化作业水平和农技安全生产水平。

4. 加强对台合作农业

深入贯彻落实《国务院关于支持福建省加快建设海峡西岸经济区的若干意见》，积极响应中央、省、市对台工作部署，深化武台农业合作，提升合作层次和水平，巩固和发展赴台考察成果和效应，进一步发挥优势，抢抓机遇，开拓创新，勇于探索，加快闽台农牧合作创业园建设，推进武台农业合作，实现海峡两岸农业生产要素、农村自然资源和农产品市场的优势互补，拓宽水果、茶叶、蔬菜、食用菌、花卉等特色农业在优良品种和先进技术等各个层面的交流合作。引进台湾先进的加工设备和技术，建设仙草加工、蔬菜冷冻脱水、精致台式茶叶、食用菌保鲜、水果加工保鲜运输等农产品加工合作示范区，加快建设以闽台农牧合作创业园为核心的武台农业合作园，提升武平农业产业的层次和水平。

（二）工业由规模增长向创新增效转型

以转型升级提质增效为主题，以供给侧结构性改革为着力点，以工业化和信息化深度融合为主线，推动制造业发展模式向生态友好型、质量效益型转变；产业结构向更加协调、更加优化转变；发展动力向深化改革、创新驱动转变；生产方式向柔性、智能、精细转变；资源利用向高效、清洁、循环、安全转变。引导制造业向分工细化、协作紧密方向发展。

1. 创新驱动，推进发展质量变革

实施创新驱动发展战略，坚持创新融合、空间导向、产业集群、资源节约原则。落实“五大”发展理念，实现龙岩市委、市政府“双培育”和武平县重点工业企业“双倍增”计划，突出发展先进制造业，加快把新型显示、不锈钢加工产业培育成为百亿级支柱产业，加快培育一批产值 10 亿元以上企业。

（1）实施“双培育”行动计划。实施支柱产业、龙头企业“双培育”计划，优化产业结构、完善产业链条、形成产业聚集、壮大产业总量，实现重大产业跨越发展、传统产业提升发展、新兴产业加速发展。重点培育发展新型显示与智能终端、新材料、先进制造业及农林产品精深加工等产业。到

2020 年，武平县要培育形成不锈钢下游加工及机械制造百亿级支柱产业；新型显示、矿产品加工、农林产品加工、电商和物流、建筑业 5 个 50 亿 ~ 100 亿元产业。培育形成省级工业园区和省级高新技术产业园区两个“百亿园区”。

加速发展新兴产业。对于新型显示与智能终端产业，要不断扩大企业规模，优化产品结构，提高市场竞争力。围绕现有产业产品特性，吸引同类企业和配套企业入驻，扩大生产规模，着力发展背光模组光学新材料及上游配套光学原材料、下游重点产品，成为新型显示产业园区的主导和特色，努力打造“海西光学新材料产业基地”。对于新材料，重点发展环保节能新工艺生产高纯金属镁、高洁净镁合金产业，打造从矿石冶炼、合金精炼、中间产品到终端产品完整的产业链，形成布局合理、特色鲜明、产业集聚的全国镁合金精深加工产业生产基地，同时加快引进高技术含量高附加值的金属产品深加工项目。

改造提升传统产业。依托现有汽车零配件、不锈钢铸件等特色机械制造行业的品牌基础，培育品牌建设、技术创新、产业服务和企业管理上的核心竞争力，大力促进传统产业改造升级，打造不锈钢应用、汽车配件、新能源装备、环保装备、输送设备等先进制造业产业链条，建立闽粤赣边先进制造业基地。同时加快引进应用先进适用的现代农业技术科技成果，形成现代特色农业，以生态型、环保型、科技型农林产业为主要方向，发展农林产品精深加工，致力打造闽粤赣边绿色经济、低碳经济和循环经济的新窗口。

（2）实施“双倍增”行动计划。实施工业企业规模与效益“双倍增”计划，通过在重点企业及其他符合倍增条件的工业企业中筛选 30 家企业作为规模与效益倍增试点企业，用三年时间，推动实现规模与效益倍增，试点企业产值实现 115 亿元，规模工业总产值的比重由原来的 38% 提升至 52%，税收实现 1.5 亿元，规模工业税收比重由原来的 30% 提升至 40%。

2. 项目拉动，推进发展效率变革

（1）提高项目落地成功率。项目投资成功关系到发展后劲，是实现赶超目标的关键支撑。构建地理区位新优势，加强与周边地区的交流与合作，努力实现多边共赢。完善省级工业园区基础设施和配套措施，增强园区发展后劲。适应新形势变化，健全完善相关项目招商政策，加大工业项目招商引资力度，拓展上下游产业链招商。

（2）做大增量，做优存量。一方面，做大增量，加大招商引资和军民融合对接，持续根据产业发展方向和重点，策划生成和对接一批 2020 年前能发挥效益、具有引领性、带动性、基础性的产业龙头项目和产业链“补短板”项目；另一方面，做优存量，契合国家政策倾向和投资导向，引导企业采用新技术、新设备、新材料、新工艺实施技术改造，推进一批产业关联度大、技术水平高、市场前景好的技术改造项目。加强技术改造投资引导，引导先进产能扩产增效，推动企业设备更新、完善技术改造政策体系。

3. 政策扶持，推动动力变革

（1）组织保障建设。成立不锈钢加工及机械制造、矿产品加工、农林产品加工、新型显示和智能制造、文化旅游、电商和物流等六个产业推进工作小组，由县领导任组长、县直单位负责人任副组长，推进“双培育”“双倍增”行动计划的实施。全面落实“全系统、全覆盖、全过程”工业项目工作机制，继续推行一线干部考核、工业正向激励、“一对一跟踪、一对一服务”，优化工业项目投资核准、备案程序，提高项目审批效率。

（2）政策扶持推动。落实国家固定资产投资折旧、进口设备减免税、重大技术装备进口税收优惠等政策，以及省技术改造奖励普惠政策。实施招用工激励措施，解决“用工难”问题，全面掌握企业缺工情况，建立企业用工台账，落实引进高层次人才和“特殊人才”补助政策。强化金融服务，搭建政银企信息沟通平台，创新信贷产品，充分发挥武平县中小微企业应急保障资金、武平县战略性新兴产业股权投资基金、天信信用融资担保有限公司的作用，开展金融机构与企业结对帮扶活动，解决“融资难”问题。

4. 示范带动，推动“两化”融合发展

培育工业化、信息化融合示范项目和示范企业。加强军民融合对接，发挥军工企业、科技创新型企业的带动作用，突出推动生产装备智能化和生产过程自动化，促进制造业企业信息化应用。重点抓好线路板企业、不锈钢企业等企业的工业化、信息化改造。

（三）服务业由低端低质向高端优质转型

以信息化为手段，以专业服务为特色，加快传统服务业的改造提升，推进服务业与一、二产业深度融合。加快发展生产性服务业，优化提升生活性服务业，积极培育新兴服务业，优化提升其他服务业态，加快推进特色优势服务业发展，构建现代服务业发展体系，提高现代服务业发展水平，力争到2020年服务业增加值比重达到41%。

（1）发展商贸物流业。建成以省道309线为主轴，东起十方，西至东留，以闽粤赣边商贸城为龙头、乡镇农贸市场为两翼的商贸物流长廊。加快建设十方综合物流园、海西不锈钢物流园，配套建设汽车维修贸易区、工业品贸易区、不锈钢贸易区、建材贸易区、农副产品贸易区等五大功能区和不锈钢产品专业配送、汽车销售维修、建材交易配送、农副产品专业批发交易、餐饮住宿及信息服务中心等六大服务中心。推进建立不锈钢系列产品、木材制品等电子交易平台，支持有条件的商贸物流企业利用信息技术，建立完善物流公共信息平台，发展快捷方便的电子商务。加强生活型商业服务设施建设，引进综合购物中心，打造精品特色商业街区，推进核心商业圈建设。合理布局超市、专卖店、便利店、乡镇商贸中心、标准化农家店等商业网点，推进一站式购物中心建设，打造“一刻钟生活圈”。

（2）大力发展旅游业。推进以大梁野山旅游区为龙头、南北两翼集群共进的旅游战略，巩固提升自然生态观光旅游产品，大力发展生态观光旅游、休闲度假旅游、历史文化体验旅游等三大系列旅游产品，并结合地方文化、地方风味美食、民间工艺，形成多层次的旅游产品体系。确立旅游产品开发重点，开发热点产品，充实旅游产品的文化内涵，实施全域旅游战略，加强与周边地区的联动，优化旅游产品的空间结构，达到旅游目的地整体吸引力与竞争力的提升。不断完善旅游产业配套，立足“景区闲游，乡村体验、县城住购”，加快推进旅游商贸项目和公共配套项目建设，满足“吃、住、行、游、购、娱”旅游市场需求，加强品牌培育与宣传推介。推动“旅游＋”等新兴业态发展，把旅游业作为带动武平县经济社会发展的新兴产业和新的经济增长点来发展，并培植成为武平县国民经济重要的支柱产业。

（3）发展文化创意产业。调动博物馆利用馆藏资源开发创意产品的积极性，加强工艺非物质文化遗产保护性开发，推动传统手工艺术转型升级，提升工艺技术自主研发和科技创新水平，提升竹木、藤器、不锈钢等工艺制品创新服务能力，逐步引导发展制造业设计创意、文化艺术创作、广告设计创意、文化传统与文物、建筑文化创意、休闲消费创意、体育文化创意等领域的文化创意业，扶持成立文化创意设计及中介机构，初步形成创意设计产品生产、推广销售等文化创意产业链，打造一批有影响力的工艺美术展览展示、交易贸易平台。

（4）培育健康养生养老服务业。引导发展健康养生服务业。鼓励社会投资建设一批专业化特色的健康养生产业园。重视发展养老服务业，积极申报“中国长寿之乡”称号，打造武平养生养老品牌。规划建设综合示范性养老社区。支持武平职业中专学校开设健康养生养老特色专业，培育一批健康养生养老服务的专业管理和技术人才。支持医疗卫生机构与养老机构合作，推进医疗护理与养老服务相结合。鼓励社会力量投资建设养老服务机构，开展面向老年人的生活照料、产品用品、健康服务、体育健身、文化娱乐、金融保险、旅游等业务，加快养老服务信息化建设步伐，逐步将武平打造为闽粤赣边重要的健康养生产业聚集地。

（5）扶持金融保险业。深化金融改革，推动金融产品和服务创新。完善金融组织体系建设，积极推动涉农金融机构向乡镇、村设立分支机构。发展小额贷款公司、农民资金合作互助社等金融服务平台，支持企业上市融资、发行债券、场外股权交易市场挂牌交易。增加涉农保险品种，提高“三农”保险覆盖面。积极争取股份制商业银行、城市商业银行、证券、保险、信托等金融机构到武平设立分支机构。

（6）繁荣批发零售及住宿餐饮业。加大对较大规模企业培育力度。加快推进农副产品综合批发、综合性生产资料批发、花卉苗木批发等专业市场建设；通过并购重组、产业链延伸等方式，推动龙头连锁商贸企业发展。积极引导住宿餐饮企业发展连锁经营。以梁野山旅游景区为依托，打造集购物、旅游、餐饮、休闲于一体的客都汇客家美食一条街。鼓励和支持紫金、中凯及其他限额以上住宿餐饮企业探索多元化经营模式，充分运用电子商务开拓市场。加快推进集原辅材料基地、加工制作、物流配送、终端服务于一体的全产业链发展，提高产业化发展水平。

（7）有序发展房地产业。按照“总量基本平衡、结构基本合理、价格基本平稳”的原则，促进房地产持续、稳定、健康发展，建设粤赣边区域生态优质生活区，努力打造“宜居武平”品牌。积极发展景观房产、休闲房产、旅游房产、养老房产，适度开发面向服务经济的综合型写字楼、白领公寓以及面向周边市场需求的外销型中高档房地产。加强房地产评估、测绘、经纪等中介服务机构的规范化、专业化管理，提升物业服务水平，不断完善房地产服务体系。加强保障性住房建设和管理，促进与商品房开发建设互相支撑。

（8）支持信息和科技服务业。培育一批网络公司和信息服务中介机构，为产业发展提供便捷可靠的市场、价格、技术、人才等信息服务。鼓励发展促进科技成果转化的技术创新服务、技术交易及科技成果转让的产权交易类中介机构，大力发展面向“三农”的农村科技中介机构。支持发展不锈钢制品专业化科技服务企业。

案例一

武平县高新技术产业园区

武平县高新技术产业园区作为福建省首个由县级政府打造建设的省级高新区，是培育和发展战略性新兴产业的核心载体，是企业参与竞争、抢占高新技术产业制高点的前沿阵地，对提升武平技术创新水平、促进产业转型升级、增强可持续发展能力具有重要的带动作用。武平高新技术产业园区以岩前工业园为核心区，县城工业园、十方工业园为拓展区，打造“一区三园”

的空间布局，重点发展新型显示与智能制造、新材料、先进制造业、农林产品精深加工等产业，积极发展现代物流、科技服务等现代服务业，形成配套完整的高新技术“产业链”和“创新链”，培养一批著名高新技术企业集团、高新技术产业集群。

武平县高新技术产业园区包括岩前起步区（原岩前工业集中区内，且在国土允许建设范围内的用地）341.64 公顷、县城拓展区（原武平工业园区内，县城南侧碧水公园以南，且在国土允许建设范围内的用地）290.37 公顷、十方拓展区（原十方工业集中区内，且在国土允许建设范围内的用地）144.18 公顷，规划对三个区进行整合，合并形成总面积为 776.19 公顷的福建省武平县高新技术产业园区。

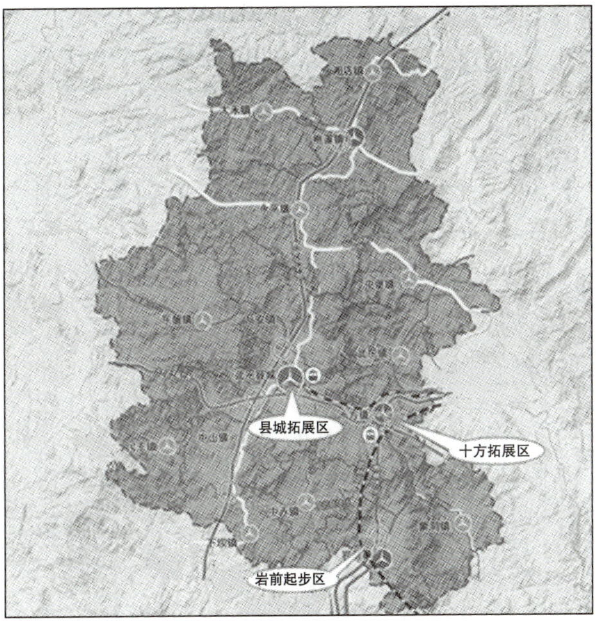

图 2－3　武平县高新技术产业园区规划

图片来源：福建省武平县高新技术产业园区总体规划。

其中，岩前起步区分为三个区：商住配套服务区、新材料产业区及新型显示与智能终端产业区。目前已有正德科技、大岩电子、星河公司、坤孚科技、科宝新材料、鑫利华镁业等新型显示和矿产品加工等45家企业入驻园区，项目总投资约100亿元，现有36家企业正常生产，规模工业企业32家，亿元产值企业9家，百万税收企业12家，国家级高新技术企业1家，省级科技型企业7家，市级知识产权试点企业2家。

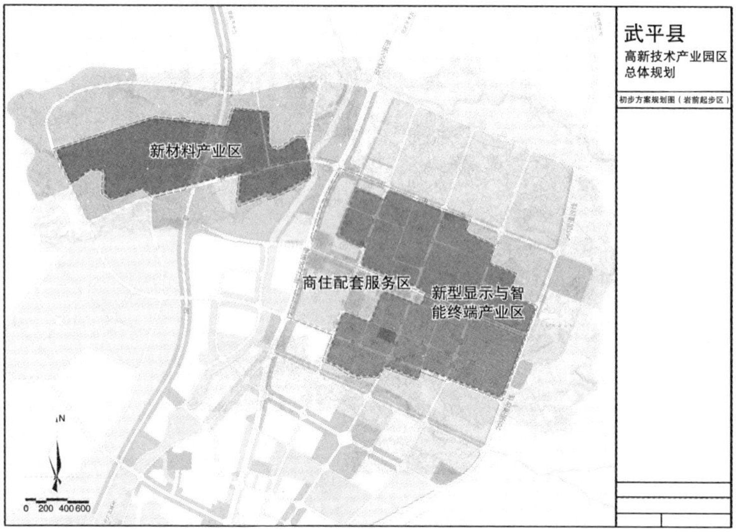

图2－4　武平县高新技术产业园区岩前起步区规划

图片来源：福建省武平县高新技术产业园区总体规划。

县城拓展区分为三个区：商住配套服务区、不锈钢高端制品产业区和精密汽车零配件产业区。目前落户园区企业45家，主要有中天农业科技、枫华龙信医疗器材、嘉欣不锈钢、世能科泰、美伦达纸业、嘉鸣汽车配件等公司入驻园区。

十方拓展区分为三个区：商住配套服务区、农林产品精深加工区和现代物流园。目前正式签订投资合同并落户园区的项目达31个，主要有武平县双龙塑编有限公司、中恒通（福建）机械有限公司、福建安兴农业食品有限公司、福建创隆纺织有限公司、福建荣华木业有限公司等公司入驻园区。

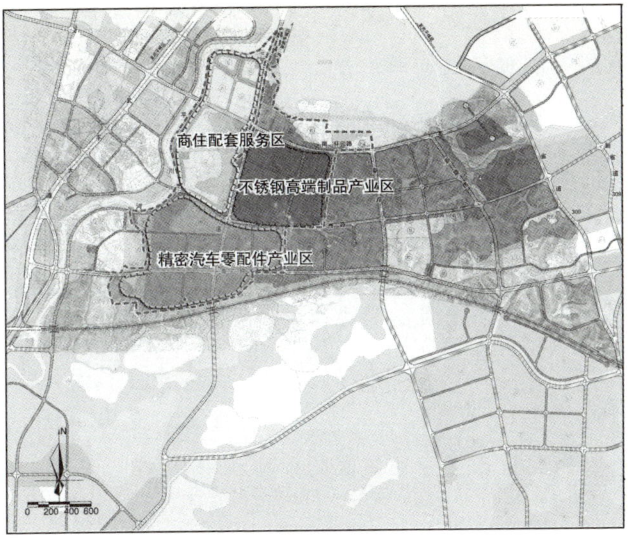

图 2－5　武平县高新技术产业园区县城拓展区规划

图片来源：福建省武平县高新技术产业园区总体规划。

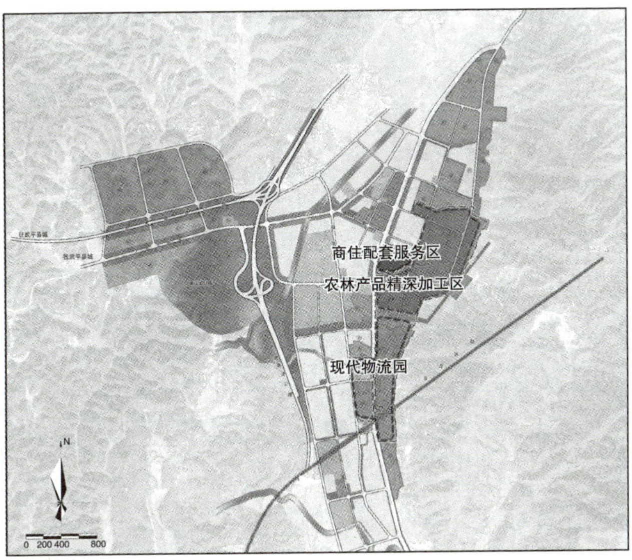

图 2－6　武平县高新技术产业园区十方拓展区规划

图片来源：福建省武平县高新技术产业园区总体规划。

为进一步聚集科技资源，人才资源和发展要素，加快高新技术产业园区建设，进一步提升县域科技创新水平，武平县以新型显示、智能制造、机械制造、不锈钢制造等高新技术产业为龙头，以项目为园区发展的驱动力，把招商引资、人才引进作为第一要务来抓，牢牢抓住目前沿海地区各个产业转移等有利契机，出台优惠政策，完善基础设施，加大招商引资和高素质人才引进力度，着力引进科技含量高、环境污染小的项目，鼓励高新技术产业、高素质人才入驻高新技术园区，着力培养一批高新技术企业集团和高新技术产业集群。当前，高新技术园区已成为武平县推进新型工业化建设的主战场、县域经济发展的主阵地，正成为高技术含量、高附加值、高产业带动性、高成长性、高税收回报企业集聚的载体和平台。

案例二

武平县云礤村森林人家

一、云礤村基本情况及发展森林人家背景

武平县云礤村地处梁野山麓，离县城 11 千米，全村有 155 户 805 人，土地面积 16700 亩，其中耕地 870 亩、林地 15830 亩，发展乡村旅游（森林人家）前村民主要靠砍伐林木、采摘野生食用菌和打猎为生，是典型的“靠山吃山”的边远山村。

2003 年林改时，林地全部被划为生态公益林，按政策规定林木不能采伐了，更不要说打猎了。群众的生活来源少了，为了生计不得不外出谋生，全村仅剩下 100 多位孤寡老人和留守儿童，年轻人娶媳妇都很难，成了远近闻名的“空心村”“光棍村”。当时甚至流传这样一句话：“山高林密多光棍，有女不嫁云礤人”。加上交通闭塞，土地贫瘠，该地是武平出名的贫困村，农民人均年纯收入不足 1300 元。

武平县云礤村平均海拔 600 米，村庄群峰环抱，蕴含着丰富的负氧离子。上临梁野山主峰，山势巍峨，绝壁千仞，加上环山风光旖旎和原生态植被保存完好，如同世外桃源。良好的生态环境能不能鼓起百姓的腰包？生态优势如何转变为经济优势？成为县委、县政府和城厢镇党委、政府一直思考

的问题，随着人们生活水平的不断提高，各地乡村旅游逐渐升温，在多次调研中发现，云礤村不仅生态环境好，而且自然景观奇特，有成片的瀑布群，原生景观保存完好，平时特别是周末，吸引了许许多多外地游客来村里游玩，他们反映云礤风景独特，却找不到吃饭、娱乐、休息的地方。镇村干部感觉商机来了，云礤村发展要打生态牌，做生态文章，也就是搞“乡村生态旅游”。县、镇两级党委和政府也积极带领该村两委干部及有意向发展的村民多次外出考察学习，回来后认为发展乡村旅游绝对值得，是“潜力股”，发展前景可观。于是，他们说干就干，马上发动群众进行村庄环境整治，完善基础设施，建设美丽乡村，发展乡村旅游。

二、云礤森林人家发展乡村旅游（森林人家）的做法

2006 年，福建省林业厅在全国首先提出发展“森林人家”，2010 年福建省林业厅福州国家森林公园管理处向国家工商行政管理总局注册了“森林人家”商标，之后又分别制定了《森林人家基本条件》、《森林人家等级划分与评定》与《森林人家规划技术规程》三个福建省地方标准，通过统一管理、系列宣传，逐步打造出一个全国森林旅游行业的全新品牌；2012 年 3 月，应国家林业局森林公园管理办公室要求，福建省林业厅同意授权国家林业局森林公园管理办公室在全国范围内统一并规范使用该专用标志。

2012 年初在外务工的该村村民钟尚义得知可创办“森林人家”，对照《森林人家基本条件》、《森林人家等级划分与评定》与《森林人家规划技术规程》后，从中看到了商机和潜力，认为自己家乡完全符合条件，于是不顾家人反对，毅然辞去了待遇不错的城市工作，回到云礤办起了第一家“森林人家”——“尚义森林人家”，为游客提供旅游服务。由于当时主要以当地土鸡、土鸭和当地小吃为主，各项成本较低，当年收入比外出务工赚钱多了好几倍。看到这种情况，其他外出村民纷纷效仿，回到村里办起“森林人家”，县委县政府、镇党委政府因势利导，积极鼓励有条件的农户发展“森林人家”，并带动其他无条件开办“森林人家”的村民（特别是贫困户）从事林下养鸡、养羊，种植香菇、木耳、水果、蔬菜、观赏花卉等，为“森林人家”和土特产市场提供原生态产品，初步建立了“种养结合、生态旅游、综合利用”的立体经营模式，走上了一条复合型林业经营路子。随着近几年县委县政府乡村振兴战略、全面推进全域旅游和乡村旅游的不断深入，以及环梁野山城乡一体协调发展试验区创建的不断推进，云礤“森林人家”依托梁野山生态旅游产业开发，遵循“整体规划、区块建设、分段实施”的原则，紧紧围绕建设“绿色氧吧、清新云礤”和人民富裕的美丽乡村创建目标，投入1000多万元建设了休闲长廊、土特产购物长廊、迎宾广场、环村通道、仿竹门廊、邱屋老年活动中心、邱屋知青广场、百亩四季果园，实施了房屋改造工程、环境卫生整治工程、亮化工程，并在村道、居民房周边进行绿化、美化，在果园周边修建了观光竹篱笆围栏、观光亭、亲水鹅卵石水渠，并在四季果园内建设步行道和融入景区景观的果园管理房。成立了“梁野山森林人家专业合作社”和“梁野山四季果园专业合作社”，规范并监管森林人家和四季果园诚信经营，既发展了生态旅游产业、繁荣了生态文化、提高了村民经济收入，又促进了森林资源保护，实现了生态和谐与美丽乡村建设健康发展。

三、云礤“森林人家”取得的成效

目前，云礤村已发展“森林人家”26家，从业人员355人，成立“森林人家”专业合作社，统一挂牌，集中管理，规范运作，年接待游客70多万人次。以“田园风光，返璞归真”为核心竞争力，以良好的生态旅游资源、纯朴的民风民俗文化、乡村风情体验为亮点及26家省“三星级森林人家”为平台，让游客体验“清新空气洗肺、山泉净水洗血、有机食材洗胃、乡村文化洗心”的全新的生活方式，让外来游客在这里能充分体验“慢城、慢食、慢生活”休闲节奏，用活的乡土文化吸引人、打动人。云礤村以再现秀美田园风光作为乡村旅游发展规划的思路导向，大力发展“森林人家”休闲健康旅游等旅游产业，使到村游客逐年增加，村民经济和村财政收入逐年提高，2017年森林人家户均纯收入达18万元，全村人均收入达2.3万元，其中2/3以上的收入来自“森林人家”和林下经济，乡村旅游比林改前的2001年增长了十多倍，从最贫穷边远山村变成最富裕的旅游名村，彻底摆脱了“空心村”“光棍村”的落后面貌。今天，美丽的云礤、富裕的云礤，真正实现了"百姓富、生态美"，很好地诠释了习近平总书记提出的"绿水青山就是金山银山"的丰富内涵。

青山横亘，绿水长流。"森林人家"的提出顺应林权制度的改革需要，立足"三农"，把砍树人变为看树人，变被动保护为主动保护，走出了一条森林资源保护与利用并举，生态、社会、经济三大效益并存的林业可持续发展之路。

图 2－7　武平云礤森林人家

参考文献

刘俊杰：《县域经济发展与小城镇建设》，社会科学文献出版社，2005。

《绿色产业将成为经济新增长点》，《中国环境报》2015 年 5 月 21 日。

方晓红：《生态文明背景下绿色产业发展探析》，《中共合肥市委党校学报》2016 年第 5 期。

第三章

坚持城乡融合：武平县空间布局与优化

城乡关系从分离到融合是经济社会发展的必然。城乡空间形态作为城乡关系的外在表现形式，城乡融合首先体现在空间融合上。正如前文所述，大力发展绿色产业，推动产业转型升级，既是武平实现绿色崛起的基础和动力，也是武平推动乡村全面振兴的关键所在。因此，要科学谋划城乡空间布局，创新城乡空间资源供给方式，以规划引领城乡建设发展，形成产业新布局，串联特色小镇、美丽乡村，推动城乡联动、产城融合，构建与城乡融合发展相适应的新型城乡空间形态。

一 优化空间布局促进城乡融合对乡村振兴的重要意义

我们党历来高度重视城乡关系协调发展。党的十六届三中全会提出要“统筹城乡发展”，并把它放在“五个统筹”的首位。党的十八大报告进一步提出要“推动城乡发展一体化”，形成以城带乡、城乡一体的新型城乡关系。党的十九大报告又明确提出“建立健全城乡融合发展体制机制和政策体系”，这是中央文件首次提出“城乡融合发展”的概念。从统筹城乡发展到城乡发展一体化，再到城乡融合发展，既反映了中央政策的一脉相承，又符合新时代的阶段特征和具体要求。[①] 目前城乡融合发展存在着城乡用地布

① 魏后凯：《优化公共资源配置，推动城乡融合发展》，http：//www.sohu.com，2018－02－21。

局及功能划分不够合理、城乡要素双向流动及共享受阻、城乡基本公共服务不均衡且存在区域性限制等问题。因此，有必要对传统的城乡空间格局进一步反思，推进形成城乡空间布局的新形态，为城乡融合发展提供物质和制度的支撑。

1. 优化城乡空间布局是破解城乡二元结构、推进城乡一体化发展的必要前提

长期以来，受城乡二元结构的制约，城市和乡村建设规划彼此脱节，重城市、轻农村现象严重，城市空间向周边农村地区空间无序扩展，城市和乡村之间未能形成有机的空间衔接，从而使得城乡要素无法自由、顺畅流动，影响了城乡协调和持续发展，拉大了城乡差距。因此，在县域范围内，以推动城乡一体化发展为目标，优化城乡空间布局，构建“城市—乡村”协同发展的新型城乡空间形态，不仅有助于推动城市中的生产要素向城镇和乡村的回流，使得城市成为带动乡村振兴的重要力量，有效破除城乡分隔的二元结构，还能降低生产要素在城乡之间流动的内生和外生交易成本，降低要素所有者往返于“城市—乡村”之间的外生交易成本，不断提高城乡之间的关联水平，实现城乡发展的相互衔接和相互促进。

2. 优化城乡空间布局是践行“绿水青山就是金山银山”重要理念、推进城乡绿色发展的关键环节

乡村振兴，生态宜居是关键。这里面蕴含了人与自然之间和谐共生的关系，是“绿水青山就是金山银山”理念在乡村建设中的具体体现。因此，需要对城乡空间布局进行符合自然规律和价值规律的系统规划，促使城乡空间结构与功能的协调。乡村振兴战略导向下的县域城乡空间重构，就是要依托现有山水脉络等独特风光，优化县域内产业发展格局、城镇与人口格局、农业格局和生态安全格局，科学划定城镇开发边界、农业生产资源保护及生态保护红线。通过这种全方位的城乡发展空间管控及生态空间营造，真正做到让城市融入大自然，同时又注重保留村庄原始风貌，最终建成“望得见山、看得见水、记得住乡愁”的美丽乡村，并在政府规划和市场机制的共同作用下把风景变成产业、把“美丽”转化成“生产力”。

3. 优化城乡空间布局是增强广大农民获得感幸福感，实现共同富裕的有力支撑

乡村振兴，生活富裕是根本，生活富裕的本质要求是共同富裕。改革开放40年，农村经济社会发生了历史性巨变，农民的温饱问题得到了解决，但由于历史欠账较多，我国城乡发展不平衡、不充分问题较为突出，主要体现在就业、医疗保障、养老、基础设施与基本公共服务供给等方面，不仅制约了农业农村发展，也制约着城市发展水平和质量的进一步提升。城乡发展不平衡、不充分让农民感受到了一种被遗弃感，农民的获得感和幸福感也随之呈现出边际现象。[①] 在乡村振兴战略导向下县域城乡空间布局的优化，有助于提高乡村基础设施和基本公共服务的供给数量和质量，促进城市要素与农村要素的利益共享，让广大农民更加均等地享有就业、居住、教育、医疗、养老等社会保障，不断提升农民群众的获得感和幸福感。

二　武平县优化空间布局，促进城乡融合的实践

经过十余年的接力探索，武平坚持“百姓富”与“生态美”的有机统一，以新发展理念为引领、推进“森林武平”建设为着力点，统筹实施山水林田湖整治，科学规划布局“主中心（县城）—次中心（岩前、十方）—特色镇—一般乡镇—村（社区）”五级城镇体系和美丽乡村，推动景区建设和县城主城区建设、产业园区建设相融合，把2630平方千米国土空间梳理得井然有序，构建了“梁野山上生态引领，梁野山下产城融合；武平城里商贸开花，武平城外农耕文化；山上山下风景如画，城里城外宜居宜业”的新型城乡形态，实现了“含金量”和“含绿量”同步提升，武平林改持续释放着强大的生产力。

（一）摸清家底整合城乡国土资源

党的十八大以来武平积极践行新发展理念，推动县域经济发展水平持续

① 马华、马池春：《乡村振兴战略的逻辑体系及其时代意义》，《国家治理》2018年第3期。

提升，林改创新动力逐步释放。为深入贯彻落实党的十九大报告对实施乡村振兴战略和城乡区域协调发展战略的重大部署，武平从摸清家底入手，深度挖掘整合县域空间资源，通过统筹规划，把宝贵的空间资源保护好、利用好。

1. 区域空间发展战略

武平作为闽西、粤东、赣南的重要交通枢纽、物资集散地和南方重点集体林区县，其林改的持续推进，促进了生态变美、百姓致富。当前在“工业强县、生态立县、旅游富民”发展战略的引领下，武平更为注重高效、集约、节约利用空间资源，不断提升空间治理能力，着力加强与周边地区的对接与联动，充分融入闽西及龙岩市经济圈，参与闽、赣、粤三省交界地区的物资交流，致力于打造面向广东及福建沿海，背靠江西内陆腹地，闽西、粤东、赣南的重要交通枢纽和商贸物流中心；闽西地区绿色先进制造业基地；辐射闽、粤、赣三省的旅游休闲、养生养老和生态文化旅游目的地。着力提升县城主城区的综合功能，增强其集聚力和辐射力，塑造城市品牌，使之成为闽、粤、赣边中心城市，以不锈钢加工、机械制造、商贸物流产业为主导的现代绿色工贸城市，以文化休闲为特色的园林城市。着力促进城乡融合，在加快新型城镇化进程的同时，坚持以城带乡、以乡促城、城乡互动，优化城乡空间布局，统筹城乡规划建设，全面推进城乡一体化发展。

2. 交通区位条件

武平东临厦门、漳州、泉州，南与广东梅州相连，西与江西赣州接壤，北接三明，是闽粤赣边的区域地理中心。随着交通基础设施的不断完善，武平进一步拉近了与省内外发达城市之间的时空距离，是全国少有的能在四小时左右分别到达深圳、珠海、汕头、厦门四大经济特区的县域，也是福建面向广东、江西开放的前沿窗口及珠三角高铁三小时经济圈、厦漳泉高铁一小时经济圈的叠加辐射地区，县域区位优势日愈凸显，其中，县城东部受福建沿海经济发达地区的资金、技术、信息的转移和辐射，县城南部受广东汕头、深圳等经济发达地区的资金、技术、信息的辐射，县城西北部可与江西省赣州、吉安、南昌等地区资源要素对接对流。交通区位的完善，对于改善武平交通条件和投资环境，提升武平作为龙岩市西大门的交通门户地位，增强武平承接产业转移能力，加快工业资源、农业资源、旅游资源及劳动力资源的开发和利用，创造了新的契机和动力。

3. 国土资源条件

与土地资源日趋紧张的珠三角地区和闽南三角区相比，武平具备充足的产业植入空间和土地开发潜力，拥有大量丘陵台地地区可供开发。其中，林业用地面积约 219.67 平方千米，主要分布在东留镇、永平镇和大禾乡；森林覆盖率达 79.7%，林木蓄积量 2179 万立方米；耕地面积约 293.59 平方千米，主要分布在县内中部河谷平原区，中山河流域沿线东留镇、万安镇、城厢镇。境内水系发达，分属汀江流域、梅江流域、赣江流域，主要河流有平川河、中山河、小澜溪。

4. 土地利用情况

2015 年规划区总用地约 9000.42 公顷。一是，建设用地 1938.99 公顷，占总用地的 21.54%，主要包括：城乡居民点建设用地 1916.37 公顷（包含城市建设用地 962.21 公顷、村庄建设用地 954.16 公顷）；区域交通设施用地 29.91 公顷；其他建设用地 5.81 公顷，占总用地的 0.06%。二是非建设用地 6063.43 公顷，占总用地的 67.37%，主要包括：水域 204.23 公顷，占总用地的 2.27%；农林用地 5717.80 公顷，占总用地的 63.53%；其他非建设用地 141.40 公顷，占总用地的 1.57%。三是水源保护区 998.00 公顷，占总用地的 11.09%。为优化土地利用结构和布局，保障全县经济社会发展，“十三五”期间，武平建设用地在总规模不突破 9795 公顷的基础上，城乡建设用地规模 7439 公顷以内，城镇工矿用地规模 2731 公顷以内，交通水利及其他建设用地规模 2356 公顷以内。

5. 县域城镇体系布局

武平辖 17 个乡镇，包括平川、城厢、中山、万安、十方、岩前、桃溪、中堡、东留、武东、永平、象洞 12 个镇，以及湘店、大禾、中赤、民主、下坝 5 个乡；集聚着 219 个村（居），总人口 40 万。城镇主要沿国道 357 线、358 线公路分布，城镇建设重点偏重于中南部，形成以县城为中心，十方镇、岩前镇为次中心，一般建制镇和乡集镇为依托的城镇体系。武平县城职能类型为综合型，除作为全县的政治、经济、文化中心外，同时也大力发展工贸业和旅游服务业。十方、岩前两镇依托现有的产业基础及交通区位优势，产业发展势头良好。其他乡镇以农业为主导，经济基础较为薄弱。国道357线、358线在县城交会，呈树枝状延伸至各镇区，受山区地形影响，道路较为曲折，县城与各乡镇的交通联系有待加强（见图3－1）。

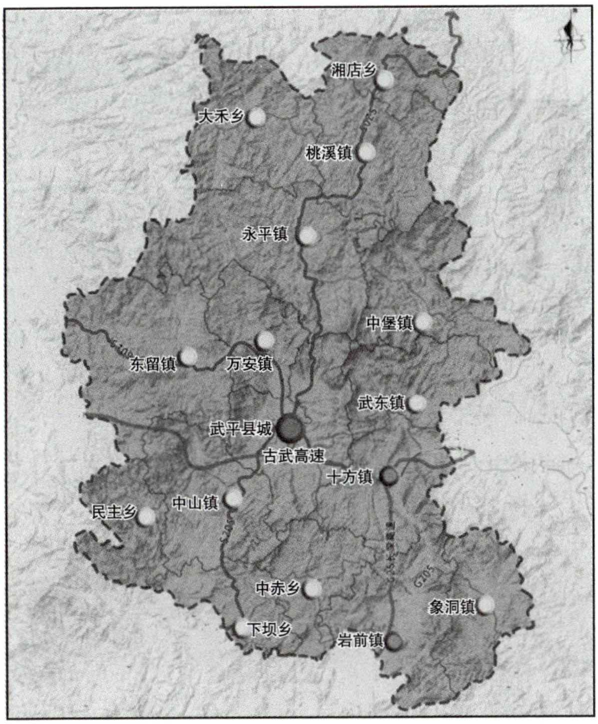

图3－1　武平县域城镇体系

图片来源：《福建省武平县总体规划（修编）（2017～2035）》。

（二）绿做底色划定城乡功能布局

优化国土空间开发格局是实现生产空间集约高效、生活空间宜居适度、生态空间山清水秀的前提和基础，事关美丽中国建设和人民永续幸福的生活。党的十八大报告明确提出了“优化国土空间开发格局”的战略要求，党的十九大报告进一步提出要构建国土空间开发保护制度。县域作为连接城乡的重要枢纽，是发展经济、保障民生、维护稳定的重要基础，是环境保护的第一责任主体，优化空间格局重在县域推动。

生态投资是政府的最优质资产。按照这一理念，武平坚持以底定城，识别绿色生态空间底限，将生态底限作为城镇空间布局必须避让的基本前提，以资源环境承载能力为硬约束，进一步优化国土空间结构，合理划分城镇、农业、生态三类空间比例，建立了科学合理、边界清晰的城镇空间、农业空间和生态空间，勾绘了国土空间高效利用、人与自然和谐的美好蓝图。

1. 构建集约高效的城镇空间

城镇空间主要承担政治、经济、文化、人口、产业等中心功能，是产业发展、城镇建设和人口集聚的重要区域。着眼于城乡区域协调发展，武平积极开展国土空间分析评价，核算县域生态承载力，在优先划定生态空间和农业空间基础上，以规划建设用地总量锁定为前提，科学界定县域范围内城镇开发边界，优化城镇化空间布局和城镇规模结构，其城镇空间包括有县城主城区、建制镇镇区、工业园区及农村建设区等。武平城镇空间承担的重点任务是：推进以人为核心的城镇化，完善县域中心城市和中心城镇功能，稳妥有序推进撤乡并镇工作，统筹城乡基础设施和公共服务体系建设；壮大武平高新产业园区、县工业园区、十方工业集中区和岩前工业集中区规模，优化产业结构，提高土地综合利用效率，推动产城融合发展；严格城市建设用地管理，推动建设用地高效、集约利用，逐步形成人口、经济和资源环境相协调的空间开发格局。

2. 构建适度有序的农业空间

农业空间主要承担农业生产的功能，是种植业、水产畜牧业主要生产基地。武平以“高效、集约、复合、生态”综合利用国土空间为目标，强化基本农田保护，打造疏密有致、集中与分散相结合的农业发展格局，重点是抓好农业主产区建设，统筹安排农村经济发展用地，发展壮大农业龙头企业，提升农产品加工能力和经营水平，培育一批农业品牌，建设包括优质稻、优质茶、食用菌、蔬菜瓜果、仙草、花卉苗木、金线莲、中药材等在内的农业生产基地。同时，全面贯彻“山水林田湖草是一个生命共同体”的理念，充分认知农业的重要生态功能，积极发挥农业的生态、景观和间隔功能，大幅提升农业的生态效能，严禁侵占水面、湿地、林地、草地等生态空间的农业开发活动，努力构建田园生态系统。

3. 构建山清水秀的生态空间

生态空间主要承担生态建设和环境保护的功能。中共中央、国务院《关于加快推进生态文明建设的意见》明确要求“适当增加生活空间、生态用地，保护和扩大绿地、水域、湿地等生态空间”。这一部署对进一步开展全国生态功能区划提出了新的要求。

武平将除城镇建设区和农业主产区之外的土地均列为生态保护空间，重点任务是坚持“生态型、节约型、功能型”的城乡绿化发展方向，加强县域空间内的林地、草地、河流、湖泊、湿地等生态空间的保护和修复，以“一心一环两廊”为战略布局，其中，“一心”，即做大做美做强武平中心城区，充分发挥武平全国文明城市的龙头带动作用；“一环”，即加快推进环梁野山城乡一体协调发展试验区建设，实施产业振兴、乡村建设、全域旅游，推动生态经济、生态旅游联动发展，使之成为一、二、三产业高度融合的综合试验区；“两廊”，即在武平东部即将开工建设的双龙铁路沿线，大力发展以十方、岩前为基础，以高新园区为依托，以特色小镇为抓手的工业经济长廊，使之成为武平最重要的产业支撑；在中部，借助浦武高速开通时机，提前布局，以特色农业产业、生态旅游产业等为重点，大力发展道口经济，将沿途乡镇打造成一条“高颜值”生态经济长廊。

（三）“双轮驱动”重塑城乡空间结构

武平以新型城镇化与乡村振兴“双轮驱动”为统领，抢抓实施乡村振兴战略和创建国家生态文明示范区的发展先机，以现有城镇空间格局为依托，发挥县域主要交通轴线的发展带动作用，构筑“一主两副三廊”的新型城镇格局，建立完善“主中心（县城）—次中心（岩前、十方）—特色镇—一般乡镇—村（社区）”的五级城镇体系。同时，围绕“千村整治、百村示范”目标，开展美丽乡村建设，全面缩小城乡发展差距，努力建设宜居宜业宜游的美好家园。

1. 优化城镇发展格局

目前我国城镇化发展已进入提升发展质量的新阶段。武平以构建宜居宜业的生态型城镇体系为方向，明确提出要确立“一主两副三廊”县域空间结构、完善“主中心（县城）—次中心（岩前、十方）—特色镇—一般乡镇—村（社区）”五级城镇体系，这既是提升城镇化质量的主要目标，也是优化城乡空间形态的重要方面（见图3－2）。

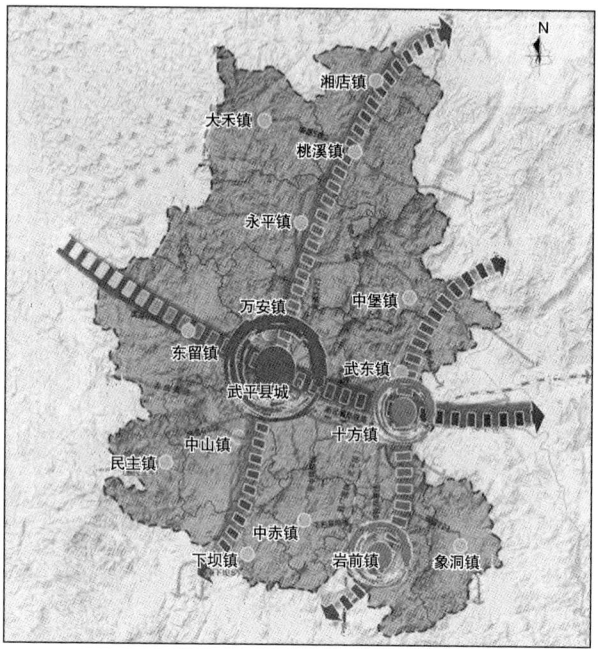

图3－2　武平“一主两副三廊”空间结构规划

图片来源：《福建省武平县总体规划（修编）（2017～2035）》。

（1）高起点规划县域空间结构。武平从自身发展定位、发展目标和现状条件出发，坚持城乡融合发展，充分发挥县域主要交通轴线的带动作用，规划形成了“一主两副三廊”的新型城镇格局。其中，“一主”是指在原有平川镇和城厢镇基础上，将临近的万安和中山两镇纳入，扩大主城区发展规模，拓展主城区发展空间，做大做强县城主城区中心区（包括平川镇、城厢镇），使其成为带动全县发展的核心区和全县工业化、城镇化的主要载体，同时还要保障主城区的“生态底线”，以项目化完善城市生态系统功能，提升城市宜居品质。

“两副”是指将人口基数大，城镇化水平高，交通便捷，产业基础良好，和主城区能够通过高、快速路体系便捷联系，具备良好发展条件的十方镇和岩前镇提升为城市副中心。将十方镇、岩前镇纳入城市范围，构建“一主两副”的整体县域城市结构，有助于推进县域整体协调发展、提高县城城市化发展水平和构建更加完善的县域产业结构。

“三廊”以国道357线、358线为主轴，依托武平县工业园区、十方工业集中区、岩前工业集中区三个基点，着力打造“一横两纵”三条发展走廊。其中，“一横”是以主城区为发展极，东接龙岩，西接赣州，形成“十方—主城区—东留”的东西横向发展走廊；“两纵”是指东部以十方、岩前城市副中心为发展极，北连中堡，形成“岩前—十方—中堡”的纵向发展走廊；中部以主城区为发展极，南接梅州，北连长汀，依托国道358线形成“下坝—中山—主城区—永平—桃溪—湘店”纵向发展走廊。

（2）建立五级城镇体系。近年来武平扎实推进城乡一体化，常住人口城镇化率由2010年的29.6%提高到2015年的46%，城镇基础设施不断改善，教育、医疗、文化体育、社会保障等公共服务设施水平和覆盖率明显提高，城乡面貌发生了显著变化，各项事业开创了新局面。但与此同时，武平在城乡协调发展上也面临着“成长的烦恼”，包括各乡镇之间发展差距依然较大，各乡镇的发展基本依靠农业，经济实力较为薄弱，乡村建设虽稳步发展，但仍然相对落后。

武平按照城乡一盘棋的发展思路，着力解决发展不平衡不充分的问题，把农村放在城市格局里整体进行规划和布局，构建与国家战略和区域资源禀赋、环境条件、人口布局、产业形态相适应的城乡空间框架，创造性地提出了构建“主中心（县城）—次中心（岩前、十方）—特色镇—一般乡镇—

村（社区）”的五级城镇体系，差别化制定发展策略和职能分工，更好地推动城乡区域协调平衡发展，逐步缩小城乡间发展差距。

五级城镇体系以县城主城区为核心，强化县城主城区功能，提出要以更高标准规划主城区建设；突出了十方、岩前两个重点镇的发展，提出要将其建设成县域次中心；重视十方、岩前、中山、城厢等特色小镇的培育，着力发挥特色小镇的辐射带动作用；重视缩小城镇之间的发展落差，分类推进各小城镇建设，逐步提升镇村的宜居度。总体而言，五级城镇体系的发展模式不仅突出了城的主题，也突出了一般镇和村庄在县域空间结构中的功能特色，有利于县城和镇、村的联动发展。五级城镇体系的建设重点有四项。

第一，将县城主城区建设作为推进新型城镇化与城乡融合的关键节点。县城主城区作为全县人口和产业的重要聚集区，到 2020 年县城常住人口将达到 10 万人，承担着打造闽、粤、赣省际交界地区重要增长极的职能。为此，武平进一步增强县城主城区在县域经济中的重要性，提升其功能品质，力争将其打造成闽西南和广东、江西经济交流的节点和枢纽，进而提升武平城镇体系在龙岩乃至福建城镇体系中的地位。

第二，明确城镇体系发展结构。重点培育十方、岩前等城市副中心，使其成为承上启下的必要环节，提高武平整个城镇系统的运转效率。其中，十方镇依托现有的区位条件，完善园区功能，提高产业配套能力，努力建设县域商贸次中心；岩前镇依托丰富的矿产资源和工业基础，建成以工促贸、以贸引工的开放型县域工贸次中心，形成闽西南和广东交流的主要节点和枢纽。

第三，加快培育特色小镇，使之成为新的经济增长点。特色小镇是连接城市和乡村的重要纽带，是乡村振兴的希望和力量所在。武平坚持高端引领，按照新兴产业培育发展和传统产业改造提升相统一、产业发展和生态发展相包容的发展思路，突出产业特色，择优培育特色小镇。同时，注重完善学校、医院、文化体育等公共服务设施，引导更多的农村居民向特色小镇聚集，力争做到人口集中、产业集聚、功能集成、要素集约。同时，为促进城镇体系整体协调发展，武平也高度重视一般镇在加快新型城镇化进程中的作用，合理发展一般镇，全面提升城镇发展质量。

第四是加强中心村（社区）建设。中心村（社区）是武平乡村建设和农业现代化的重点地区。多年来武平聚焦推进城乡基本公共服务均等化的发展目标，持续提升村庄规划建设水平，加快农村道路和农田水利基础设施建设，不断提高农业防灾抗灾能力，有效改善农村人居环境，稳步推进农村和城市协调发展。

2. 提升县城主城区功能品质

武平县城四周青山环抱，具有良好的绿化大环境，有平川河与中山河流经。在20世纪90年代，由于当时的社会生产、生活方式还较为传统，武平县城集中在平川河两岸。进入21世纪，随着工业蓬勃发展，陆路交通逐步加强，县城内部互动和外部联系日益增强，武平县城开始沿主要道路——国道357线、358线和省道205线、309线呈带状拓展。2005年以来，随着城市化步伐加快，原有城区规模已不能满足现阶段的经济社会发展需求，依托原有格局，武平县城继续沿主要道路干线—南部古武公路、主要景观节点——北部梁野山、主要产业——南部工业园等向外藤蔓式拓展，形成了当前较为健全的空间发展格局。

纵观武平县城空间格局变化，从“临水而居”的空间格局过渡到如今的“沿平川河及主要交通干线，呈带状向外蔓延”的空间格局，武平城市建设取得了显著成绩。

武平宜人宜居的山水格局凸显了其山水城市的美，也彰显了其独特的城市形象特征。为进一步优化县城空间格局、打造县城新形象，当前武平正以打造“闽粤赣边山水园林式县域中心城市”为目标，合理拓展县城发展新空间，规划形成了北至北部梁野山、万安镇，南至中山古镇，东至梁野山服务区、浦武高速，西至西山，以“一心一带六组团”为特点的空间布局：“一心”即城市综合服务核心，是以县政府为中心，盘活周边老城用地，打造集金融、商贸、行政办公及医疗服务等多功能于一体的城市综合服务核心；“一带”即中山河景观带，中山河是县城最重要的城市脉络，两岸平坦的用地可为县城拓展提供重要基础；“六组团”包括城市核心组团、梁野新区组团、城市门户组团——灵洞新区组团、中山古镇组团、产业园区组团和高铁新区组团。其中，城市核心组团在城市核心区内，碧水公园以北、文博园以东、环城北路以南、东环路以西，重点改造县城老城区，盘活建设用地指标，同时提高金融、商贸、科研教育等产业配套服务功能，完善居民生活服务设施；梁野新区组团位于城区北部，主要包含梁野山国家级自然保护区、南海古国公园、梁野旅游休闲板块和万安商住板块，规划打造以自然山水为特色的旅游休闲功能区；城市门户组团——灵洞新区组团位于武平县城西部，沿武平大道布局，涵盖西山以东的部分用地，规划打造现代商务和金融核心功能区；中山古镇组团依托中山历史文化名镇、温泉、平川河、中山河湿地公园等资源，规划打造特色人文历史旅游功能区；产业园区组团依托城区南部不锈钢产业园，搭建省级工业园区平台，着力打造武平产业发展引擎；高铁新区组团依托规划县城高铁站、交通要道（高铁站前路）及周边自然生态资源，规划打造高铁功能板块。

按照“一心一带六组团”的布局思路，武平县城主城区的规划建设凸显了以下四个方面的特色点。

（1）更加注重人文城市建设。文化既展示着城市的价值品位和风貌，又是城市凝聚力和自信心的源泉。武平依托县城现有文物资源、区位交通条件和文化积淀，把县城文化建设与空间结构优化紧密结合在一起，将历史文化要素打造成为提升县城功能品质的重要载体，积极推进兴贤坊历史文化街区修建和周边小城巷道改造，以加强保护并及时修复古屋、古桥、古街、古树、古牌坊等历史文化遗存为契机，力图再现“宋元明清”千年古城的历史记忆，努力奏响历史文脉与现代文明的和谐交响。

（2）更加注重产城融合。按照“产城互动、高端开发、集聚人气”的思路，大力发展教育、商贸、文化旅游等第三产业，增强县城发展的产业支撑。同时，进一步优化产业空间布局，以省级工业园区和高新技术产业园区为龙头，引导企业向园区集中，推进企业绿色化、循环化改造，吸引农村人口向城镇转移，促进产城融合发展。

（3）更加注重全域景观化。以全国文明城市、国家园林县城、国家卫生县城、国家生态文明示范县“四城同创”为名片，以创建中山河国家湿地公园为契机，着力改善县城内旧城镇建筑无特色且较粗糙以及公共设施用地、绿地偏低等现状，加强建筑风格和景观设计，实施大规模绿化行动，构建“一带双核九心多廊”的县城绿地结构布局。其中，“一带”指平川河滨水休闲带；“双核”即平桥翠柳城市森林公园和碧水公园为县城两生态核；“九心”为城区九大绿化板块；“多廊”是利用山水等自然要素打造多条县城重要绿色生态景观廊道，让城市融入自然，达到人与自然和谐发展。并注重在园林绿化中融入文化元素，彰显山水城市特性。

（4）更加突出公共服务。顺应城镇常住人口增长趋势，武平集中有限要素集约投放，使之向城市管理各领域、市民各类民生服务方面深度延伸，有效改善市民生活质量。着力解决城市堵点，统筹推进路网建设，加大停车场建设力度，增强公共配套服务设施建设，满足县城发展需求。深入推进海绵城市建设，加强综合管廊建设，不断改善排水管网、排涝泵站和排涝河道等基础设施建设，将县城建设成具有吸水、蓄水、净水和释水功能的海绵体，不断提升县城建设品质。

3. 深入推进特色小镇建设

乡村振兴战略与特色小镇建设有着紧密的内在联系。特色小镇建设能够推动农村一、二、三产业融合发展，推动城乡发展要素的流动和交换，推动农业人口就地城镇化，对推动乡村振兴具有重要意义。近年来武平特色小镇建设取得了较好成绩，例如，岩前镇新显小镇 2017 年入选福建省第二批特色小镇创建名单；十方镇 2016 年被列为市级新型城镇化重点镇。武平特色小镇依托各自的资源优势，进行了建设功能定位：十方镇积极融入省级高新园区发展格局，打造市级特色小镇——物流小镇；岩前镇依托区位、资源、人文、产业等优势及省级高新技术产业园区核心区平台、定光佛海峡两岸交流基地，打造省级特色小镇——新显小镇；中山镇 2014 年被列为第六批中国历史文化名镇，依托其丰厚的文化底蕴、众多的名胜古迹资源，着力打造历史文化名镇；城厢镇依托梁野山 4A 级景区，打造鲜花小镇和农业互联网特色小镇。

十方物流小镇以规划为龙头，结合双龙铁路动车站和市级高新技术园区项目，开展总体规划修编，完成新型城镇化重点镇建设规划。重点发展商贸物流业，加快建设十方综合物流园，致力打造龙岩市主要物流中心之一。加大力度改善镇容镇貌、完善市场功能、促进商贸流通，近三年完成基础设施和公共服务设施建设投入约5.5亿元，推进集商住、农贸市场于一体的综合体项目建设，解决集镇及周边和工业园区的生产生活用水问题。

岩前新显小镇凭借区位、产业、人文三大优势，依托新型显示和智能终端产业，以福建正德光电科技有限公司为龙头，打造以新型显示领域光学材料为特色，以新型显示光学膜材、模组光学材料、模组和智能终端生产制造为主导的新型显示产业体系。以定光佛海峡两岸交流基地为载体，扶持发展信俗文化旅游产业，高起点、高品位规划建设岩前定光文化园区。大力实施项目带动战略，推进包括省级高新技术产业园区环境提升工程在内的一批新型城镇化项目建设，不断扩大自身品牌知名度，努力打造闽西最具影响力的新型显示产业集聚区、最具原生态的文化旅游体验区和最具创新力的产城融合发展示范区。

中山历史文化名镇围绕古镇保护开发，重点整合百姓街、迎恩门、相公塔、树德桥、永安桥等历史文化资源，挖掘传承汉剧、宫灯、军家话等非物质文化遗产，布局中山百家姓文化园，武所古街修复、永安桥修复、河滨文化广场等一批公共设施项目，有序推进中山河国家湿地公园和中山河两岸生态文化旅游项目建设，全面推进文化旅游开发和中山古镇4A级景区建设，努力绘就集历史、自然、人文特色于一体的优美画卷。

图3-3 定光文化园区（练才秀摄）

城厢鲜花小镇和农业互联网特色小镇依托梁野山 4A 级景区和梁野山品牌，强化规划引领，编制了环梁野山城乡一体化协调发展试验区总体规划及环梁野山“五村一体”村庄规划，指导特色小镇的项目建设和产业发展。着力发展乡村旅游产业，以旅游品牌塑造为突破，深入打造梁野山下“云中村寨”（云礤）、“十里花廊”（园丁）、“客家桃源”（尧禄）、“淘宝客都”（东云）、“开心田园”（东岗）“五朵金花”，致力打造武平新“会客厅”。大力推进重点项目建设，规划重点项目 37 个、总投资 10 亿元，目前已完成投资 3.4 亿元，仙女湖水库、景区鲜花大道、五村互通工程正加快建设。全力推动梁野山景区 5A 提升工程和中山河国家湿地公园千鹭湖风景区等的建设，提升景区品质和影响力，力争将独特的环境资源特色转变为发展的竞争优势。

图 3－4　千鹭湖公园（李国潮摄）

推进特色小镇建设，是武平适应经济新常态、落实新发展理念的重要举措，落实新型城镇化和乡村振兴战略的重要抓手，为扩大武平对外影响力、建设宜居环境、推进城乡一体化协调发展奠定了基础，也为武平打造闽粤赣边生态型经济枢纽重要增长极提供了有力支撑。今后武平将结合城乡空间布局优化和产城融合，尊重经济规律，按照“一镇一业、一镇一品”要求，因势利导发展不同类型特色小镇，使其成为武平的创新创业高地、产业投资洼地、休闲养生福地、观光旅游胜地，及武平县域经济发展新的增长点。

4. 全域推进美丽乡村建设

武平把全面推进美丽乡村建设作为优化城乡空间形态的重要方面，提出规划先行、因地制宜，突出主导产业，促使美丽乡村建设规划与经济社会发展规划、农业和旅游业发展规划、文化旅游特色产业等相衔接。同时科学引导农村住宅和居民点建设，重点支持中心村培育，努力形成“一村一韵、一村一景”的美丽乡村建设新格局。

有计划、有步骤地推进省、市级美丽乡村建设。近年来，武平组织编制美丽乡村试点规划和县域村庄规划，以点带面持续开展美丽乡村建设。2014～2018年共实施79个省级“千村整治，百村示范”美丽乡村建设，27个市级美丽乡村建设，累计投资约2.12亿元。着力培育美丽乡村建设典型，涌现出了永平镇中湍村传统文化典型，城厢镇园丁村、尧禄村和中堡乌石村产业发展典型，湘店镇湘湖村传统村落典型，东留镇大明村垃圾治理典型，象洞镇洋贝村污水治理典型等一批特色村庄。

不断完善村庄基础设施。深入开展农村人居环境整治，推进农村生活垃圾治理专项行动，实行垃圾分类减量试点，实行“户分类—村收集—镇转运—县处理”的垃圾治理模式。选择适宜模式开展农村生活污水治理，实现集镇污水集中处理设施全覆盖，全面开展村庄三格化粪池改造建设，大力支持农村公厕和停车场建设。加快农村社会事业发展，建设农民幸福生活的美好家园，当前武平大部分村建有小公园和村民健身活动场所，主要村道、路灯、绿化得到提升，累计投资1.25亿元，做到了“村村有好景、处处留乡愁”。

5. 促进产业交通空间互联

近年来武平按照打造闽粤赣边生态型经济枢纽的部署，以及完善五级城镇体系的城乡发展格局，优化产业空间布局，着力打造三大产业发展平台，即武平省级工业园区、省级高新技术产业园区和环梁野山城乡一体化协调发展试验区，并突出交通—空间联动发展，促进城乡在规划布局、产业发展、交通设施等方面相互融合、共同发展。

（1）三大产业平台促产城融合。产城融合是以城市为基础，以产业为保障，承载产业空间和发展产业经济，推动城市改善配套服务，将居住、商业、生态、文化、休闲、娱乐等生产性和生活性服务有机融入园区发展之中，从而形成多元化、功能复合共生的新型产业园区乃至新城区。为走出一条“以产促城、以城带产、产城融合、城乡融合”的创新之路，武平以省级工业园区、省级高新技术产业园区和环梁野山城乡一体化协调发展试验区三大产业发展平台作为产城融合的重要结合点，努力提升矿产品加工产业、不锈钢及机械制造产业、农林产品加工产业三大传统主导产业效益，增强新型显示和智能制造产业、文化旅游产业、电子和物流三大战略性新兴产业发展规模。

武平工业园区作为省级工业园区，规划面积 14.37 平方千米，是武平构筑“三足鼎立、众星拱月”经济发展格局的重要组成部分，是推动生产要素集聚、促进特色优势产业发展的主战场，是承接厦漳泉、珠三角、长三角等经济发达地区产业转移，实现梯度开发的主要平台；同时还是实施项目带动战略，建成闽粤赣边生态型经济强县的重要载体。当前武平工业园区围绕“构建新型工业体系”和“提升园区聚集功能”目标，重点发展机械制造、光伏和电子、不锈钢、农产品加工、矿产品加工等产业，培育形成产业整合创新、动态优化、高效低耗的新型产业体系。

武平高新技术产业园区立足岩前、十方工业园的交通、区位优势，以新型显示、智能制造等产业为主导，集聚科技人才资源，打造高新技术产业链、创新链，重点发展新型显示与智能制造、新材料、先进制造业、农林产品精深加工等四大产业，积极发展现代物流、科技服务、“互联网 +”等现代服务业，致力搭建承接产业转移、引领创新创业的示范区，探索山区贫困县依托科技创新实现县域产业转型升级的创新发展之路。

环梁野山城乡一体化协调发展试验区以县城为依托，以梁野山景区和客都汇文化创意园区为龙头，以城厢镇云礤、园丁、尧禄、东云和东岗五个村为节点，以梁野山周边乡镇为延伸，坚持山上、山下并重，通过产业培育、景区提升、道路互通、村庄整治、文化植入、公共服务延伸、电商融合、体

图 3－5　武平高新技术园区（李国潮摄）

制机制创新等措施，推动城乡、产城、文旅等“三线融合”，辐射、带动、引领环梁野山城厢、万安、永平、武东、中堡、桃溪等乡（镇）联动发展，孕育形成生态型文化旅游经济圈，构建“梁野山上生态引领，梁野山下产城融合；武平城里商贸开花，武平城外农耕文化；山上山下风景如画，城里城外宜居宜业”的城乡协调发展新格局。

（2）城乡“大交通”网络促开放对接。随着城乡关联性的增强，城乡交通问题日益突出。交通问题没有解决好，城乡难以实现融合发展。武平坚持交通先行的理念，高定位谋划交通，“十二五”以来不断加大对交通道路等基础设施建设的投入力度，着力构建“大交通”新格局，不断强化与珠三角城市群、潮揭汕城市群、厦漳泉城市群及江西省的联系，进一步提升县域村镇空间体系的有机联系，人民生活环境明显改善，绿色崛起有了更坚实的基础。

重点打造“一铁三高三环三纵五横六连”综合交通体系架构，不断提高综合交通运输服务能力。其中，以龙岩经上杭、武平县至梅州、龙川铁路为“一铁”；永武高速、古武高速、长武高速为“三高”；城区环线（东外环、南二环、北外环）、环梁野山景区内环、环梁野山景区外环为“三环”；

省道205线（规划省道221线），中堡经武东、十方至岩前，大禾经永平、东留至中山为“三纵”；国道357线（十方至东留）、国道358线（十方至民主）、桃溪小兰至大禾帽布、中堡新化至永平昭信和象洞经岩前、中赤至下坝为“五横”；国道205线十方过境线、国道205线岩前过境线、国道357线十方过境线、国道357线东留过境线、省道205线桃溪过境线、省道205线永平过境线为“六连”。

坚持新发展理念谋划交通发展。武平以大项目为切入点，以全新的发展理念打造综合交通运输体系，“十三五”以来策划生成了一批既能紧密对接国家级、省级、市级重大发展战略，又符合本地实际的好项目，包括积极争取龙岩经梅州至龙川快速铁路经过武平县的线路走向规划建设，做好火车站规划工作；推进长汀—武平县高速公路项目前期工作，争取长汀至武平县高速公路项目列入海西高速公路路网规划；加快国省干线过境路段的改建，加强与周边上杭、长汀、梅州、赣州等城市的联系。

图3－6　古武高速上峰大桥（李国潮摄）

完善乡村公路路网。乡村交通，包括它的硬件和软件建设，若在规划、建设、管理方面跟不上城市交通的发展，将影响农村居民的生活质量和农村资源的有效利用。近年来武平结合新型城镇化和美丽乡村建设，根据本地地理环境，推动公共服务设施向镇村延伸，在道路建设中或新建，或拓宽，或改造，加快县乡路网连通完善和提级改造，提高县域公路网的连接度和通达水平，加强县域乡镇公路环网建设；着力改善通建制村单车道公路的通行条件，基本实现有条件的较大自然村通硬化公路及边远山村通达公路，推进实施年万里农村公路安保工程及危桥改造工程；在城镇点状发展地区，通过加大道路网密度，加强城镇之间、城镇与交通干道之间的联系。同时，武平还积极谋划建设中心城区、各乡镇、工业园区之间及其各自内部的快速干道，规划建设环梁野山公路，力争实现城乡交通体系完善、交通负荷均匀、路网密度合理。

三　进一步优化空间布局促进武平城乡融合的思考

随着乡村振兴战略和《赣闽粤原中央苏区振兴发展规划（2014—2020年）》的深入实施、国家支持福建自贸区、21 世纪海上丝绸之路核心区和加快生态文明先行示范区建设、“新古田会议”胜利召开，以及《长（汀）连（城）武（平）扶贫开发试验区发展规划（2015—2020 年）》经省政府批复实施，武平推进城乡融合发展面临着良好的外部发展机遇。

但与此同时，也要认识到，武平城乡融合发展面临着一些空间发展问题，包括：县域城镇体系规划不完善，各项重大基础设施建设尚未做到全盘统筹，项目对接不够顺畅；新型城镇化发展水平不高，县城主城区和重点镇的辐射带动作用不强；城镇结构松散，近十年来城镇空间结构未发生根本变化，县城主城区功能品质距离打造旅游城市目标尚有一定差距；村庄基础设施及村级集体经济较为落后，新型城镇化推进和美丽乡村建设均面临较大资金缺口；土地资源供应趋于紧张与土地粗放、低效利用的现象同时并存。为此，要科学把握城乡融合发展新要求，进一步优化城乡空间布局。

（一）多规合一引导城镇空间有序发展

实施乡村振兴战略，时间跨度长，涉及城、乡两大社会形态，涵盖经济建设和社会事业各个领域。因此，要优化城乡空间布局，做到城中有乡、乡中有城，在很大程度上取决于是否有科学合理的城乡空间规划。为此，武平一是坚持以规划为引领。为提高规划的科学性，在加强调查研究、分析区域的交通区位、经济社会发展条件、环境承受能力等基础上，提出了县域的功能定位、城乡建设用地规模及用地发展方向，并广泛听取人民群众的建议和意见，使规划更具合理性，确保县域的总体布局、土地开发利用、重大基础设施建设等按规划有序进行。

二是坚持“多规合一”。“多规合一”是国家全面深化改革的重要举措，也是改革政府规划体制，建立统一衔接、功能互补、相互协调的空间规划体系的重要基础。“多规合一”有利于强化政府空间管控能力，实现国土空间集约、高效、可持续利用。近年来武平城镇建设成果显著，但仍存在规划数量偏多，规划之间内容交叉重复、缺乏衔接协调等问题。为使新一轮县域总体规划修编与城乡规划、土地利用规划、生态环境保护规划等更好地衔接，亟须建立健全“多规合一”工作体制。武平以 2017 年 5 月被龙岩市政府确立为“多规合一”规划试点县为契机，成立了工作领导小组，出台了工作实施方案，开展县城主城区建设“多规合一”规划编制调研工作，并赴福清学习借鉴“多规合一”先进经验。

在“多规合一”的探索实践中，武平针对县城主城区改造和建设步伐滞后、功能品质亟待提升、公共服务设施用地紧张等现状，开展城市修补，在原县城规划区范围基础上将岩前镇、十方镇划入县城主城区规划范围，扩容后的县城总面积约达 120 平方千米。同时，针对城镇结构松散、城镇空间结构未发生根本变化等问题，对县域规划、国民经济发展规划、土地利用规划、生态保护红线规划四个规划进行合一编制。当前武平“多规合一”试点已取得阶段性成果，今后将继续以“多规合一”为抓手，协调消除各类规划之间存在的矛盾，有效统筹城乡空间资源配置，实现国土空间集约、高效、可持续利用，真正做到“一本规划、一张蓝图”。

（二）多措并举推进新型城镇化建设

小城镇作为连接城市与乡村的纽带，不仅起到了推动城乡融合发展的作用，对于新型城镇化建设中大量农村人口涌入城市也起到了“蓄水池”分流作用，降低了城镇化社会成本。[1] 在以人为核心的新型城镇化进程中，特色小镇正扮演着越来越重要的角色。同时，培育特色小镇的目标也与乡村振兴战略高度契合，是实施乡村振兴战略的重要平台。近年来武平借力国家、福建省、龙岩市发展特色小镇机遇，规划建设了十方镇市级特色小镇——物流小镇、岩前镇省级特色小镇——新显小镇、城厢镇鲜花小镇和农业互联网特色小镇、中山镇历史文化名镇。这些特色小镇现代产业聚集、优秀传统文化凸显、生态环境优美，生动践行了“绿水青山就是金山银山”的理念，代表了武平新型城镇化建设的成果。

形成工作推进机制。出台了《武平县新型城镇化和美丽乡村建设三年行动计划》，从人才、土地、资金等要素给予优先保障，在项目安排上给予倾斜，并成立领导小组，由县委书记任第一组长、负责岩前镇重点镇建设，县长任组长、负责十方镇重点镇建设。

规划先行。武平在特色小镇培育中坚持“建一个成一个”的工作思路，抓好特色小镇规划建设，在实践中做到“一镇一规”。如岩前镇以省级高新技术产业园区为平台，依托福建正德光电、合信创展等新型显示产业龙头企业，在 2015 年编制完成集镇总体规划和新型城镇化重点镇规划基础上，2017 年又编制完成新型显示特色小镇（新显小镇）规划，策划实施包括产业发展、基础设施、民生事业、旅游等在内的项目，着力打造一个产业强、生活美、环境优的宜居新显小镇。十方镇以规划为龙头，编制完成新型城镇化重点镇规划，启动承接珠三角产业转移的市级高新技术产业园区规划。

完善城乡基础设施。为提升城镇承载力和基本公共服务水平，让居民有更多获得感幸福感，武平不断加大新型城镇化重点镇基础设施和公共服务投入力度，2015 年以来共完成十方镇和岩前镇重点项目建设 53 个，累计投资 13.7 亿元。重点开展了双龙铁路高铁站、高铁站商城、市县共建园区及道路交通等的建设，积极推动水、电、路等基础设施向小城镇延伸，深入开展

---

① 《特色小镇：着力供给侧改革探索新型城镇化》，http://www.sohu.com，2017－08－13。

农村人居环境整治，有序推进农村生活垃圾分类收集试点工作，因地制宜开展农村生活污水治理。

（三）节约集约提高土地利用效率

武平为丘陵地区，山多耕地少，人均耕地少，土地后备资源匮乏。近年来，伴随工业化、信息化、城镇化和农业现代化建设加快推进，建设用地供需矛盾越来越突出。在既保增长又保红线的“两难”压力下，武平国土部门围绕建设宜居宜业宜旅城乡的发展目标，把生态文明建设要求贯穿于国土资源管理工作全过程，把节约集约利用资源作为加强国土资源管理的切入点，探索节约集约利用资源新机制，巧妙破解用地难题。

优化资源配置，合理编制土地供应计划。武平以资源环境承载能力为基础，围绕打造“一主两副三廊”县域空间结构、完善五级城镇体系，着重从土地利用计划安排、用地结构调整、国土开发空间优化等方面，统筹协调生产、生活、生态空间土地资源开发利用，引导城乡土地生产要素合理配置、人口及产业有序集聚。加强和改进土地利用计划管理，切实发挥土地利用计划的调控作用，根据各乡（镇）及县直单位用地需求，按照土地利用总体计划、城市规划和城乡建设项目安排计划编制和执行房地产供应计划，优化供地结构，合理编制国有建设用地供应计划及住房用地供应计划。优化城乡建设用地布局，逐步增加农村生产生活用地安排，保障城乡基础设施互联互通，促进城乡公共服务体系协同发展。强化国土资源源头保护，严格控制建设用地规模，突出耕地保护和节约集约用地原则，将建设用地需求转向城市存量用地、未利用地，推进农村建设节地工程，提高土地利用效率。

强化资源储备，充分利用闲置低效土地。针对土地闲置现象，武平充分发挥政府调控作用，对全县闲置的工业用地、未按合同开发利用的工业用地进行分类处置，推行再开发利用，2017 年对全县 42 宗闲置土地进行了处置。其中，采取责令限期整改方式处置 18 宗；采取无偿收回方式处置 4 宗，面积 454 亩；通过签订补充协议，重新约定开竣工方式处置 13 宗，面积 978.4 亩；采取协议有偿收回方式处置 3 宗，面积 200.6 亩；已征收闲置费，重新约定开竣工方式处置 1 宗，面积 0.8 亩；因司法查封暂缓处理 3 宗，面积 208.5 亩。同时对企业因不能投资到位进行开发建设的，采取有偿收回土地使用权，通过重新规划用途并招拍挂出让或转让等方式确定新的土地使用者，对原项目建设用地进行重新开发利用。近年来，武平依法有偿收回了原宇露光电项目、原宇田汽配项目等工业用地，面积约 133 亩。其中，原宇露光电项目面积约 66 亩已被作为武平工业园区科技孵化器项目用地；原宇田汽配项目已根据城市规划重新规划土地用途，以实现土地的二次开发利用。

主动服务，建立快捷高效的供地保障机制。从做好用地审批报批入手，创新用地审批机制，切实转变工作作风，积极创新服务方式，推进高效率、零障碍服务活动，落实手续代办、服务承诺、一次告知、限时办结、投诉受理、责任追究等“一站式”服务制度，提升审批效率。具体做法包括以下三点。其一，主动对接。根据年度县重点项目清单，主动对接项目，摸清项目用地情况，按新增和存量分类管理，实行项目到人、责任到人。主动服务建设项目用地预审，在压缩预审时间的同时，把好项目用地前期关，切实掌握项目用地涉林、涉耕及生态保护红线等情况，针对性地提出措施建议，并建立一次性告知制度。其二，加强部门协调服务。不断提高对项目用地报批工作重要性的认知，推动县国土、住建、发改、林业、人社、环保等相关部门加强协调联动，加快项目用地报批进度，提升报批效率。其三，不断压缩办理时限。紧密跟踪地类认定、规划调整、征地告知、填写补充耕地方案、一书三方案审批、费用缴纳等环节，在不断压缩各环节办理时限的同时，确保每个环节有人负责，工作不脱节。

（四）多渠道筹措资金保障城乡基础设施建设

针对武平城乡基础设施落后、自有支配财力不足的实际情况，武平县积极探索，大胆实践，探索多种筹资路径，不断拓宽城乡基础设施建设发展领域，解决城乡建设资金不足的问题。具体的做法有五点。一是县财政加大预算投入支持新型城镇化重点镇基础设施项目建设；二是紧紧抓住国家和省帮扶原中央苏区县的机遇，积极向上争取资金，多方争取城乡道路建设、给排水设施、环境整治、农田水利设施建设等方面的项目，为加快城乡基础设施建设、推进城乡融合发展奠定基础，如十方饮用水源陈田水库建设项目、十方农贸市场建设项目、岩前定光文化园建设项目等共争取到上级建设资金8000多万元；三是积极响应上级政策，对符合PPP项目清单的乡镇污水处理设施等项目实行PPP模式建设；四是加大招商引资力度，如十方镇引资1.5亿元用于完善金线溪大桥、停车场及垃圾转运站等基础设施建设，岩前镇通过招商引资建成闽鸿物流园，改善了本镇和省级高新技术产业园区的物流转运条件；五是聚集社会闲散资金，本着“谁出资，谁受益”的原则，积极落实国家优惠政策，调动全社会力量积极参与城乡基础设施建设。

（五）以规划为抓手提升全域美丽乡村建设水平

城市和农村是相互联系、相互依存的一个整体，要使城乡最大限度地相互协调，需要通过合理的城乡规划体系来实现。武平统筹考虑全县美丽乡村建设，编制县域村庄建设规划、美丽乡村重点片区建设规划和各试点村建设规划，并使其与县域城镇体系规划、城乡基础设施建设规划、现代农业土地利用规划等有效衔接，逐步形成了一套较为完整的美丽乡村规划体系，2014年至今共实施了79个省级“千村整治、百村示范”美丽乡村建设、27个市级美丽乡村建设，累计投资约2.12亿元。

编制县域村庄规划。根据五级城镇体系和重点发展区域总体框架布局，武平编制了县域村庄建设规划和环梁野山城乡一体化协调发展试验区总体规划及环梁野山“五村一体”村庄规划，开展了武东张畲、东留黄坊、中山龙济村、武东五坊村4个乡村规划试点工作，编制完成岩前和安村等105个村庄规划，总规划面积达85平方千米，为整合农村生产、生活、生态空间，实施村庄精细化建设和管理提供了依据。

统筹全域美丽乡村建设规划。为深入开展“千村整治，百村示范”行动，推进美丽乡村建设连线成片、整体提升，武平目前已完成了106个美丽乡村规划和10个新型城镇化美丽乡村规划，引领全域美丽乡村向生产美、生活美、生态美和宜居宜业宜游等发展方向转型提升，努力实现乡村全面振兴。

案例

环梁野山城乡一体化协调发展试验区发展
——武平县城乡空间融合典型案例

环梁野山城乡一体化协调发展试验区（以下简称环梁野山试验区）位于福建西部，地处闽、粤、赣三省交界，西接江西，南临广东，是海峡西岸经济区的交通枢纽与重要通道之一。为落实国家乡村振兴战略，构建城乡一体化协调发展新格局，武平提出立足产业发展、文化旅游、美丽乡村建设，打造环梁野山试验区新思路，即以县城为依托，以梁野山景区和客都汇文化创意产业园为龙头，以云礤、园丁、尧禄、东云、东岗等5个村为节点，以“两头带领、五村联动、辐射周边、城乡一体”为策略，通过产业培育、景区提升、道路互通、美丽乡村建设、文化植入、公共服务延伸、电商融合、体制机制创新等八大措施，打造云中村寨（云礤）、十里花廊（园丁）、客家桃源（尧禄）、淘宝客都（东云）、开心田园（东岗）等“五朵金花”，推动“城乡融合、农旅融合、文旅融合”等三线融合，探索实现环梁野山试验区对周边乡镇辐射带动新模式，努力实现城乡一体化协调发展的新突破。

环梁野山试验区分核心区和拓展区两大板块，总面积约1024平方千米。其中，核心区面积约64平方千米，规划范围内包含环梁野山下城厢镇的云礤、园丁、尧禄、东云、东岗等5个村。这5个村根据各自优势，实行差异化发展。2016年以来，武平整合资源，捆绑投入，实施环梁野山五村联动发展，加快培育“五朵金花”并促使其与梁野山景区、城区有机联动，旨在最大限度地释放梁野山生态核心竞争力，推动乡村振兴。当前“五朵金花”正绽放出城乡融合发展新局面。

云礤村位于梁野山国家级自然保护区境内，素有“云中村寨、世外桃源”之美称，是梁野山重要门户村庄。云礤村充分利用得天独厚的地理优势、自然景观、生态环境，2013年以来将美丽乡村建设与生态旅游结合，着力打造“云中村寨、森林人家”，将森林文化与民俗风情融为一体，按照“统一挂牌、集中管理、规范经营”的模式，大力发展集吃、住、娱等服务为一体的“森林人家”休闲健康旅游，目前已创办“森林人家”30多家，2017年接待游客90多万人次，村民人均纯收入达2.3万元。同时云礤村还专门成立了梁野山四季果园合作社，积极引导村民调整农业产业结构，大力发展生态休闲观光农业，促进“农业+旅游”效益的持续增长和农民增收，昔日的穷村变身为美丽乡村建设的典范，再次印证了“绿水青山就是金山银山”。

园丁村按照“田里有花、山上有花、路边有花、家家乐开花”的思路，以花卉种植为主导产业，建设10000平方米的花卉展示中心，形成“村两委搭台、花农唱戏、专业合作社运作”的管理模式，促进花卉产业高端化、规模化、专业化，着力打造“十里花廊”。目前，园丁村已形成2000多亩的种植规模，发展花卉种植户220户，花卉远销北京、上海、广东、厦门、漳州等地，年产值达1800多万元，成为远近闻名的花卉专业村。同时，园丁村致力于推动花卉产业与旅游产业融合发展，整合特色旅游资源，编制乡村旅游规划，加快发展生态休闲农业与乡村旅游业，开发花卉展示中心、花香渔趣、花间乡味、花香民宿、蜻蜓乐园、花香工坊、葡萄采摘等旅游项目，打造集休闲度假、生态餐饮、乡土民俗、森林氧吧等于一体的休闲农业与特色乡村旅游示范点。

尧禄村以“客家桃源”为核心品牌，借助客家特色建筑和“鹰嘴桃种植、桃源赏花、梯田观光”的产业优势，以及与周边云礤瀑布、天马山古城堡等节点的交通联系，引入现代文化创意产业，营造“客家桃源、归园田居”的意境，发展“桃文化”旅游，建成集文化体验、观光、度假养生于一体的短期疗养度假桃园，同时，依托现有竹林资源，发展竹制品深加工产业；整合裸旧房和村庄闲散地，建立百亩健康养生基地，加快营造“榆柳荫后檐，桃李罗堂前”的“客家桃源”。

东云村以客都汇、客家美食、客家特产及山林农产品为基础，整合客都汇与村庄资源，围绕“互联网+”的发展思路，培育源产地商品网络销售平台，打造以农村电子商务、乡村生态旅游为特色的“淘宝客都”，力争将“淘宝客都”打造成综合性智慧平台。同时对接福建自贸区建设万国商品体验区，开辟创客空间。

东岗村以荷花为媒，依托观光田园，推进“农业+旅游”发展，突出发展休闲观光体验新农业，大力推广荷塘池、采摘园等配套设施，形成集观光、创意、体验、智慧农业于一体的生态农业体验园，打造“开心田园”休闲农业品牌，从而既美化了乡村环境，又可助力当地群众脱贫增收，做到在家门口实现就业。

除核心区之外，环梁野山试验区还包括拓展区板块，规划范围涵盖环梁野山周边的万安镇、永平镇、武东镇、中堡镇、桃溪镇等五镇。这五镇以核心区建设为示范，通过辐射、带动、引领，促进梁野山生态文化旅游经济圈的孕育形成。

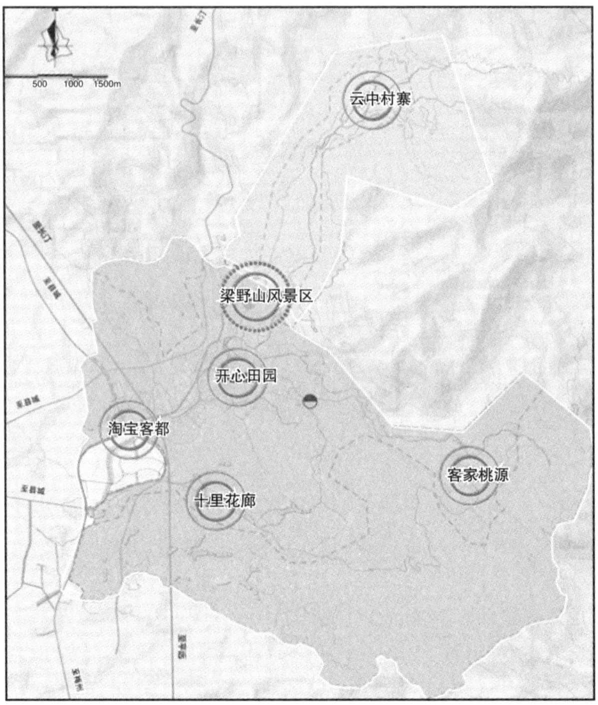

图3-7 环梁野山城乡一体化协调发展试验区“五朵金花”

图片来源：《武平县环梁野山城乡一体化协调发展试验区总体规划及环梁野山“五村一体”村庄规划》。

当前，环梁野山城乡一体化协调发展试验区正按照“串点连线拓面”的发展路径，以梁野山创5A景区，打造“五朵金花”及建设文化旅游小镇为主要目标，以项目和产业为支撑，重点实施了55个项目，总投资25.2亿元（含社会投资类项目），已完成投资12.24亿元，试验区建设成效显著。今后，环梁野山城乡一体化协调发展试验区将通过特色发展、大胆创新，把环梁野山城乡一体化协调发展试验区打造成乡村振兴战略的先行点，探索形成“机制活、产业优、百姓富、生态美”的城乡一体化协调发展“武平模式”。

参考文献

《福建省武平县总体规划（修编）（2017～2035）》，2018年6月。
《武平县国民经济和社会发展第十三个五年规划纲要》，2016年1月。
《龙岩市新型城镇化规划（2014—2020年）》，2014年6月。
《赣闽粤原中央苏区振兴发展规划（2014～2020）》，2014年3月。
《武平县土地利用总体规划（2006～2020）》。

第四章

实现共同富裕：武平精准脱贫与增收

我国现代化的过程就是从统筹城乡发展到城乡发展一体化，再到城乡融合发展的过程。目前城乡融合发展存在着城乡二元结构问题凸显、城乡之间要素合理流动存在梗阻、城乡基本公共服务非均等化等问题，实际上就是城乡发展不平衡、不充分的体现。所以，唯有摆脱贫困、振兴乡村，才能实现"两个一百年"的奋斗目标，才能实现全体人民的共同富裕。为此，本章将从精准识别扶贫对象、明晰扶贫主体、创新扶贫机制、精准脱贫与乡村振兴发展战略深度融合、提高脱贫质量实现武平全面富裕等方面梳理总结武平县创新精准脱贫的成效与可资借鉴的经验。

一 精准脱贫对乡村振兴的重要意义

贫困是一个世界性现象，它存在于所有的国家中。那么，什么是贫困呢？最早研究贫困问题的英国学者朗特里（S. Rowntree）认为贫困是："家庭总收入无法满足支付仅仅维持家庭成员生理正常功能所需的最低生活保障开支。"① 而世界银行在其《1990年度世界发展报告》中指出："当某些人、某些家庭和某些群体没有足够的资源去获取他们那个社会公认的，一般都能

① 〔英〕朗特里：《贫困：城镇生活研究》，麦克米兰出版社，1901，第103页。

享受到的饮食、生活条件、舒适和参加某些活动的机会，就是处于贫困状态。”[①] 世界银行的界定与学术界早期关于贫困定义的区别在于最大限度地考虑到了造成贫困的制度性因素，拓宽了过去只注重物质生活需求的满足而对精神层次的需求却相对忽视的视角。

与此同时，几乎所有的国家都有开展反贫困的措施，但效果不尽一致。总体来说，发达国家多采用包括社会保险、福利补贴和公共教育的社会福利政策，脱贫效果相对较好，发展中国家多是从满足基本需求出发，其效果相对有限。

自新中国成立后，中国政府就一直致力于发展生产、消除贫困的工作。但真正严格意义上的扶贫工作，是在改革开放以后提出并大规模实施的。从1978年到2000年，中国的扶贫开发大致经过了三个阶段。第一阶段：体制改革推动扶贫阶段（1978～1985）。我国农村经济体制改革，推行家庭联产承包责任制，大幅度提高农产品价格，激发和调动了广大农民的生产积极性，农产品产量大幅度增加，农民收入迅速提高，大大缓解了农村的贫困问题，全国农村没有解决温饱的贫困人口从2.5亿人减少到1.25亿人，平均每年减少1768万人，贫困发生率从30.7%下降到14.8%。因此，这一阶段制度的变革成为缓解贫困的主要途径。[②] 第二阶段：大规模开发式扶贫阶段（1986～1993）。针对一些地区发展缓慢，一部分群众生产生活条件非常困难的情况，党中央、国务院决定在全国范围内开展有计划、有组织、大规模的扶贫开发工作。为此，国务院成立专门工作机构，安排专项资金，制定专门的优惠政策，并对传统的救济式扶贫进行彻底改革，确定了开发式扶贫的方针。到1993年底，全国农村没有解决温饱的贫困人口减少到8000万人，平均每年减少640万人，贫困发生率由14.8%下降到8.7%。第三阶段：扶贫攻坚阶段（1994～2000年）。该阶段是以1994年3月《国家八七扶贫攻坚计划》的公布实施为标志。该计划明确要求集中人力、物力、财力，用7

① 世界银行：《1990年世界发展报告》，中国财政经济出版社，1990，第52页。

② 《中国扶贫开发的伟大历史进程》，《人民日报》2000年10月16日，第1版。

年左右的时间，基本解决 8000 万农村贫困人口的温饱问题。由此，中国的扶贫开发进入了最艰难的攻坚阶段。1996 年 9 月，党中央、国务院联合召开了中央扶贫开发工作会议，做出《关于尽快解决农村贫困人口温饱问题的决定》。1999 年 6 月，在我国扶贫攻坚的关键时刻，党中央、国务院再次召开会议，做出《关于进一步加强扶贫开发工作的决定》，动员全党和全社会，切实做好扶贫攻坚决战阶段的工作，确保实现在 20 世纪末基本解决农村贫困人口温饱问题的战略目标。

进入 21 世纪，随着《中国农村扶贫开发纲要（2001—2010 年）》的进一步实施，原有贫困标准的我国农村贫困人口大幅减少，收入水平稳步提高，贫困地区基础设施得到改善，社会事业不断进步，最低生活保障制度全面建立，农村居民生存和温饱问题基本解决。2011 年，随着我国扶贫标准的大幅提高并逐渐与国际标准看齐，我国农村新的贫困人口又忽然增大，截至 2014 年底，新标准下的农村贫困人口总量多达 7000 多万，说明我国扶贫攻坚的任务仍然艰巨。为此，《中国农村扶贫开发纲要（2011—2020 年）》提出，到 2020 年，稳定实现扶贫对象不愁吃、不愁穿，保障其义务教育、基本医疗和住房。贫困地区农民人均纯收入增长幅度高于全国平均水平，基本公共服务主要领域指标接近全国平均水平，扭转发展差距扩大的趋势。在 2015 年 10 月召开的党的十八届五中全会上，习近平总书记从实现全面建成小康社会奋斗目标出发，明确提出到 2020 年我国现行标准下农村贫困人口实现脱贫，贫困县全部摘帽，解决区域性整体贫困。同年 11 月召开的中央扶贫开发工作会议，中央再次强调了“十三五”期间脱贫攻坚要稳定实现到 2020 年农村贫困人口“两不愁、三保障”，同时实现贫困地区农民人均可支配收入增长幅度高于全国平均水平、基本公共服务主要领域指标接近全国平均水平的目标。鉴于农村新的贫困人口多位于偏远的边少等复杂地区，为避免出现贫困人口底数不清、情况不明、针对性不强、扶贫资金和项目指向不准的问题，中央提出对扶贫对象要实施精确识别、精确帮扶、精确管理的治贫方式，以实现精准脱贫。

2017 年 10 月，习近平总书记在十九大报告中提出要实施乡村振兴战略。他指出，农业、农村、农民问题是关系国计民生的根本性问题，必须始终把解决好“三农”问题作为全党工作的重中之重。2018 年，中央一号文件提出到 2020 年，乡村振兴取得重要进展，制度框架和政策体系基本形成；到 2035 年，乡村振兴取得决定性进展，农业、农村现代化基本实现；到 2050 年，乡村全面振兴，农业强、农村美、农民富全面实现。同时，文件强调，乡村振兴，摆脱贫困是前提。要通过瞄准贫困人口精准帮扶、聚焦深度贫困地区集中发力、激发贫困人口内生动力、强化脱贫攻坚责任和监督的举措，实现现行标准下农村贫困人口实现脱贫，贫困县全部摘帽，解决区域性整体贫困，为实施乡村振兴战略奠定良好基础。实施乡村振兴战略，是解决人民日益增长的美好生活需要和不平衡不充分的发展之间矛盾的必然要求，是实现“两个一百年”奋斗目标的必然要求，是实现全体人民共同富裕的必然要求。

二　武平县实施精准脱贫，实现共同富裕的实践

武平县是革命老区县、原中央苏区县和经济欠发达县，也是福建省 23 个省级扶贫开发重点县之一。2016 年以来，武平县按照中央、省、市关于脱贫攻坚总体安排和部署，把脱贫攻坚作为头等大事和第一民生工程，围绕解决好“扶持谁”“谁来扶”“怎么扶”“如何退”的问题，以精准扶贫、精准脱贫为重点，认真实施“三九九六”工作思路，即：坚持三大原则、落实九措到户、实施九大脱贫工程、健全六大机制。其总体目标为：到 2018 年，现行国定扶贫标准的农村贫困人口全部脱贫，实现不愁吃、不愁穿，义务教育、基本医疗和住房安全有保障。到 2020 年，省定扶贫标准的农村贫困人口全部脱贫，全县 17 个乡（镇）214 行政村建档立卡贫困户 6298 户 18068 人（其中国标 3772 户 10938 人，省标 2526 户 7130 人）全部脱贫，实现农村低保标准与国定扶贫标准相衔接；省级扶贫开发重点县，5 个贫困乡 58 个贫困村全部摘帽，与全国、全省同步实现小康。

（一）精准识别扶贫对象

精准扶贫是粗放扶贫的对称，是指针对不同贫困区域环境、不同贫困农户状况，运用科学有效程序对扶贫对象实施精确识别、精确帮扶、精确管理的治贫方式。一般来说，“精准扶贫主要是就贫困居民而言的，谁贫困就扶持谁。具体操作中以政府为主导，市场主体和各类社会力量积极参与，以培育扶贫对象自我发展能力和改善扶贫对象生产生活条件为核心，根据特定扶贫对象的致贫原因、资源禀赋、发展意愿及市场需求，统筹各类帮扶资源，制订并实施最优化的帮扶计划，从而达到解决扶贫对象自我发展难题、促进扶贫对象稳定脱贫致富的目的”①。可以说，精准扶贫是新时期各项扶贫工作的统称，脱离了原来“输血式”的扶贫方式，取而代之的是精准识别和瞄准、精准帮扶，精准施策、精准管理、精准考核，实现精准脱贫。习近平总书记指出：“要坚持精准扶贫、精准脱贫，重在提高脱贫攻坚成效。关键是要找准路子、构建好的体制机制，在精准施策上出实招、在精准推进上下实功、在精准落地上见实效。要解决好‘扶持谁’的问题，确保把真正的贫困人口弄清楚，把贫困人口、贫困程度、致贫原因等搞清楚，以便做到因户施策、因人施策。”②

那么，武平县是如何解决好“扶持谁”的问题呢？简单来说就是实施精准脱贫“三九九六”工作思路的第一个“三”，即坚持三大原则。

（1）精准识别原则。武平县以各乡镇为主体，严格按照农民年人均纯收入低于 2855 元的国定标准、农民年人均纯收入低于 3497 元的省定标准，组织精准识别工作队，进村入户，认定扶贫对象，防止“富人戴帽，穷人落榜”，做到识别扶贫对象“五看”（一看房、二看粮、三看劳动力强不强、四看家中有没有读书郎、五看有没有病人卧病在床）。采取“三步工作法”（一申请、二比选、三公示），组织开展入户调查、村级推荐、乡（镇）审

① 李春明：《精准扶贫的经济学思考》，载《理论月刊》，2015 年第 11 期。

② 习近平：《习近平谈治国理政》（第 2 卷），外文出版社，2017，第 84 页。

核、县级认定等工作，准确摸清贫困户的家庭状况、文化水平、劳动力、主要技能、收入水平等基本情况。经过三次动态调整，扶贫开发对象从 6330 户 17797 人（2016 年）调整为 6298 户 18068 人（截至 2017 年 12 月底统计），并在 2016 年 2 月 20 日前全面完成建档立卡回头看，实行一乡一簿、一村一册、一组一档、一户一卡，坚决做到符合标准的一户不漏、不符合标准的一户不进，于 2016 年 3 月底前将数据信息录入全国扶贫信息网络系统。

（2）精准分类原则。武平县采取“四因四缺分类法”（因病、因残、因学、因灾，缺技术、缺资金、缺劳力、缺发展动力）对贫困对象进行精准分类，精准管理，确保实现应保尽保、应扶尽扶的精准扶贫目标（见表 4－1）。通过精准分类，发现武平县贫困人口致贫原因排在前列的分别为：因病、因残、缺资金、缺劳力、缺技术，它们占贫困人口的比例竟高达 89%。而动力不足、因学、因灾、交通落后、缺地、缺水及其他原因致贫的仅占 11%。针对该状况，武平县进行分类指导，整合各种社会资源因户施策帮扶有劳动能力的，但因缺乏技术和资金支持，或因天灾人祸，致使劳动能力大为减弱而造成收入偏低的贫困户。而对因老弱病残基本丧失劳动能力的贫困人员（户）则采取五保供养、农村最低生活保障等社会救助方式。

表 4－1　武平县不同致贫原因的贫困人口基本资料表

	因病	因残	因灾	因学	缺地	缺技术	缺资金	缺劳力	交通落后	动力不足	缺水	其他原因
致贫数(人)	6738	3206	306	515	15	1573	2903	1663	94	1013	5	37
占比(%)	37.29	17.74	1.69	2.85	0.08	8.7	16.07	9.2	0.52	5.61	0.03	0.22

资料来源：武平县脱贫办。

（3）规范建档原则。深入细致开展扶贫开发建档立卡回头看工作，2016 年 2 月 20 日前对已完成建档立卡的扶贫对象逐户逐个重新进行审核，应进则进、应退必退。对不符合条件的特别是那些买了小轿车、住了商品房、拿着财政工资等人员，坚决清退。对因灾、因病、因残等原因新增贫困人口和返贫农户，及时纳入，确保对象准确，村不漏户、户不漏人，切实做到应进则进、应扶则扶。实行贫困人口实名登记，对家庭情况、贫困程度、致贫原因、已帮扶情况、进一步帮扶措施等，逐一记录在案，逐级复核汇总，做到户有卡、村有册、乡有簿、县有电子档。对登记在册的每个贫困村、每个贫困户、每个贫困人员进行认真校核，乡（镇）书记、乡（镇）长要签字确认。

（二）明晰扶贫的主体

习近平总书记指出，要解决好“谁来扶”的问题，加快形成中央统筹、省（自治区、直辖市）负总责、市（地）县抓落实的扶贫开发工作机制，做到分工明确、责任清晰、任务到人、考核到位。

（1）建立党政“一把手”负总责的领导机制。武平县委、县政府成立由县委书记为第一总指挥、县长为总指挥、县委和县政府分管领导为副总指挥、县直各部门主要负责人为成员的扶贫开发工作领导小组。领导小组下设办公室，负责做好进度安排、项目落地、资金筹措使用、人力调配、产业就业脱贫等协调指导工作。县直部门要为挂钩村落实到位帮扶项目 1 个以上、资金 10 万元以上，要帮助挂钩村制订脱贫攻坚方案，引导发展特色产业，推动民生社会事业建设，指导村级基层组织建设。乡（镇）书记、乡（镇）长是具体责任人，要走遍辖区所有贫困户，了解掌握贫困户分布状况，逐一分析致贫原因，建立包村包户的帮扶责任制，制定和落实帮扶措施；要配齐配强扶贫专干，必须明确 1 名分管领导、配备 1 名扶贫办主任和 1 名熟悉电脑操作的扶贫协理员。58 个贫困村要各配备 1 名扶贫协理员负责脱贫攻坚工作，县财政按市、县各承担一半的标准，补助村级扶贫协理员 300 元/月。

（2）实施“三位一体”定点帮扶机制。完善县级领导、县直部门挂钩联系 5 个贫困乡制度。对 58 个贫困村，采取“干部驻村、部门帮扶、资金捆绑”三位一体的办法，8 个省级重点村由省里统一安排省直部门挂钩帮扶，9 个市级重点村由市直部门挂钩帮扶，其余 41 个村由县直部门挂钩帮扶，确保每个贫困村都有 1 个机关企事业单位挂钩。挂钩部门做到“双包”（包挂钩村摘帽，包挂钩村贫困户全部脱贫）。做好干部驻村和干部蹲点工作，建立由“第一书记”、驻村蹲点干部、大学生村官、科技特派员、乡镇包村干部等扶贫力量组成的驻村工作队，确保58个贫困村干部驻村全覆盖，每个贫困户都有结对帮扶干部，做到“一户一策一干部”，实现帮扶对象的全覆盖。

（3）强化财政投入机制。武平县每年按照上年地方一般公共预算收入的2%筹集资金专项用于精准扶贫、精准脱贫。整合中央扶贫专项资金，设立产业发展专项扶持资金，用于扶持、培育扶贫龙头企业、专业合作社、家庭农场、种养大户的发展。在现有村级组织运转经费保障政策基础上，加大对贫困村的扶持力度，58个贫困村由县级财政每年扶持10万元以上。因地制宜、一村一策，扶持村级基础设施建设，发展“一村一品”，增加集体经济收入。在安排土地整治工程和项目、分配下达高标准基本农田建设计划和补助资金时，向贫困乡村倾斜。县、乡在部门预算资金和结余资金中，安排一定数量的资金用于本单位挂钩帮扶村扶贫开发项目。在完善建档立卡信息管理系统的基础上，及时掌握资金流向和使用情况，确保精准扶贫资金安全有效使用。加强扶贫资金管理、监督，对挤占挪用、截留私分、虚报冒领、挥霍浪费扶贫资金的，予以从严惩处。

（4）建立完善考核督查问责机制。层层下达脱贫攻坚责任书，层层建立脱贫攻坚工作督查制度。武平县各乡（镇）每年要向县委、县政府报告脱贫攻坚进展情况。县扶贫开发领导小组办公室及效能办、督查室组织开展半年、年度督查，并向县委、县政府报告督查情况，提出问责建议。县委、县政府对未完成年度减贫任务的乡（镇）党政主要领导进行约谈问责。县里制定了对乡镇党委、政府扶贫开发工作绩效考核办法，大幅提高精准扶贫、精准脱贫工作在经济社会发展实绩考核的权重，建立扶贫工作责任清单。落实贫困乡村约束机制，严禁铺张浪费，杜绝不切实际的形象工程。

（5）建立部门联动扶贫机制。脱贫攻坚是一项涉及面广的复杂系统工程。武平县委、县政府要求各级各部门要互相支持、密切配合、齐抓共管、通力协作。住建部门抓好贫困乡村规划建设，按时完成乡村规划，提供楼院设计图纸供给各地参考。国土部门优先安排贫困乡村土地整治工程和项目、分配下达高标准基本农田建设计划和补助资金。交通部门抓好贫困乡村公路勘察设计，协助搞好贫困乡村道路的规划设计，积极向上争取道路建设项目。卫计、林业、农业、水利部门抓好贫困乡村环境整治、村庄绿化、农业产业发展、水利以及人饮工程建设。供电、电信、广播电视部门协调配合，做好贫困乡村通电、通信、通广播电视工作。农业、人社和教育部门切实抓好贫困人口职业技能培训。文化部门加快贫困乡村文化设施建设。金融部门加大对脱贫攻坚的信贷投入，简化贷款手续。民政、人社、卫计等部门做好贫困乡村的最低生活保障、城乡居民社会养老保险和医疗保障工作，其他部门也充分发挥职能作用，积极参与脱贫攻坚。

（6）建立宣传舆论导向机制。充分利用各种会议、宣传栏、宣传标语、微信平台、武平电视台、“武平之窗”网站等途径，宣传脱贫攻坚的目标意义、政策措施、建设内容，重点宣传各级党委、政府脱贫攻坚的重大举措，宣传各地推进脱贫攻坚的好思路、好做法、好经验，宣传实践中涌现出来的典型事迹，让中央关于脱贫攻坚的战略举措家喻户晓，深入人心，让群众真正认识到脱贫攻坚是一次实实在在的“惠民工程”，让全社会都来关心支持脱贫攻坚工作，形成全县上下，从干部到群众重视扶贫、议论扶贫、关注扶贫、推动扶贫的浓厚氛围。对为扶贫事业做出突出贡献的企业、组织和社会各界人士，县委、县政府结合开展“10・17”全国扶贫日活动，表彰“扶贫模范”和挂钩帮扶工作先进集体。

（三）创新扶贫机制

习近平总书记强调，要解决好“怎么扶”的问题，可按照贫困地区和贫困人口的具体情况，实施“五个一批”工程。一是发展生产脱贫一批，引导和支持所有有劳动能力的人依靠自己的双手开创美好明天，立足当地资源，实现就地脱贫。二是易地搬迁脱贫一批，贫困人口很难实现就地脱贫的要实施易地搬迁，按规划、分年度、有计划组织实施，确保搬得出、稳得住、能致富。三是生态补偿脱贫一批，加大贫困地区生态保护修复力度，增加重点生态功能区转移支付，扩大政策实施范围，让有劳动能力的贫困人口就地转成护林员等生态保护人员。四是发展教育脱贫一批，治贫先治愚，扶贫先扶智，国家教育经费要继续向贫困地区倾斜、向基础教育倾斜、向职业教育倾斜，帮助贫困地区改善办学条件，对农村贫困家庭幼儿特别是留守儿童给予特殊关爱。五是社会保障兜底一批，对贫困人口中完全或部分丧失劳动能力的人，由社会保障来兜底，统筹协调农村扶贫标准和农村低保标准，加大其他形式的社会救助力度。要加强医疗保险和医疗救助，新型农村合作医疗和大病保险政策要对贫困人口倾斜。

2016 年以来，武平县按照中央“怎么扶”的思路，认真实施“三九九六”工作思路中的九措到户、实施九大脱贫工程来解决“怎么扶”的问题。通过实施生产扶持到户、建房补助到户、就业辅助到户、科技帮扶到户、就学资助到户、医疗援助到户、结对扶助到户、社会捐助到户、生存救助到户的“九措到户”具体措施，做到因户施策、项目到人，加快贫困人口精准脱贫；通过实施“九大工程”即生态补偿脱贫工程、资产收益扶贫工程、电商扶贫工程、基础设施建设工程、宜居环境建设工程、金融扶贫工程、基层党组织建设堡垒工程、社会扶贫工程和关爱服务工程，不断增强贫困乡村造血功能，壮大贫困乡村经济实力，提高贫困乡村基础设施保障水平，实现贫困乡村整乡整村脱贫摘帽。

1. 落实九措到户

（1）生产扶持到户。武平县坚持以产业扶贫为抓手，围绕全国林改第一县、“N + 贫困户”、激励性扶贫，着力探索创新不同模式带动贫困户参与产业发展相关环节生产经营活动，帮助贫困户获得稳定收益，实现脱贫致富。

武平县围绕全国林改第一县和森林资源丰富的优势，大力引导贫困户发展林药、林菌、林菜、林花等林下种植业，林蜂、林禽、林蛙等养殖项目以及香菇、红菇、木耳、松脂、竹笋、茶油、藤芒、茶叶等林下产品采集加工，2017 年有 996 户贫困户从事发展林下经济项目，县财政安排贫困户林下经济生产发展资金 99.6 万元（每户 1000 元）予以支持。同时，武平县大力发展森林旅游，推进森林人家建设，发挥森林旅游（森林人家）的优势条件，助推精准扶贫工作，取得了一定成效。

图 4－1　城厢镇云礤村村农在树林下种植金线莲（李国潮摄）

“N + 贫困户”模式在武平县的产业扶贫中最常见，具体来说有五个方面。

“龙头企业 + 基地 + 贫困户”。武平县充分发挥农业产业化龙头企业“辐射范围广、集聚程度高、行业带动强”等优势，由龙头企业流转贫困户土地发展适度规模产业基地，进行集约化经营，贫困户通过流转土地、参与发展和优先务工从龙头企业获得多项收入实现“产业脱贫”。如福建安兴食品有限公司将农产品基地从宁德等地迁回本地，与十方镇、民主乡、城厢镇等乡镇建立战略合作关系，实现基地本地化，累计建立蔬菜基地 2650 亩，带动 145 户贫困户参与种植，每户年均增收 3000 元以上，特别是有 75 名贫困户劳动力实现在家门口就业，人年均出工 100 天，人年均增收 8000 元。

“专业合作社 + 贫困户”。充分利用专业合作社在项目、技术、销路的优势，贫困户以扶贫小额贴息贷款入股合作社，参与产业发展，在合作社产业发展中取得劳务、股权收益或分工协作经营收入，从而实现稳定增收脱贫。如武平县东峰花生专业合作社一方面对有劳动能力和种植愿望的贫困户实行“四统一”服务，即统一供种、统一疫病防治、统一生产技术标准、统一产品销售，发动东峰及周边村贫困户大规模种植花生，贫困户可以免费领取花生种子、免费获取技术培训指导。通过合作社的技术指导、服务及销售渠道，农户销售花生每亩利润达到2500～3500元；另一方面对部分无劳动能力的贫困户，通过租赁其耕地，使其获得租金收入约每亩500元。合作社目前已带动23户贫困户发展花生产业种植，实现户年均增收达到6000元以上。

"村集体+贫困户"。在发展村集体增收项目的同时，充分考虑孤老病残贫困户的收入问题，用好用活小额扶贫信贷和上级对光伏扶贫项目扶持等相关政策，以贷款入股和折股量化的帮扶模式，将一部分缺少劳动力或劳动效益低下的贫困户"捆绑"起来，形成利益共同体，抱团发展，达到村集体增收和贫困户脱贫"双赢"局面。如十方镇熊新村积极引导12户贫困户以申请小额信贷入股村级光伏发电项目，每户申请小额信贷3万元，共计36万元，村两委在村财政紧张的情况下，自筹十余万元，加上挂钩单位县财政局的扶持资金15万元，充分利用村委会楼顶、小学屋顶，总计建成80千瓦的光伏扶贫发电项目，该项目已于2017年4月4日并网发电。

"家庭农场+贫困户"。发挥家庭农场点多面广，就近服务联结贫困户方便的优势，积极引导贫困户与家庭农（林）场签订托管合同，将土地、山林交由家庭农（林）场管理。家庭农（林）场通过搭建课堂培训、现场指导服务平台，由家庭农场技术人员不定期面向种植户集中讲授各种蔬菜瓜果、特色养殖等技术，传授最新的种养要领和病虫害防治知识，帮助贫困户提高种养技术实现稳定脱贫。农场对贫困户种植果树、养殖家禽优先给予免费技术服务，一方面安排技术人员对有技术需求的贫困户进行上门指导；另一方面邀请专家和技术人员到农场开展现场培训。农场与贫困户签订协议，贫困户养殖的家禽、种植的水果，按照不低于市场价回购，统一对外销售，帮助贫困户解决产销问题。

"能人大户+贫困户"。针对贫困户大多缺乏技术、缺乏销售渠道等问题，县扶贫办、农信社将扶贫项目、资金交给种养大户，鼓励能人大户通过合作、入股、劳务等方式流转土地、组建合作社、成立劳务组织，通过吸收、组织、带领贫困户，让种养大户"手把手"指导贫困户脱贫致富，直到被扶持的贫困户具备了致富能力。如武平县梁野仙蜜养蜂专业合作社钟亮生采取政府补助1/3、合作社扶持1/3、农户自筹1/3的“三三制”项目扶贫创业机制，积极帮助农村残疾人养殖蜜蜂。其后建立养蜂培训中心，免费为合作社成员、贫困户开展课堂和现场培训15期，培训1436人次；组织合作社成员上门指导1186次，帮助贫困户掌握技术要领，解决了120多户贫困户就业问题（见图4－2）。

图4－2　全国社会扶贫先进个人武平县万安镇上镇村钟亮生（李国潮摄）

激励性扶贫是武平县颇具特色的模式，比较突出的有“三立足”。

立足特色产业，精准实施了百香果、象洞鸡等特色产业种养激励性扶贫项目。例如，城厢镇依托梁野山旅游区，在五个村中心地带建立了一个54亩黄金果激励性种植项目，带动了28户贫困户，预计可实现户均增收1万元左右。主要做法有四点。①确定参与激励对象。由贫困户通过自愿报名、综合评比、择优录取等程序，由镇、村与项目业主共同对申请人进行考核，择优选录确定符合条件的贫困户对田地进行黄金百香果认领片区种植。②明确项目实施过程。一是由镇政府考评组、家庭农场在项目区划出区域，以抽签方式分别交给贫困户进行种植管理。二是贫困户种植黄金百香果的种苗由镇政府统一向县农业发展有限公司采购，以确保黄金百香果种苗的质量。三是积极发挥家庭农场及镇农技站人员的技术优势，常态化地对贫困户进行技术指导，提升贫困户种植黄金百香果的技能和管理水平，并对贫困劳动力的日常生产进行量化考核，实行优胜劣汰机制，合格者续用，不合格者退出，激励贫困户积极参与生产。四是贫困户种植收获的黄金百香果可委托家庭农场提供统一包装后销售或自行销售。家庭农场以不低于同期市场价格的保护价全额收购贫困户种植的黄金百香果。③开展年终效益考评。由镇政府牵头，委托家庭农场、扶贫办、农技站等职能部门成立激励性扶贫考评小组，对种植黄金百香果的贫困户通过日常生产进行量化考核，主要从种植积极性、参与技术培训、种植存活率及种植效益等方面进行考评。④对考评合格者续用，不合格者退出，安排参加其他激励性扶贫项目。

立足生态优势，组织实施了养蜂、灵芝、富贵籽激励性扶贫项目。依托家庭农场把扶贫与扶志、扶智结合起来，充分利用养蜂基地，使贫困户在日常的养蜂过程中边学习养蜂技术边收获养蜂所得，预计养蜂户每户年收入可达 4000 元。主要做法有五点。一是由镇政府向武平县家庭农场购买蜜蜂，并签订合作协议，依托武平县家庭农场，在全镇择优选择建档立卡贫困户参与养蜂。二是竞争上岗。通过微信平台发布公告和镇村干部入户宣传，鼓励贫困户积极报名参与。通过自愿申请、考评小组综合评比、择优录取等程序，在行政村中实行公开竞争，确定贫困户进行集中养蜂。三是“二送一包”。由武平县家庭农场对参与认养蜜蜂的贫困户实行“二送一包”：送物资，送技术，包销售。四是制定管理制度。五是明确考评奖励。针对平时贫困户出勤情况、养蜂技能和年养蜂的总产量，对考评得分前三名的贫困户，镇政府给予奖励，并鼓励其扩大规模；对考核末位的给予退出，安排其参与其他激励性扶贫项目并重新选聘新的贫困户来进行管养。

立足传统产业，因地制宜实施茶叶等传统产业激励性扶贫项目。如桃溪镇整合财政扶贫资金向康香茶叶公司租赁茶园，免费提供给贫困户种植管护，每户贫困户每年预计可收益 4000 元以上。主要做法有三点。一是搭建平台。桃溪镇出资租赁武平县康香茶叶有限公司在桃溪镇湘坑村已种植好的茶园，作为茶叶种植激励性扶贫项目。合同明确公司负责对贫困户提供技术指导和按稍高于市场价收购茶青等帮扶。同时桃溪镇与公司对参与种植管护的贫困户进行考评，经考评合格的贫困户可以继续参与该项目，经考评不合格的贫困户将被淘汰退出该项目，安排其参与其他激励性扶贫项目。二是规范操作，明确申报条件，接受群众监督。三是就技术培训和出勤以及种植管护积极性与种植管护效益制定制度。

（2）建房补助到户。武平县紧密结合“一核、两心、三长廊”的城镇空间发展格局，编制实施造福工程规划。主动对接争取国家专项建设基金，用于支持易地扶贫搬迁。依托县城、集镇、工业园区、中心村（社区）安置搬迁群众，帮助其尽快实现就业，享有与当地群众同等的基本公共服务，做到搬得出、稳得住、能致富。在继续实行省、市现有补助政策的基础上，建立县级投融资平台，充分利用国家、省、市下达的地方债券和专项建设基金、相关金融机构提供的长期低息贷款以及财政贴息贷款等支持政策，加大对自愿搬迁的建档立卡贫困户搬迁扶持力度，努力做到应搬尽搬；为非建档立卡农户搬迁提供长期低息贷款。利用城乡建设用地增减挂钩政策支持造福工程搬迁，指标和收益优先用于造福工程搬迁和集中安置区基础设施建设。鼓励搬迁安置区发展物业经济，增加搬迁户财产性收入。探索利用农民进城落户后自愿有偿退出的农村空置房屋安置易地搬迁农户。

（3）就学资助到户。武平县加快实施教育扶贫工程，推进贫困乡村义务教育均衡发展，统筹教育资金和项目向贫困乡村倾斜；实施乡村教师支持计划、农村紧缺教师“代偿学费”计划和贫困乡村补充教师经费资助计划，中小学教师“省培计划”重点向贫困乡村倾斜，完善教师资源配置，提高贫困地区教育水平。健全学前教育资助制度，保障农村贫困家庭幼儿接受学前教育。稳步推进贫困地区农村义务教育阶段学生营养改善计划。对建档立卡贫困户家庭的学生从义务教育到普通高中、中等职业教育免除学杂费。对贫困家庭离校未就业的高校毕业生提供就业支持。发挥县、乡、村奖教奖学基金的作用，加大教育扶贫结对帮扶力度。全面落实贫困家庭子女义务教育阶段“两免一补”、高等教育阶段享受国家助学金和助学贷款等政策。

（4）就业辅助到户。武平县将农村贫困家庭劳动力纳入《就业创业证》登记范围，提供“一户一培训、一户一就业”等扶持政策和公共就业创业服务，增强就业技能，增加务工收入。开展“雨露计划”培训，实施贫困人口职业技能培训、新型职业农民培训。

（5）科技帮扶到户。武平县加快先进适用技术成果在贫困乡村的转化应用，每年选派一批科技人员到贫困乡村开展科技服务。建立农业科技人员对接帮扶贫困农户机制，通过面对面指导，力争每个有劳动能力的贫困农户掌握1～2项实用技术，至少发展1项增收项目，加快现代农业科技在贫困乡村的推广应用。

（6）医疗援助到户。将建档立卡贫困户全部纳入医疗救助范围，全面落实参合参保资助、基本诊疗费用减免、特殊门诊救助、住院救助、大病保险、精准扶贫医疗叠加保险等医疗救助政策，做到应保尽保。对建档立卡贫困人口及省定扶贫标准下的低保对象中患有规定的13种疾病的患者，先治疗，后付费，实行县级叠加报销比例上限为90%后，患者个人负担部分再按精准扶贫医疗叠加保险给予90%的“第二道”补助。

（7）结对扶助到户。武平县实行处级领导挂钩帮扶2户以上贫困户，科级及科级以下干部挂钩帮扶1户贫困户，确保贫困户挂钩帮扶全覆盖。

（8）社会捐助到户。武平县鼓励支持民营企业、社会组织、港澳台侨慈善组织、个人参与扶贫开发，采取定向扶持方式，捐资捐物直接支持贫困户及贫困乡村的扶贫开发建设，实现社会帮扶资源和精准扶贫有效对接。引导社会扶贫重心下移，自愿包村包户，做到贫困户都由党员、干部或爱心人士结对帮扶。

（9）生存救助到户。武平县从2016年起将农村低保最低标准每年提高350元，将无法通过开发性扶贫措施实现脱贫的贫困人口全部纳入低保，给予兜底保障，做到应保尽保。积极出台农村低保制度与扶贫开发政策有效衔接的实施方案。

2. 实施九大脱贫工程

（1）推进生态补偿脱贫工程。武平县发挥全国林改第一县的优势，打造“武平林改经验升级版”，率先在贫困乡村推进生态护林员管理体制改革、林业投融资体制改革、林业合作经济组织建设、建立林业科技服务云平台、创新林地经营管理机制等综合配套改革，优先让有劳动能力的贫困人口就地转为生态保护人员，享受林改的成果，增加贫困人口收入。支持贫困乡村依托特有的自然人文资源，发展绿色产业、生态旅游等，拓展贫困户增收空间。

（2）推进电商扶贫工程。武平县开展电商扶贫工作以来，在全县 17 个乡镇建成 83 个乡级、村级电子商务服务站。通过电商产业的培育和发展，培养了一批电商扶贫领头人，帮助贫困乡村解决了农产品难卖的问题。

（3）推进基础设施建设工程。目前已全面完成贫困乡村通硬化路的托底性目标，建成“外通内联、通村畅乡、安全便捷”的交通运输网络。倾斜扶持贫困乡村水利基础设施建设，提高贫困乡村农村饮水安全保障程度和自来水普及率，农村集中式供水覆盖率达到 85% 以上。实施新一轮农网改造升级工程，提升贫困乡村电网供电质量、可靠性和抵御自然灾害的能力。落实贫困地区低保户、五保户、特困户看电视优惠政策。

（4）推进金融扶贫工程。武平县充分发挥 1200 万元县扶贫小额信贷担保基金的作用，为建档立卡贫困户发展生产提供 5 万元以下、3 年以内的无抵押担保贷款。在全国率先推出林权直接抵押贷款“普惠金胜 · 惠林卡”金融新产品。该产品办卡手续简便、融资方便实惠，有利于林农自主理财，授信 3 ~5 年，授信额度最高可达 30 万元。目前已授信 282 户 1956 万元，为林农发展林业经营提供了便捷的资金保障。武平县每年还安排 20 万元贷款贴息资金，为贫困户提供扶贫小额贷款贴息，同时稳妥发展贫困村资金互助组织。

（5）探索资产收益扶贫工程。武平县探索建立贫困户资产性收益机制，在不改变用途的情况下，财政专项扶贫资金和其他涉农资金投入设施农业、养殖、光伏、水电、乡村旅游等项目形成的资产，具备条件的可折股量化给贫困村和贫困户，尤其是丧失劳动能力的贫困人口。加快推进扶贫专项资金购买的沿街店铺运营，增加收益，支持贫困村发展。支持专业合作社和其他经营主体通过土地托管、吸收农民土地经营权入股等方式，带动贫困户增收。

（6）推进宜居环境建设工程。推进贫困村造福工程危房改造，优先做好建档立卡贫困户的造福工程危房改造，切实保障贫困户基本住房安全。加快推进贫困村美丽乡村建设，大力开展村庄整治，优先将贫困村纳入“千村整治、百村示范”工程和城乡环境综合整治范畴，加大生活垃圾处理、污水治理、改厕和村庄绿化美化力度，切实改善贫困村群众生产生活条件。健全贫困乡村公共文化和广电服务体系，普遍建立村级文化中心，办好用好“农家书屋”，全民健身休闲场所建设和健身器材、设备安装项目向贫困村倾斜。支持贫困乡村挖掘保护和开发利用红色、民俗、民间文化资源。抓好贫困村文化队伍建设，开展社会主义核心价值观宣传教育，倡导现代文明理念和健康生活习惯，促进乡风文明，激发贫困群众脱贫致富的信心和决心。

（7）推进基层党组织建设堡垒工程。武平县加强贫困乡领导班子建设，配齐配强贫困乡党政主要领导。抓好以村党组织为领导核心的村级组织配套建设，持续推行“168”农村基层党建工作机制和“党建富民强村”工程，集中整顿软弱涣散村党组织，提高贫困村党组织的创造力、凝聚力、战斗力。加强贫困村村级办公场所规范化建设。探索组建中心村党委跨村联建等方式，推进强村带弱村。继续落实好“四议两公开”和“六要”群众工作法、村务联席会议等制度，健全党组织领导的村民自治机制。

（8）推进社会扶贫工程。武平县通过完善社会力量精准帮扶机制，建设信息平台和服务网络，发布社会扶贫援助、求助信息和扶贫捐赠信息，公布社会扶贫项目，实现社会扶贫资源与贫困乡村、贫困户帮扶需求精准对接。落实企业和个人公益扶贫捐赠所得税税前扣除政策。发挥各民主党派、工商联、无党派人士的优势和作用，广泛动员社会各界参与全县扶贫开发。鼓励有条件的企业设立扶贫公益基金和开展扶贫公益信托。探索“众筹+脱贫”等模式，有效引入社会资金和技术参与扶贫开发，助力脱贫攻坚。深入开展“百企帮百村”“民企帮村”精准扶贫活动，全力推进中堡镇下村、湘店乡七里村、民主乡民主村等 6 个行政村与企业开展对口帮扶。目前，喜浪米业公司已筹资 20 万元帮扶 6 个贫困村，并与贫困村、贫困户签订建基地、保销售合同。

（9）推进关爱服务工程。武平县全面摸底排查农村“三留守”人员（留守儿童、留守妇女、留守老人）孤儿和残疾人。建立完善家庭、学校、基层组织、政府和社会力量相衔接的留守儿童关爱服务网络和困境儿童福利保障体系。提高对低保家庭中的老年人、未成年人、重度残疾人等重点救助对象的救助水平。引导和鼓励社会力量参与特殊群体关爱服务工作。

（四）强化精准退出

研究制定《关于建立贫困退出机制的实施意见》，明确贫困人口、贫困村、贫困乡退出后，脱贫攻坚期内（至 2020 年），原有扶贫政策保持不变，支持力度不减，留出缓冲期，确保稳定脱贫。对提前退出的贫困乡、贫困村给予表彰奖励。

（1）贫困人口退出。贫困人口退出以户为单位，年人均可支配收入稳定超过扶贫标准且吃穿不愁，义务教育、基本医疗、住房安全有保障。贫困户的退出由村“两委”组织民主评议后提出，经村“两委”和驻村工作队（驻村、包村干部）核实、拟退出贫困户认可，在村内公示无异议后，报乡（镇）人民政府审核，由乡（镇）书记、乡（镇）长签字确认后，上报县扶贫开发领导小组审查，并由县委书记、县长签字确认后，在所在乡（镇）和行政村公告退出，同时在建档立卡贫困人口中销号。

（2）贫困村退出。贫困村退出以贫困发生率降至 2% 以下为主要衡量标准，统筹考虑村内基础设施、基本公共服务、产业发展、集体经济等综合因素。农民人均可支配收入达到所在县平均水平 80% 以上或全省平均水平的 60% 以上，村级收入达到 10 万元以上。贫困村退出由乡（镇）党委、政府根据退出标准，提出拟退出村名单，在乡（镇）和所在村内公示无异议后，上报县扶贫开发领导小组审查，由县委、县政府批准后，向社会公告退出，并报市扶贫开发领导小组备案。

（3）贫困乡退出。贫困乡退出以贫困发生率降至2%以下为主要衡量标准，统筹考虑村内基础设施、基本公共服务、产业发展、集体经济等综合因素。农民人均可支配收入达到所在县平均水平80%以上，或全省平均水平的60%以上，乡级收入达到200万元以上。贫困乡退出由县委、县政府根据退出标准，提出拟退出贫困乡名单，在县和所在贫困乡公示无异议后，上报市扶贫开发领导小组审查，由市委、市政府批准后，向社会公告退出。

（4）贫困县退出。贫困县退出以贫困发生率降至2%以下为主要衡量标准，农民人均可支配收入增长幅度高于全省平均水平，基本公共服务主要领域指标接近全省平均水平。贫困县退出由县级扶贫开发领导小组提出申请，市扶贫开发领导小组初审，省扶贫开发领导小组审核，并向社会公示征求意见。公示无异议后，报省委、省政府批准退出。

三　武平县创新精准脱贫的成效与经验

三年来，武平县深入贯彻落实中央和省、市关于脱贫攻坚的决策部署，脱贫攻坚工作取得阶段性成效。截至2017年12月底，武平县已脱贫退出6287户18052人，脱贫率达99.91%。

（一）武平县创新精准脱贫的成效

精准扶贫是为了精准脱贫。2016年以来，武平县脱贫攻坚工作的阶段性成效如何？我们分别参照2016年2月中共中央办公厅、国务院办公厅印发的《省级党委和政府扶贫开发工作成效考核办法》（以下简称《办法》）的考核内容（第五条）以及《中共福建省委、福建省人民政府关于推进精准扶贫打赢脱贫攻坚战的实施意见》（以下简称《意见》）的总体目标，就阶段性成效进行对比分析。《办法》第五条包括以下几个方面。（1）减贫成效。考核建档立卡贫困人口数量减少、贫困县退出、贫困地区农村居民收入增长情况。（2）精准识别。考核建档立卡贫困人口识别、退出精准度。（3）精准帮扶。考核对驻村工作队和帮扶责任人帮扶工作的满意度。（4）扶贫资金。依据财政专项扶贫资金绩效考评办法，重点考核各省（自治区、直辖市）扶贫资金安排、使用、监管和成效等。《意见》提出的总体目标：到2018年，福建省现行国定扶贫标准的农村贫困人口全部脱贫，实现不愁吃、不愁穿，义务教育、基本医疗和住房安全有保障。到2020年，省定扶贫标准的农村贫困人口全部脱贫，同时实现农村低保标准与国定扶贫标准相衔接；2200个贫困村农民人均可支配收入达到所在县平均水平80%以上，村级收入达到10万元以上，村基础设施较为完善，基本公共服务达到所在县平均水平。23个省级扶贫开发工作重点县农民人均可支配收入增长幅度高于全省平均水平，基本公共服务主要领域指标接近全省平均水平，实现省级扶贫开发工作重点县（以下简称重点县）全部摘帽，与全省同步进入小康。综合《办法》的内容以及《意见》的目标来看，截至2017年12月底，武平县建档立卡贫困人口数量减少18052人，脱贫率达99.91%，离福建省要求的“到2018年，我省现行国定扶贫标准的农村贫困人口全部脱贫”和“到2020年，省定扶贫标准的农村贫困人口全部脱贫”的目标仅一步之遥，离实现2018年、2020年的目标不仅没有问题而且可以提前实现（见表4-2），实现不愁吃、不愁穿，义务教育、基本医疗和住房安全有保障的目标应该可以达到。

表4-2　武平县脱贫攻坚年度任务与实际进度

单位：人

全县	建档立卡总人数			2016年减贫任务		2017年减贫任务		2018年减贫任务	
	总户数	总人数	其中国家标准贫困人数	总人数	其中国家标准贫困人数	总人数	其中国家标准贫困人数	总人数	其中国家标准贫困人数
合计	6298	18068	10938	8153	5577	9899	5347	16	14

资料来源：武平县脱贫办。

（二）武平县创新精准脱贫可资借鉴的经验

1. 突出精锐出战，构建更加有效攻坚机制

（1）建立三级书记抓扶贫工作机制。从2016年起连续3年以县委一号

文件下发《关于推进精准扶贫打赢脱贫攻坚战的实施意见》《关于实现稳定脱贫的实施意见》《关于提高脱贫退出质量的实施意见》。成立由县委主要领导为第一总指挥、县政府主要领导为总指挥、县委和县政府分管领导为常务副总指挥的脱贫攻坚战役指挥部，建立联席会议制度，定期研究推进脱贫攻坚工作。在县扶贫办的基础上，充实机构人员力量，成立县脱贫办，并作为县直部门单列管理，这在全省属于首创。2016 年 10 月，武平县脱贫办被评为全国扶贫系统先进集体，是全省唯一获此殊荣的单位。武平县还充分发挥县脱贫办的牵头负责、综合协调作用，形成县脱贫办与县级各部门联动机制，增强工作合力。在全省、全市首创为五个贫困乡配备专职扶贫副乡长，为 214 个行政村配齐村级扶贫协理员。各乡镇、村相应成立以党委书记（支部书记）为指挥长的脱贫攻坚指挥部，指定 1 名分管领导、2 名以上干部负责脱贫攻坚工作，形成县、乡、村三级书记抓扶贫的工作格局。

（2）建立挂钩帮扶工作机制。实行县委、县人大常委会、县政府、县政协主要领导和县委副书记挂钩帮扶 5 个贫困乡，县领导、县直部门挂钩帮扶 58 个贫困村制度。在省、市挂钩帮扶的基础上，实现干部挂钩帮扶贫困户、部门挂钩帮扶贫困村、县处级领导挂钩联系贫困乡、驻村工作队派驻、村级扶贫协理员“五个全覆盖”。

（3）建立工作末位约谈机制。下达脱贫攻坚责任书，对脱贫项目实施、易地扶贫搬迁、扶贫小额信贷、雨露计划培训等脱贫攻坚重点任务完成情况，逐月进行排位。当月排位靠后的乡镇，由县委、县政府分管领导约谈党政“一把手”；季度排位靠后的乡镇，要求主要领导在全县经济形势分析会上做表态发言，并由县委、县政府主要领导约谈党政“一把手”；对政策落实不到位、帮扶工作不落实的单位和个人，给予责任追究。

（4）建立“动态管理”机制。一是强化精准识别。按照“二公示一比对一公告”要求，对不符合条件的贫困对象进行了剔除，对漏报的贫困对象进行了增补，做到“一个不漏”“一个不错”，应纳尽纳、应退尽退。二是强化精准退出。有序实施贫困乡、贫困村和贫困户退出计划，明确在脱贫攻坚期内，贫困乡村、贫困户原来享受的各项扶贫政策保持不变、力度不减。三是强化数据准确。组织人员定期或不定期进行数据清洗，开展调查核实，确保贫困对象各类数据及时更新调整，将不符合贫困户认定条件的坚决予以清退。四是强化信息管理。创新建设“6＋X”精准扶贫信息台账管理模式，做到贫困对象信息台账与贫困对象实际情况相一致。“6”指六大类信息台账要与贫困对象实际情况相一致，即贫困户存档《扶贫手册》、挂钩干部自存《挂钩帮扶工作手册》、县乡村三级基础工作台账、《龙岩市精准扶贫信息平台》、《福建省精准扶贫精准脱贫开发数据平台》、《国务院扶贫办精准扶贫信息平台》等六大类信息台账资料与贫困对象实际相一致；“X”指贫困户主要致贫原因与“一户一策”措施相一致、扶持措施与扶贫收入成效相一致、家庭成员应享受政策与已享受政策相一致。

2. 创新扶贫举措，破解贫困乡村增收难题

在增加财政性收入方面创新。制定出台贫困乡“飞地工业”“飞地建筑业”税收分成奖励政策，鼓励贫困乡加大招商引资力度，增加财政性收入。在拓展资产性收入上创新。筹集2681万元扶贫开发资金在统一竞拍购买东门市场等县城国有沿街店面的基础上，继续筹集资金购买股权，所得收益专项用于贫困村运转及公益事业投入经费补助。

在实现投资性收入方面创新。探索扶贫开发和光伏应用相结合的绿色扶贫新途径，统筹安排资金对全县贫困村建设光伏发电项目，每个贫困村年收益约6.7万元；带动贫困户参与入股、实现每户平均增收2000元以上。

在发展产业扶贫方面创新。积极探索扶贫开发与旅游产业相结合的发展模式，在贫困乡村中先后培育了中堡朝岭“岭上人家”、象洞白水寨生态休闲区等两个省级水乡渔村，下坝大成“水乡渔家”、中山水墨阳民等乡村旅游点，带动贫困人口就业，增加乡村财政收入。大力实施电商扶贫，提升电商物流配送水平，加强乡村电商服务站点建设，帮助贫困户通过电子商务销售农产品。

引入社会性资金方面创新。探索“众筹＋脱贫”等模式，有效引入社会资金和技术参与扶贫开发，助力脱贫攻坚。深入开展“百企帮百村”“民企帮村”精准扶贫活动。

在开展扶持村级集体经济发展方面创新。安排专项资金，选择基础条件较好、村级班子凝聚力较强、积极性较高、自有村财政收入较低的贫困村开展扶持村级集体经济发展试点工作，由县国投集团公司统一经营管理，运营收益分配用于试点贫困村，进一步增强贫困村“造血”功能，实现贫困村村级集体经济稳定增长。

3. 加大保障力度，确保脱贫攻坚取得实效

加大财政资金投入。县级扶贫专项资金从2015年预算1000万元增加到2017年的3823.27万元。从2017年开始连续三年每年预算2000万元，帮助每个贫困乡建设20千米以内的资源路、旅游路、产业路，改善贫困村公路网络状况；对贫困自然村的道路硬化工程，除省级配套资金补助外，县财政补助标准比其他非贫困村提高50%。

提高资金使用效率。建立县级脱贫攻坚项目库，加强项目论证和储备，防止因项目选定不准造成资金损失。制定出台扶贫专项资金使用管理办法，严格按照各类财政扶贫专项资金管理办法的相关规定，规范扶贫资金拨付程序，严把资金用途，严控资金沉淀。

完善督查考评机制。建立常态化督查考评制度，采取定期督查和不定期督查相结合、联合督查和调研督查相结合、现场考察和跟踪督办相结合等方式，重点督查脱贫攻坚资金、项目、挂钩责任落实情况。将脱贫攻坚工作纳入县对乡镇、县直单位绩效考评，实行每季一检查、半年一调度、年终一考核，将考核结果列为县对乡镇绩效考评重要指标，适时进行排名、通报。

4. 严肃执纪问责，打造阳光扶贫廉洁扶贫

加强资金监管。实行县级扶贫资金分配结果一律公开，乡、村两级扶贫项目安排和资金使用情况一律公示公告制度，引导贫困群众参与扶贫项目决策、管理和监督。加大项目资金和政策措施审计力度，成立联合检查组，围绕脱贫攻坚重大决策开展跟踪审计，推动政策措施落实落地。推进“扶贫资金在线监管系统”建设，对项目资金进行全程跟踪、在线监管。将脱贫攻坚列入审计部门年度审计和纪委、监委监督重点，对扶贫领域腐败问题进行严肃查处，对工作中存在的弄虚作假、数字脱贫等问题，严肃追责问责。

四　提高脱贫质量，实现武平乡村振兴的思考

2018 年 5 月 31 日中共中央政治局发布的《关于打赢脱贫攻坚战三年行动的指导意见》中指出，要着力激发贫困人口内生动力，着力夯实贫困人口稳定脱贫基础，着力加强扶贫领域作风建设，切实提高贫困人口获得感，确保到 2020 年贫困地区和贫困群众同全国一道进入全面小康社会，为实施乡村振兴战略打好基础。武平县委、县政府把 2018 年作为决胜全面建成小康社会、打赢脱贫攻坚战役的关键之年，提出实现省定扶贫开发重点县摘帽退出、2 个贫困乡和 24 个贫困村退出、全部建档立卡贫困户脱贫退出、脱贫质量全面提高的目标。作为省定贫困县，要做到确保到 2020 年贫困地区和贫困群众同全省一道进入全面小康社会，武平县还要做出更大的努力。

（1）把乡村振兴战略与脱贫攻坚融入经济社会发展的战略格局。深入实施“工业强县”战略，推进供给侧结构性改革，加快打造“三个三”产业升级体系，培育经济发展新动能，推动脱贫攻坚，加快乡村振兴，把产业扶贫作为乡村产业兴旺的重要抓手。大力推进农业和农村经济结构的战略性调整，改善供给，提高农业和农村经济发展的质量，推进产业扶贫，实现乡村产业兴旺。一是加快特色产业发展。按照宜农则农、宜林则林、宜游则游的原则，充分挖掘区域内不同资源特色和生产习惯，做好产业发展分工，打造特色产业区域，同时根据农业现代化进程和市场需求的变化，对市场认可度好、辐射带动作用大、科技含量高的特色产业进行综合评估，合理布局，实现区域错位发展，带动贫困户持续增收。二是提高区域特色农产品市场占有率。通过展会、媒体广告等形式加大宣传力度，开设特色农产品展示专栏，积极组团参加花博会、茶博会等活动，不断提高特色农产品知名度、美誉度，扩大区域农产品的品牌影响力。扶持、引进特色农产品营销专家进行科学的营销策划，针对不同的农产品和不同的消费群体制定不同的营销方案，尤其要针对高端消费者做好高档农产品的市场营销工作，提高产品的市场占有率。借助物联网等现代信息技术，加快武平绿茶、梁野蜂蜜、金线莲

等产品上线，加快构建由专业市场、连锁经营店、销售专区专柜和电子商务构成的市场营销体系。大力实施电商扶贫，搭建“武平特色馆”，主营县域农产品和林下经济产品，重点帮助贫困户解决农产品销售难问题。三是发挥新型农业经营主体作用。整合脱贫力量，探索建立“脱贫联合体”和“扶贫共同体”，把相关贫困户联合起来抱团发展农业产业，使贫困户“单兵”变“兵团”作战。完善“龙头企业＋贫困户”，建立示范基地带动；“专业合作社＋贫困户”，建立产业互助模式；“家庭农场＋贫困户”，建立提供技术促动模式；“能人大户＋贫困户”，建立产业联动模式；党建＋扶贫等“N＋”，稳定脱贫长效机制，帮助贫困户实现稳定脱贫。

（2）把改善贫困对象的生产生活条件作为建设生态宜居乡村的基础。把力量和资源向贫困户聚焦、倾斜，致力于改善贫困对象“硬件”设施，建设生态宜居乡村。一是积极争取中央扶贫专项资金、中央彩票公益金、国家专项建设基金等支持贫困乡村公路提级改造和县乡路网连通完善，加强主干道连接点建设，改善贫困乡村公路网络状况。从2017年开始连续三年每年预算2000万元，帮助每个贫困乡建设20千米以内的资源路、旅游路、产业路，改善贫困乡村公路网络状况，建成“外通内联、通村畅乡、安全便捷”的交通运输网络。二是倾斜扶持贫困乡村水利基础设施建设，完善防洪排涝、水资源配置保障体系，进一步提高贫困乡村饮水安全保障程度和自来水普及率，农村集中式供水覆盖率达到85%以上。三是充分发挥“全国林改第一县”的生态优势，加大贫困乡村、生态敏感区、水土流失地区的生态保护和修复力度。同时，大力开展村庄整治，要优先将贫困村纳入“千村整治、百村示范”工程和城乡环境综合整治范畴，加大生活垃圾处理、污水治理、改厕和村庄绿化美化力度，改善贫困乡村群众生产生活条件。

（3）把扶贫与扶志、扶智作为乡风文明提升的切入点。牢固树立扶贫先扶志的理念，积极引导广大贫困户坚决从“等、靠、要”的懒汉思想中走出来，推动扶贫方式从“输血”向“造血”转变，从“授人以鱼”向“授人以渔”转变，推动贫困群众从“要我脱贫”向“我要脱贫”转变。

一是开展宣传报道。注重培育挖掘和宣传推介脱贫致富典型，每年表扬一批自立增收典型和在脱贫攻坚中成绩突出的单位和个人，发挥榜样引领作用，营造脱贫攻坚氛围；充分利用电视台、网站、微信平台、宣传栏等媒介，开设脱贫攻坚专栏，对扶贫政策、扶贫新举措进行及时宣传，讲好武平脱贫故事，总结提升武平脱贫攻坚经验，为脱贫攻坚提供强大动力。二是开展技能培训。全面动员有劳动能力的群众特别是贫困劳力参加培训，掌握一门致富技术，帮助贫困青壮年农民解决就业困难，增加稳定收入。同时，改变以往课堂集中教学的形式，把培训课堂从教室延伸到田间、山上，大力推行实地课堂培训。在征求贫困户意见的基础上，结合各乡镇产业特色和每个贫困户的培训需求，实行集中培训与分散点对点培训相结合，分产业开展培训，使参加培训的群众学有所获、学有所用。三是继续开展激励性扶贫。在扶贫项目支持中引入激励机制，在项目实施效果考评中引入优胜劣汰机制，让贫困户通过竞争方式，选择自己想做的、能做的、会做的产业发展，多劳多得，少劳少得，不劳无获，从而全方位激发贫困户内生动力。统筹各类帮扶资金，搭建生产性、经营性、服务型项目平台，或由各类农林项目业主搭建激励性扶贫项目平台，低偿甚至无偿提供给贫困对象经营使用。让符合条件的贫困对象竞争择优上岗，并给予专业指导，引领激发贫困对象通过自身努力脱贫。

（4）把加快贫困乡村发展与村庄治理有机结合起来。一是拓宽渠道，促进贫困村集体经济增收。落实贫困村具体增收项目，扶持发展种、养、加工、旅游、电商等村级增收项目和其他类型村级增收项目或购买优质资产。鼓励支持有条件的贫困村扩建分布式光伏电站，引导有意愿的贫困户参与建设光伏电站，推进光伏扶贫模式。开展扶持村级集体经济发展试点，探索资源开发型、股份合作型、项目带动型、服务经济型等村级集体经济发展的有效实现形式。二是树立“围绕扶贫抓党建，抓好党建促发展”的理念，积极探索基层党建与精准扶贫有效融合机制，采取“支部 + 公司 + 合作社 + 贫困户”的发展模式，构建“产业党支部 + 党员致富能手 + 党员贫困户”的产业化组织体系，通过采取“一对一”“一帮多”等各种方式，打造党建扶贫示范基地，助推精准扶贫，促进乡村发展。三是结合村级换届，配齐配强村党支部书记，把热心扶贫事业且责任心强的优秀党员选为村党支部书记，建立一支“永不走的扶贫工作队”。四是充分发挥驻村第一书记作用，发挥单位优势，整合社会资源，从发展村集体经济入手，帮扶贫困村发展集体经济项目，壮大集体经济实力。

案例

做大做强“七色产业”实现露冕村振兴发展

一、基本村情

下坝乡露冕村地处闽、粤两省交界外，距武平县城30千米，省道205线贯穿全村，地理位置优越，交通便利。全村面积10.5平方千米，拥有耕地面积1146亩，林地面积1.13万亩，森林覆盖率83.2%。有9个村民小组209户856人，党员49人，其中女党员9名，有村两委干部7名，其中配备驻村书记1名，大学生村官1名。露冕村山多田少，村民收入一度较低，主要靠林下零星种养，2016年通过精准识别确定建档立卡贫困户17户60人，占全村总人口的6.9%；村里几乎无财政收入，是县级贫困村。

近年来，下坝乡露冕村深入贯彻落实习近平总书记扶贫开发思想，通过政府引导、企业支持、支部带动，紧紧抓住产业扶贫这个核心，依托丰富的绿色生态资源，利用便捷的交通优势和秀美的乡村景色，规划建设“七色产业”扶贫示范项目，推进农业产业转型升级，有效带动村民就业、创业，促进了村财政和农民持续稳定增收，村庄得到长足发展。2017年村集体经济收入16万元，农民人均可支配收入14000元。

二、主要做法

（一）精准精实，落实帮扶，确保贫困户脱贫致富

以17户60人建档立卡贫困户为主攻方向，按“四因三缺”（因灾、因病、因残、因学、缺资金、缺技术、缺劳力）分类法对建档立卡贫困对象进行分类汇总，针对致贫原因和贫困户实际条件以及发展愿意有针对性落实到户措施。一是落实产业帮扶，探索建立精准扶贫“四步法”（选项目、施

政策、强管理、促产业），做实激励性项目。根据露冕种植/养殖实际种类，深挖具有下坝特色的“果、芝、草、鸡”农业产业项目，依托本土盛大农业、锦兴农业等龙头企业，大力实施黄金百香果种植、林下仿野生灵芝种植、仙草种植、象洞鸡养殖等激励性产业扶贫项目，积极引导贫困户参与，选择适合自身实际的激励性产业项目。目前，全村17户贫困户中有7户种植黄金百香果、8户种植仿野生灵芝。二是落实金融帮扶，积极引导贫困户申请扶贫小额信贷，并给予5万元以内、期限3年以内、年4.35‰贴息贷款。截至目前，全村已帮助6户申请扶贫小额信贷18万元。三是落实就业创业帮扶，积极开展对贫困户技术指导、资金帮扶、就业服务、信息共享、销售帮扶等就业创业指导服务，帮助贫困户协调解决在生产发展过程中遇到的系列问题，助力贫困户脱贫。培育了贫困户邱一焕“一人带动+困难群众抱团发展”的脱贫致富典型，引导了更多贫困户自力更生，带动脱贫致富。四是落实安全住房，帮助居住在边远自然村、地质灾害点等地的9户29人贫困户实施造福工程易地扶贫搬迁，建房补助资金65.44万元，全面解决贫困户安全住房问题。截至目前，露冕村贫困户17户60人已全部脱贫，人均可支配收入达到4425元以上。

（二）引领带动，转型升级，推动乡村振兴发展

露冕村紧紧抓住产业扶贫这个核心，通过“党建+脱贫攻坚”“支部+公司+基地+农户”模式，大力发展“七色产业”，建立党支部带动产业扶贫示范基地，推动农村经济产业转型升级，实现乡村振兴发展。一是发展红色产业、绿色产业和橙色产业，全村种植了近300亩百香果及无花果，青菜（用于加工菜干）、豆角（用于加工菜干）等近100亩，种植茶花、桂花、红花等近100亩，在原来种植30多亩的基础上新建了50亩的脐橙园和30亩柑橘园。二是发展黑色产业，全村林下黑山羊存栏超过700只，林下养鸡达到1000余只，林下养牛、养蜂也日益发展起来。通过产业转型引领，共带动了15户贫困户参与种植/养殖，实现每户平均增收4000元以上。三是发展紫色产业和白色产业，建立种植仿野生灵芝基地300亩、大棚种植基地60亩，林下种植竹荪、茯苓、白背草、砂仁、麦冬、桔梗、倒水莲等中草

药基地50亩，总产值达到200万元以上。通过党员干部的示范带动，促进群众增收致富，从而实现“不砍树也致富，保生态也得益”目标。四是蓝色产业——光伏发电项目，合计投入资金80万元，建设了104千瓦的光伏发电扶贫项目，截至目前，已发电12.5496万千瓦时，预计每年可为村财政增收6万元以上，为贫困户平均每户增收1万元以上。

（三）建好班子，巩固基石，提升农村治理水平

“建好一个班子，致富一个村子。”新时期农村基层党建如何开展？如何使农村治理最有效合理？村两委班子坚持党的领导，压实党建工作主体责任，全面提升农村基层党建工作水平，开展扫黑除恶专项斗争，巩固党在农村的执政基础，努力提升乡村治理能力和水平。一是加强学习，提高执行力。结合“两学一做”学习教育常态化制度化，认真学习党的十九大精神和习近平新时代中国特色社会主义思想，落实好“三会一课”制度，坚持召开党员大会、支委会和组织生活会，积极组织上党课，充分发扬党内民主，认真开展批评和自我批评，认真学习和领会党的方针、政策，支持乡党委各项决定、决议，并在工作中带头贯彻执行。二是提高素质，服务群众。努力加强全村党员党性修养，树立全心全意为群众服务的思想，牢记党的宗旨，以党员的标准严格要求自己，与时俱进，加强自身学习和修养，增强全局观念，树立正确的利益观，自觉关心和维护集体、群众的利益，正确对待个人、集体的利益。三是加强班子建设，提高实干能力。“空谈误国，实干兴邦”，不断提高村级班子为民服务的意识和能力，勇于承担新任务，发扬团结协作精神，激发干事创业热情，带头实干，发挥党员先锋模范作用，努力调动群众的积极性，提高带头贫困户致富的能力。内强素质，外树形象，切实形成一个团结协作、奋发向上，具有凝聚力、创造力和战斗力的农村基层组织，为脱贫攻坚和乡村振兴充实一支优秀的农村工作队伍，做好群众的“当家人”。露冕村2014～2016年连续三年获得县对村“五项工作考评”综合优秀奖，2016年获县“先进基层党组织”，2017年被确立为“市级党建示范点”。

（四）改善民生，美化家园，增强群众获得感

群众富裕了，家园美丽了，群众的获得感更高了。近年来，露冕村持续

打造美丽乡村建设，村两委紧紧围绕“群众利益无小事”这个目标任务，想方设法帮助群众解决热点难点问题，积极改善民生福祉，建设民生项目，美化绿化家园，进一步增强老百姓的幸福感、获得感。一是对村主道进行全部硬化，安装太阳能路灯50余盏，建设水利灌溉设置2座，建设长3600米排水暗沟。二是通过一事一议等项目，建设了800多平方米的村级文化公园、2800米的观赏休闲河堤，改造升级村级文化活动中心（包括建设村级影院），建设一座“美丽露冕”迎宾门牌。三是栽植观赏花木500余株，使村庄绿化覆盖率在90%以上，投放河道鱼苗1000余条，进一步优化河流生态环境。四是配齐村级保洁设施。新建垃圾填埋场和垃圾中转站各1座，定点垃圾桶50多个，并配有2人清转垃圾，1人清扫村道和河道，配有垃圾运送车2部及时转运垃圾，完善村规民约，召开会议制定垃圾处理费收取方案并实施，2017年筹集资金购买300多个垃圾桶分发至每家每户，真正将垃圾分类、垃圾正确归放普及整村。五是积极探索融合乡村旅游业，挖掘露冕山歌、十番音乐、船灯等乡土文化复兴与传承，举办乡村春晚，推动农家乐旅游、色彩农业景观带发展，为村民发展致富之路拓宽了内涵和路径。一个有着文化公园、休闲河堤走廊、古建筑、古树、慢步道、现代农业观光园、绿色生态和文化底蕴十足的魅力“新露冕”已现雏形，并“大方”地展现在世人面前，露冕村也已成为一个“望得见山，看得见水，留得住乡愁”的美丽乡村。2016年露冕村被评为县级“文明村”。

参考文献

《中共中央国务院关于打赢脱贫攻坚战的决定》，2015年11月29日。

《中共福建省委福建省人民政府关于推进精准扶贫打赢脱贫攻坚战的实施意见》，2016年1月4日。

《中共中央国务院关于实施乡村振兴战略的意见》，2018年1月2日。

《中共中央国务院关于打赢脱贫攻坚战三年行动的指导意见》，2018年6月15日。

第五章

打造美丽宜居：武平生态建设与保护

改善农村人居环境，建设美丽宜居乡村，是实施乡村振兴的重要任务。武平作为“全国林改第一县”，在“生态立县”发展战略的引领下，不断调动老百姓植树造林、管林护林的积极性，以绿色转型为动力，把生态作为发展的根本依托和最大优势，推进生态建设与保护，探索推进生态、产业、民生、体制机制创新“四大工程”，致力打造“林改武平经验升级版”，不仅催生了好生态，还有效促进了县域经济绿色发展。

一　生态建设与保护在乡村振兴中的重要地位

乡村振兴，生态是最珍贵的绿色资源，承载着维护较大区域内生态安全的重大责任。坚持生态优先的发展理念，把生态建设与保护放在更加突出的位置，把乡村振兴和生态保护与产业发展、城市建设等有机结合起来，协同推进新型工业化、城镇化、信息化、农业现代化，大力发展绿色生态经济，才能让绿水青山产生巨大的生态效益、经济效益和社会效益，走出一条生产发展、生活富裕、生态良好的发展路子。武平加强对生态文明建设的总体设计和组织领导，从“人、林、钱”等要素的制度安排上入手，在机制上持续对主体、要素、市场等进行深化改革，把生态建设和保护抓紧抓实，强化支持林业绿色发展的政策导向，把增加绿色优质林产品供给放在突出位置，探索建立体现生态价值的资源有偿使用制度和生态补偿制度，积极推行集体林地“三权分置”，完善集体林业社会化服务体系，加快培育新型林业经营主体，促进多种形式的适度规模经营，以绿色生态引领乡村振兴，让良好生态成为乡村振兴的支撑点和着力点。

（一）生态优势成为乡村振兴的发展优势

生态优势是武平的最大优势。武平地处北纬25°，是世界公认的黄金气候生态带，这里“八山一水一分田”，境内山清水秀，是全国66个“中国生态旅游大县”之一。这里生态优良，经国家环境监测总站质量评价，生态环境质量以植被覆盖率高、生物多样性好、生态系统稳定而位居福建省第二。2016年，武平城区空气质量优良天数比例达99.7%，环境空气质量位居全省第四位。2017年县城空气质量指数（AQI）年均值为41，年空气质量优良天数比例达99.4%，森林覆盖率达79.7%，林地面积329.5万亩，城市绿化覆盖率达42.24%，地表水环境质量优良，主要河流Ⅰ－Ⅲ类水质比例达100%，负氧离子含量平均3500个/立方厘米，是世界卫生组织规定“空气清新”标准（1000～1500个/立方厘米）的2～3倍。梁野山有万亩原始和天然的红豆杉群落，生态肌肤野趣盎然，一条条清澈碧透的小溪，流淌成灵动欢快的诗篇。在梁野山，林涛、飞瀑、鸟鸣，一切都那么悦耳闲适，令人仿佛置身于一个巨大的绿色氧气罩中，走到哪儿都好像在做着心肺的按摩和滋养。在武平，连呼吸都带着香气，清新的氧气丝丝滑入心田，与自然“林”距离，尽情享受“森”呼吸！

武平县始终坚持“生态为重”理念，切实把生态优势转化为发展优势，2002～2017年共完成植树造林71.5万亩，超过林改前25年造林面积的总和。森林覆盖率与2001年相比提高2.9个百分点，达到79.7%，林木蓄积量增加1269万立方米，增长1.39倍。好生态催生好空气、好环境，这里有原始森林，有千树百草，也有怪石巨岩。游客可以在这里与水对影，与树对话，与山呼应，与甘露细雨共情……走栈道、赏瀑布，呼吸清新空气。这里如画的美景，见证了武平县发展绿色经济、建设生态家园的倾心耕耘和持续

图 5－1　清泉石上流（李国潮摄）

发力的砥砺奋进。

近年来，面对保持良好的生态环境，武平扎实推进生态文明建设，从绿色向宜居挺进，按照“一河两岸、南北扩展、东西延伸”的城市发展战略，高起点规划，高标准建设，逐步构建“大城关”发展格局，以旧城改造、紫金酒店、中凯酒店、街景改造等项目为支撑，建设具有山水园林特色的绿意盎然、清新明丽、整洁有序、文明和谐的园林城市。围绕着“一河两岸”，突出山、水、城，做好“绿”“水”“文化”文章，通过城市带动，推进河滨文化广场、生态休闲度假村、碧水庄园、客运中心等重点项目，加快山水园林式生态城市建设。先后开发建设了碧水公园、河滨文化公园、树子坝公园、马头山公园，对“一河两岸”核心区实施了夜景灯光工程，根据建筑特色安装空中玫瑰灯、投射灯等设施，使平川河与沿河景色交相辉映。与此同时，按“一一四三”城市发展战略，围绕一个主城区、一个次中心城区、四个中心镇和三个工业园区的城市空间布局体系，加快交通等基础设施建设，用快速通道把主次城区、中心集镇和工业园区连接起来，形成以主城区为中心、中心镇为呼应、工业园区为支撑的城乡一体化发展框架。

（二）生态环境成就乡村振兴的宜居宜业

武平县境内的梁野山国家级自然保护区，位于武夷山脉最南端、南岭山脉东头，属中亚热带、南亚热带过渡区域，地理坐标为：东经 116°07′～116°19′，北纬 25°04′～25°20′，总面积 14365 公顷，是集物种与生态保护、水源涵养、科普宣传教育、科学研究、对外交流与合作、永续利用自然资源等多功能于一体的“野生植物”类型国家级自然保护区。保护区于 1991 年被武平县人民政府划为禁伐区，1999 年 2 月经福建省人民政府批准为省级自然保护区，2003 年 6 月经国务院批准为国家级自然保护区。

图 5－2　梁野山远眺（李国潮摄）

“嘤其鸣矣，求其友声；相彼鸟矣，犹求友声。”趋利避害，物竞天择，环境好不好候鸟全知晓。中国（深圳）文博会基于 2017 年 5 月 13 日发布的“中国候鸟旅居小城入围榜”（G500）基础上，经过实地考察、媒体公示、全面评价与专家表决，结合各地党政“一把手”对共建工作的重视程度，由全国候鸟旅居小城专家评委会按照“十好一宜”（气候好、游憩好、景观好、人文好、服务好、交通好、环境好、口碑好、底子好、班子好、适宜度等）的一级指标进行第三方公益评价，于 2017 年 11 月 30 日在北京投票表决正式产生“中国候鸟旅居小城”25 个门类的全国十佳名单。武平县成功入选“五谷丰登十佳县”，被成功评为“中国候鸟旅居小城”。

“候鸟旅居小城”又名“候鸟旅居县”，是气候生态环境宜居宜游宜养的生态文明旅居目的地的代名词，它源于候鸟随季节与环境变化而在迁徙过程中选择最佳栖息地的自然规律与生存智慧。春有百花秋有月，夏有凉风冬有雪，“候鸟旅居”倡导“三边三养”（边旅游、边养生、边创业，养心、养生、养寿）旅居康养生活方式，引导大中城市一部分市民分流到边远的“绿水青山”享受气候旅居生活，带动边远地区的特色农副产品消费，切实帮助当地农民“绿色创富”，促进绿色青山孕育出来的生态产品转化为生态利润，实现“青山绿水”就是“金山银山”。

“候鸟旅居小城”对于建立城乡“共建共享共赢”的合作机制，以自然养生办法因势利导加快发展候鸟旅居康养产业，作为以“养心、养生、养寿”为主题的绿色健康生活方式即将引发“边旅游、边养生、边创业”的生态旅居时代悄然来临。武平县的“中国候鸟旅居小城”品牌，成为贯彻生态文明建设、实施绿色低碳发展、推广全域健康旅游、推进健康旅居城市和绿色健康旅居产品的响亮名片，也是绿水青山转变成金山银山的彩虹桥和晴雨表。“健康旅居”方式的“候鸟小镇”、“候鸟基地”、“候鸟露营地”和“候鸟之家”等康养项目即将成为武平的生态、旅游、扶贫等叠加的发展方向，未来的候鸟旅居康养事业必定拥有持久共赢的美好前景。

如今“三省边界明珠”的武平既有现代城市的便捷，又保存了山城古朴的清秀，是一块生态宜居的养生福地。武平再现了沿河两岸十里画廊景观，绿草、碧水、垂柳随处可见，这里有国家级的自然保护区让人心醉的旖旎风景，有国家级的历史文化名镇孕育出绚烂的文化之花，有令人难舍的人文韵味和独特的民俗风情，有国家级的湿地公园，是清新鲜香的天然氧吧。经过多年发展和建设，千年古邑武平成为一座生态家园，具有山水园林风格、乡土文化气息、现代城市风貌的宜居城市，绿色掩城，碧水映城，楼宇环城，鲜花衬城，自然环境交织成了一幅“城在山中、水在城中、人在画中”的优美画卷，绽放着宜居宜业宜旅的武平魅力。

（三）生态资源承载乡村振兴的绿色文明

2016 年，武平县结合生态、文化、文明创建优势，发出了“四城同创”的号召，动员全县上下同步开展“全国文明城市、国家园林县城、国家卫生县城、国家生态文明示范县”创建活动。在“四城同创”建设中，坚持“节约建设、因地制宜”的原则，完善规划，科学建设，彰显特色，把创建工作与生态建设相结合，有序推进人居环境改善，以更高要求和标准提升城市品质。2016 年 7 月 31 日，武平修好的沿河西路不仅安装了隔离带，还在路边建了许多小公园（如图 5－3）。人们对武平县创建国家园林县城带来的变化交口称赞：“把人行道路上坑坑洼洼和凹凸不平的路面修补好，实在太漂亮了，以后进出就更加方便、快捷了，真是一件大好事！”“新建的公交站台太漂亮了，既好看，又实用！”

图 5－3　城在林中（李国潮摄）

在紧紧围绕全县“四城同创”工作的基础上，武平结合县情实际，通过实施环境洁净、交通畅通、市场整治、消防整治、绿化亮化、河道美化、全民素质提升、集镇环境整治等工程，不断深化细化城镇建设管理水平，不断提升层次和形成品牌，进一步提升城市整体形象，武平已经顺利荣列全国文明城市，成为在红土地上绽放异彩的文明之花，成为闽粤赣边宜居、宜业、宜旅的生态文明城市。

武平县围绕建设“清新福建，美丽武平”，把武平全域作为一个大景区，全域打造、全面提升。加大投入建设梁野山创5A级景区，整合梁野山景区、定光佛祖庙、中山历史文化名镇、白水寨、刘亚楼将军故居等景区资源，提升红军入闽第一村、上湖红军烈士陵园、梁山书院等红色旧址群，各景点、特色小镇、美丽乡村等星罗棋布，“全景武平”逐渐展现。

武平县围绕“三山、一庙、一古镇、一公园”等特色资源，布局多层次、多样化、全域化旅游发展空间，打造祈福之旅、生态度假之旅、红色体验之旅，推动旅游与其他各产业的融合发展。这里有灵洞山的秀丽、狮子山的险峻、黄草山的狂野、卦坑湖的静谧、白水礤的清爽、松花寨的茶香、中湍畲寨的上刀山下火海、客家桃园村的梯田人家、水墨阳民的竹林泛舟。在武平的旅游地图上，镌刻着不断涌现的瑰丽风景，有道不尽的山乡风情，也有看不完的风景名胜。

国家发展与改革委员会、人民日报社、中国林业与环境促进会、宏观经济管理编辑部等共同主办的首届“推进绿色发展建设美丽中国”典范城镇与景区推选活动历时半年多时间，经过在全国范围内的考察、筛选、申报、专家评审评估、公示等环节，2018年1月27日在北京举办了成果发布会暨颁奖大会，武平县作为福建省唯一入选的生态旅游城市，凭借着气候独特、生态优质、自然风光秀丽、人文景观多样、休闲旅游四季皆宜等优势和条件，在全国数百家参选单位中脱颖而出，荣获“全国十佳生态旅游城市”的荣誉称号。

二　武平推进生态建设与保护的实践

习近平总书记指出：“发展林业是全面建成小康社会的重要内容，是生态文明建设的重要举措。”① 武平林改有效破解了林业发展的体制机制性障碍，解放和发展了生产力，极大地调动了广大林农爱林护林育林的积极性，林业产业不断壮大，促进了生态效益和经济效益的和谐发展。武平县坚持“创新、协调、绿色、开放、共享”五大发展理念，按照省委提出要实现“百姓富、生态美”的有机统一，实施生态立县、工业强县、旅游富民的发展战略，在加快发展的同时特别重视生态建设，全县生态环境质量一直位居全省前列，努力打造宜居宜业宜旅的生态文明城市。激发绿色新动能，将生态优势进一步转化为发展优势，加快建设机制活、产业优、百姓富、生态美的新武平。

（一）规划生态立县布局

武平县森林资源丰富，生态环境得天独厚。作为“全国林改第一县”、全国南方重点林区县之一，武平始终坚持“生态为重”理念，倾力“养山护水”，坚定不移地走“生态立县、绿色崛起”的科学发展之路，切实把生态优势转化为生态“红利”、转化为发展优势，让绿水青山带来金山银山。武平县委、县政府把“生态立县、工业强县、旅游富民”三大发展战略中的“生态立县”放在首位，坚持绿色是发展的底色，发挥生态是武平最大的优势来推动武平绿色崛起，规划发展美好生活希望的绿水青山、建设人民群众期盼的生态家园。

1. 统一规划、合理布局

武平县根据全省县域经济评价指标体系中体现科学发展、生态保护和改善民生等具体要求，高度重视发挥政府统一规划、合理布局的主导作用，开展深入细致的调研，明确“生态立县”的建设目标，高起点规划发展蓝图，制订并报批了《武平生态县建设规划》，强化措施，规范运行，促进生态环境质量的稳步提升。武平围绕打造“实力武平、宜居武

① 习近平：《在参加首都义务植树活动时的讲话（2016 年 4 月 5 日）》，《人民日报》2016 年 4 月 6 日。

平、幸福武平”，强化板块发展理念，进一步完善城市总体设计方案，加快拓展城市空间。按照“东西延伸、南北拓展”的城市发展规划，有效推动城市规模呈放射状向四周迅速扩张。实施“一带双核九心多廊”（一带，指平川河滨水休闲带；双核，即平桥翠柳城市森林公园和碧水公园县城生态两核；九心，为城区九大绿化板块；多廊，是利用山水等自然要素打造多条县城重要绿色生态景观廊道）的县城绿地结构布局，以公园、广场、庭院绿化建设为点，河岸、道路绿化建设为线，四周山体林地绿化建设为面，以绿造城，以绿兴城，让城市融入自然，自然拥抱城市，达到绿美结合、人与自然和谐发展。

2. 国土空间开发格局进一步优化

武平县专门聘请多家海内外设计企业，为武平的城市规划献计献策，制订了县城规划区范围内43平方千米总体规划，经济、人口布局不断地朝着均衡的方向发展，完善国土空间开发格局的城镇建设区、农业主产区和生态功能区三种类型的功能区分区合理划分，明确不同区域的职能定位和产业发展方向，构成可持续发展的空间格局。东西南北面重点建设十方至城关商贸物流板块、以闽粤赣边客家生态文化城为龙头的城关至万安人居板块、武平大道商务金融板块、梁野山生态旅游休闲板块和新行政商务板块，并用城市快速通道连成一体，着力打造一批宜居城市综合体，努力改善城市综合交通和小城镇设施条件，加快城镇化进程。

3. 着力打造闽粤赣边宜居城市

深化林改不仅让武平实现了发展模式由“靠山吃山”向“靠山护山、靠山养山、靠山富山”转变，而且实现了“两个增加”——森林覆盖率、林木蓄积量和林地保有量增加，农民人均林业纯收入和林业收入占比增加。经济发展后的武平开始重视城市建设，围绕着“一河两岸”加快推进闽粤赣边山水园林式生态城市建设，着力打造闽粤赣边县域中心城市，高起点推动城市建设，全力打造武平工业、商贸、文化休闲“新三区”。将军广场、文博园、客家艺术演艺中心等文化设施的建设，让武平成为龙岩最宜居的县城之一。武平宜居城市综合体项目是统筹城乡发展的民生重点工程，旨在解决制约老城区人居环境改善的瓶颈，将“城中村”改造成为一个基础设施完备、环境宜人，融文化、商贸、办公、休闲、居家为一体的多功能现代宜居小区，并配以一座全长1500米，集休闲健身区、人文园区、休闲服务区和生态湿地区等为一体的河滨客家文化公园。加快实施一批教育、医疗、交通基础设施、保障房、人饮工程、垃圾污水处理等民生社会事业项目，同时进一步发挥社会力量的重要作用，着力突破一批公共服务设施项目，真正让老百姓有获得感，让“幸福武平”更加幸福。

4. 不断改善生态环境质量

武平以生态文明建设和绿色转型发展为着眼点，强化资源节约和集约开发利用，促进资源利用更加高效。确保能源消耗强度持续下降，单位国内生产总值二氧化碳排放强度、万元地区生产总值综合能耗控制在市下达指标内；资源产出率大幅提高，万元工业增加值用水量降低到65立方米以下，农田灌溉水有效利用系数提高到0.55以上。以确保生态安全为出发点，维护自然生态系统功能，主要污染物排放总量继续减少，大气环境质量优良天数比例持续保持在99.7%以上，积极创建中国天然氧吧；重点流域水环境质量得到改善，努力实现全县小流域Ⅲ类以上水质比例达到100%；全县饮用水源地、土壤环境质量总体保持稳定，农用地和建设用地土壤环境安全得到基本保障，土壤环境风险得到基本管控，森林覆盖率保持在79.7%以上，实现经济发展与生态建设保护双赢。

5. 基本确立生态文明制度体系

武平加快构建生态文明制度，健全生态文明考核评价机制，把资源消耗、环境损害、生态效益纳入城镇化发展评价体系，基本形成和不断完善体现生态文明要求的目标体系、考核办法、奖惩机制，构建“源头严防、过程严控、后果严惩”的生态文明制度体系，建立健全国土空间开发保护制度、自然资源资产产权和用途管制、生态保护红线、生态补偿和资源有偿使用制度、生态环境保护管理体制等。加强环境执法和制度落实，建成政府、企业、社会各界环保意识养成的工作机制。

（二）积极开展生态载体建设

长期以来，有着“全国林改第一县”美誉的武平县致力于将生态优势转化为发展优势。改革开放以来，武平县委、县政府牢固树立“生态立县”的理念，既要金山银山，也要绿水青山。近年来，武平以创建国家生态文明示范县为契机，加大自然生态修复和环境保护力度，规划建设 13 个生态功能小区，把生态文明理念融入城镇化过程，统一规划布局，构建中心城市（县城）—次中心（岩前、十方）—特色镇—一般乡镇和美丽乡村五级城镇体系，把森林搬到城市、把城市延伸到乡村，打造宜居宜业宜旅的生态家园。绿色武平正展现出迷人的魅力，环梁野山生态文化旅游经济圈正孕育成形，中山湿地公园等景区、特色小镇、美丽乡村正在形成。

1. 推进梁野山创建5A 级景区提升工程

梁野山国家级自然保护区位于武平县境内，山系为武夷山脉最南端，南岭山脉东头，属中亚热带和南亚热带过渡区域，有我国保存完好的特色资源和森林群落。一是南方红豆杉林，天然分布有近 1 万亩，从幼苗到胸径 1.73 米的南方红豆杉大树均生长良好，林内更新良好，种群结构呈金字塔形，为国内外罕见。二是原生性钩栲林，钩栲为常绿阔叶林的伴生树种，较少成为建群种。保护区孔厦村马头山有 66 公顷保存非常完好的原生性钩栲林，林内钩栲大树平均胸径达 95 厘米，为全国罕见。三是稀有的观光木林，观光木作为中国特有分布的木兰科植物，一般仅见零星分布于常绿阔叶林和季风常绿阔叶林中，极少形成群落。保护区内生态系统组成复杂，类型丰富，植物群落有 6 个植被群 24 个群系 53 个群丛。保护区内国家保护的珍稀动植物种类繁多，其中列为国家一、二级保护的野生植物有 14 种，野生动物有 46 种，列入国际自然资源保护联盟名单的濒危种和易危种有 10 种，列入濒危野生动植物国际贸易公约附录 1、附录 2 的有 43 种。同时，保护区是闽、粤、赣交界地区和武平县的重要水源地，是梅江、汀江的重要汇水区，为武平县 11 个乡镇 70% 的人口和福建汀江、广东梅江两岸人民的生产生活提供了生态保障，具有举足轻重的战略地位。

武平围绕打造“养生福地，清新武平”，大力发展全域旅游，2015 年梁野山景区被评为国家 4A 级景区。2016 年武平入选国家全域旅游示范区创建单位，生态环境日趋完善。武平县委、县政府以创建国家全域旅游示范区为抓手，动员全县上下共同参与、共同推进，加快推进梁野山创 5A 级旅游景区提升工程，突出“旅游 +”，把全域旅游新理念融入经济发展、项目建设、民生改善、城乡建设等各领域，实现全域旅游的“多项融合”，以全域旅游推动全域经济发展。

2. 积极开展创建生态乡(镇)村

为贯彻落实“生态立县”战略部署，武平县委、县政府积极组织开展市级、省级和国家级生态乡（镇）生态村创建活动，目前全县 17 个乡（镇）中有 16 个通过了省级生态乡（镇）命名；全县 214 个行政村中有 190 个村通过了市级以上生态村命名，其中 64 个村通过了省级生态村命名，为创建生态文明建设示范县奠定了基础。

武平县永平镇位于县城北部，距县城 26 千米，省道 205 线穿镇而过，是承接县城、武北四乡重要的交通要道，素有“武北南大门”之称。近年来，为进一步强化生态意识，加强生态文明建设和环境保护，永平镇积极推动生态环境建设，转变林业发展方式，全面禁止采伐天然阔叶树，对全镇 8.7 万亩重点生态区域、生态公益林、水源涵养林、“两沿一环”一重山，启动实施新一轮封山育林，通过采取“封、管、造”等综合措施，促进封育区森林的多树种、多层次、针阔混交林发展，提高森林质量和森林生态的承载能力；在鼓励林农自己抚育的基础上，争取各项项目资金进行森林抚育，2012 年以来共争取资金 120 多万元抚育生态林 5000 多亩，其他林 25000 多亩；加强古树名木管理保护；禁止炼山造林，维护地力和生物多样性；加快调整树种组成，改善单一的森林结构，形成树种多样、针阔混交、异龄复层的复合型森林。近三年来，全镇完成造林绿化 2 万余亩，其中阔叶树造林 7000 多亩，森林覆盖率达 83.4%，永平镇正在成为武平县“山最绿、水最净、空气最清新”的生态乡镇。

3. 持续开展宜居环境美丽乡村建设

武平县以点带面持续开展美丽乡村建设，深入开展农村人居环境整治，推进农村生活垃圾治理专项行动，实行垃圾分类减量试点，实行“户分类—村收集—镇转运—县处理”的垃圾治理模式。选择适宜模式开展农村生活污水治理，实现集镇污水集中处理设施全覆盖，全面开展村庄三格化粪池改造建设，大力支持农村公厕和停车场建设。组织编制美丽乡村试点规划和县域村庄规划，扎实推进农村危房改造。2014～2018 年总计投资 2.12 亿元，实施 79 个省级“千村整治，百村示范”美丽乡村建设，27 个市级美丽乡村建设。武平县湘店乡七里村在省级宜居环境美丽乡村示范村建设过程中，原来仅列为“福建省宜居环境千村整治、百村示范”中的整治村，因为整治成效突出，后来按照专家组意见修改完善“五清楚、两特色”、补充“三整治、三提升”内容以及整治绿化环境、做好乡村旅游研究等。目前，七里村被福建省住建厅提升为“福建省宜居环境千村整治、百村示范”中的示范村，是武平县唯一获此荣誉的村子。

4. 积极打造生态小镇

武平县充分发挥生态、文化、对台等优势，积极打造文明创建亮点，持续提升文明县城创建层次和水平，坚持彰显文明创建特色，深入开展生态县、环境优美乡镇、生态村以及绿色社区、绿色学校、绿色家庭、绿色街区庭院等创建活动，积极打造生态小镇。如十方至城关公路绿化美化工程，已完成沿线 35 个主题园建设，打造沿途文明风景线，使之成为武平的文明路、生态路、迎宾路、形象路、示范路；积极抓好梁野山国家级自然保护区、狮子山等生态旅游资源的开发和保护，做大做强生态旅游品牌。通过建设十方市级小城镇培育试点和市级特色小镇——物流小镇、岩前重点镇和岩前省级特色小镇——新显小镇、城厢鲜花小镇和农业互联网特色小镇、中山历史文化名镇，不断夯实城镇产业基础，完善城镇服务功能，优化城镇生态环境，提升城镇发展品质，促进城乡一体化发展，重视发展循环经济、低碳经济，加强生态资源和自然环境保护，努力把生态环境特色做优做强。

（三）坚持产业结构调整

生态优势日益成为武平的核心竞争力。武平坚持把产业结构调整作为生态文明建设的重点，培育发展“三大产业发展平台、三大传统主导产业、三大战略性新兴产业”等“三个三”产业体系，大力发展绿色经济、循环经济和低碳经济，培育生态旅游、休闲养老、苗木花卉、林下经济等绿色生态产业，将生态优势转化为资源优势，把产业创新作为实施创新驱动的关键路径，通过高新区引进培育高新企业，推动县域产业转型升级、做大做强县域经济。

现在，武平县域城市正按照东西延伸、南北拓展的布局规划建设，城市规模不断扩大，梁野山国家级自然保护区环绕县城，武平县倾力打造“城在山中，水在城中，人在景中”的宜居城市，全面推进梁野山、中山古镇等旅游景区建设，城乡基础设施日臻完善，接待能力不断提升。发展“生态型乡村旅游”，凸显天然、闲情和野趣，展现乡村旅游的魅力。绿水青山给武平人民带来实实在在的金山银山，更加促进了武平生态文明的持续发展。

（四）实施流域生态保护与修复工程

实施流域生态保护与修复，是武平实施“生态立县”战略的一项重要举措。武平从传统治理向生态治理转变，不断提升河道生态功能。近年来，武平在河流治理、防洪工程、山洪灾害防治、安全生态水利建设等项目建设中，坚持保护优先、自然恢复为主，开展流域环境整治补齐生态环境短板，把生物措施和工程措施结合起来，恢复河流生物多样性环境，让河流恢复自然生态，流域重现生机。

1. 开展流域环境整治

武平县十分重视开展流域水环境综合整治工作，6 名县级领导亲自挂帅，抽调 260 名县管后备干部和优秀干部，开展象洞溪流域水环境综合整治“百日会战”，全力推进以象洞溪、中山河流域为重点的水环境综合整治。象洞镇党委、政府对象洞溪沿线污染源进行全面排查，按照短期与长期相结合的原则，精心研究制订出详细的工作方案，逐步实施污染源清理，开展象洞溪沿线七个村美丽乡村建设家园及清洁行动，完成象洞溪主流域25千米河道生态清淤，使得各乡镇流域水环境质量明显好转，氨氮、总磷指标显著下降，全县20个河流交接断面水质有18个断面达到考核目标。

象洞镇已完成象洞溪生态湿地公园建设，完成象洞镇集镇立面改造，积极开展集镇雨污分流及路面改造工程及象洞溪安全生态水系建设项目，推进象洞溪河道生态保护与修复工程、大礤水库、武平中小河流域（松源河象洞段）治理工程建设。象洞镇充分利用“红色、生态”两种资源，精心规划象洞镇红色纪念馆建设，着力打造白水寨森林旅游、临时县委旧址红色旅游两大旅游点，以点带面，做好沿线观光采摘园、森林人家等旅游配套项目，打造具有象洞特色的红色生态观光旅游线路，把生态化优势和资源优势，转化为资本优势和经济优势，使老百姓享受到生态的福利，象洞镇正在向天蓝、地绿、水净的生态家园迈进。

2. 着力生态环境修复提升工程

武平县围绕“山川秀美，人文和谐”的建设目标，积极推进民生基础设施建设。大禾乡坚持科学发展，重点围绕“一河两岸”建设，不断加快经济建设步伐，着力打造宜居集镇。日前，位于大禾乡大禾村的溪背渡地段“一河两岸”雨过天晴，碧空如洗，只见河水泛着清波、岸边绿化树随风飘荡，人们三五成群地在河堤步行道上漫步，呼吸着清新空气，欣赏沿河美好景色。一河两岸呈现一片生机景象。武平县在打造集镇亮丽工程方面，对沿河两岸进行合理规划，完善“一河两岸”配套设施建设和绿化美化，提升集景观、休闲、健身等为一体的功能，达到了岸绿水清、绿化亮化的效果，成为两岸居民休闲散步、修身养性的好去处。

（五）开展生态环境治理

生态环境优美是武平县的最大优势。近年来武平特别重视把环境治理和生态建设作为工作重点，全县生态环境质量一直位居全省前列。武平县委、县政府提出加快发展绝不能以牺牲环境为代价，必须坚持“百姓富、生态美”的有机统一。加大生态环境综合整治力度，持续跟踪河流污染整治工作，持续开展“中华环保世纪行”宣传活动，加强以生猪养殖业、固体废弃物、水环境污染、农村生活垃圾为重点的环境整治，推进畜禽养殖废弃物的综合利用和无害化处理。进一步加强以中小流域为重点的水土流失治理、矿区环境治理和重点流域生态环境综合治理，加强环保基层基础建设，真正让老百姓舒心呼吸、安心饮水。同时把生态建设放在突出地位，科学编制生态县创建规划，建立健全生态文明管理和考核评价体系，不断提升生态建设能力和水平，实现“河畅、水清、岸绿、安全、生态”的生态环境目标，切实把生态优势转化为现实的发展优势。

1. 污水污染治理

（1）持续加强生猪养殖业污染治理。20 世纪 90 年代，武平县大力发展生猪养殖，为发展农村经济、增加农民收入做出很大贡献，但近年来生猪养殖迅猛发展超出了环境承载能力。象洞镇大大小小的养猪场污染物直排、乱排现象造成极大污染，曾经以清澈美丽著称的象洞溪变黑变臭。武平县委、县政府决定破局势在必行，指挥生态环保攻坚战役，以生猪养殖业污染综合整治为突破口，以构建和谐绿色新武平为目标，加大环境突出问题整改工作力度，通过“拆、转、治、清、管”等多种举措，2013 ~ 2017 年分别关闭拆除猪舍 10.8 万平方米、13.9 万平方米、35.2 万平方米、69.9 万平方米、58.1 万平方米，超额完成原计划预定的拆除任务，打造了 1 个“无猪镇”和 37 个“无猪村”，闽粤省际交界处断面水质达到Ⅲ类水，象洞溪流域提前三年达到Ⅲ类水质目标，这是象洞十年治污路上的一个里程碑。围绕“治污水、美家园、建机制”的治理主线，把“拆”作为基础，狠抓“转”是关键，“拆”“转”并举，引导生猪养殖户转产转业，发展金线莲、铁皮石斛等特色种养业，以及养殖象洞鸡、肉鸽等特色低污染品种。同时，重点完善“治”“清”“管”等配套措施，建立长效机制实现生态治水目的。2016 年 3 月财政部、环保部在龙岩市联合召开部分省份流域上下游横向生态补偿机制建设工作推进会，闽、粤两省签署了汀江—韩江流域水环境补偿协议。该跨省生态补偿协议创新采用双指标考核，既考核污染物浓度，又考核水质达标率，同时实行“双向补偿”原则，也为全国各地生态治水提供了经验。

（2）加强园区污水集中处理。武平县立足岩前、十方工业集中区的产业基础，承接珠三角、沿海发达地区产业转移，构筑产业转移“拦河坝”，促进以新型显示和智能制造等产业为龙头的高新技术产业集中集聚。为了打造创新资源密集、产业特色鲜明、创新环境优越、功能配套完善的高新技术产业园区，规划设计 2018 年底前全面完成线路板企业的改造升级达标排放目标的提质工程，实现增量提质、增产不增排，确保控量。工业园区已实施了雨污分流管网建设，工业废水经企业污水处理设施处理后，同园区生活污水一起排入武平县生活污水处理厂做进一步处理，达标后外排。

（3）强化城镇生活污染治理。武平全县各乡镇污水处理配套管网已全面完成，象洞、桃溪、湘店等三个项目已建成并投入运行，续建的岩前等 5 个乡镇污水处理设施已启动试运行。永平、民主、中赤、下坝、大禾、武东等 6 个乡镇污水处理站及城厢、万安 2 个管网工程建设已完成主体工程建设，2018 年 9 月运行。2017 年全面消除城市黑臭水体，实现了出境水质达标目标，实施中山河流域水环境综合整治，已拆除沿河 500 米范围内养殖场约 27 万平方米，已强制取缔非法洗沙场 19 家，已完成武安路二期、北河西路、北环路、工业大道、南环路等道路污水管网长约 3 千米。县城污水处理率达到 89.4%，2018 年底前全县 14 个乡（镇）都建成生活污水处理厂（站）并启动运行，平川、城厢、万安 3 个乡（镇）生活污水由县污水处理厂处理。

2. 整治大气污染

武平县按照《福建省大气污染防治行动计划实施细则》，强化多污染物协同控制、多污染源综合防控，推进区域联防联控和预警预报，多措并举整治大气污染。

一是实施污染控制标准化管理，2016 ~ 2017 年前全面完成禁燃区内 20 台燃煤锅炉节能环保升级改造工程，淘汰黄标车 1000 多辆。

二是综合整治城市扬尘，深化工业烟（粉）尘、道路和建筑施工场地扬尘污染防治，加强建筑工地、房屋建筑和市政基础设施工程施工现场扬尘监管，渣土运输车辆全部采取密闭措施控制城市道路扬尘污染，创建扬尘污染控制区并不断扩大控制区范围，严厉打击垃圾露天焚烧行为。

三是积极推进绿色施工，现场全封闭围挡作业，并采取防尘措施，道路及材料加工区地面硬化，加强道路保洁，减少二次扬尘污染。

四是严格餐饮业油烟污染治理。开展城区餐饮业油烟污染综合整治，督促城区餐饮服务经营场所安装高效油烟净化设施。根据“先大后小、先重点后一般”原则，将污染扰民的餐饮业列为重点，对城区餐饮服务经营场所进行整治，有效进行餐饮业油烟整治，确保达标率90%以上，加强对城区餐饮油烟排放的监管，避免餐饮业油烟无收集措施的现象。

五是加强城市绿化建设。结合城市发展和工业布局，加大城市及周边绿化建设力度，扩大城市建成区绿地规模，建成了平桥翠柳等森林公园，提高了城市绿化美化水平。

3. 加强土壤污染防治

武平县积极推进土壤污染状况调查工作，全面实施《土壤污染防治行动计划》，控制农业面源污染，强化危险废物管理。

一是编制并下发《武平县土壤污染防治行动计划工作方案》《武平县水、土壤污染防治2017年工作方案》，实施“地力提升1112工程”和化肥、农药施用量零增长行动，印发了《武平县到2020年化肥、农药施用量零增长减量化行动实施方案》《“地力提升1112工程”实施方案》等，同时开展科学安全用药、科学施肥等培训，推广使用可降解农膜，开展废弃农膜回收试点工作。

二是开展重点行业企业信息核查工作。2017年3月3日武平县根据福建省环保厅《关于开展全省农用地详查重点行业企业信息核查工作的通知》精神，对武平紫金矿业有限公司、武平县三鑫矿业开发有限公司等五家重点行业企业周边农田分布情况进行核查，并将核查结果上报市环保局。

三是开展土壤污染状况详查工作。根据2017年7月14日龙岩市环保局、国土资源局、农业局联合组织召开农用地土壤污染状况详查点位布设与核实技术工作交流会的要求，武平县及时组织技术力量按要求开展点位布设和核实工作，委托益壤（厦门）环保科技有限公司（第三方）开展武平县农用地土壤污染状况详查点位布设与核实技术工作，相关部门工作人员与第三方共同完成了对本行政区城内土壤污染重点行业企业及其空间位置的逐一核实，补充划定了农用地土壤污染状况详查单元和对农用地详查点位进行了核实、调整与补充，并于 8 月完成点位布设和核实任务，并报上级审核。2018 年，委托第三方机构开展土壤污染状况详查采样，6 月完成了表层土壤取样，7 月开展了农产品取样，计划 10 月底前全面完成采样工作。

四是加快推进种养业废弃物资源化利用、减量化无害化处理。武平县是畜牧生产大县，也是生猪调出大县，已被农业部列入 2018 ~ 2020 年畜禽粪污资源化整县推进项目县，制定《武平县畜禽粪污资源化利用实施方案》，结合本地实际因地制宜开展工作。同时从 2018 年开始对接联系上级有关部门，要求将武平县粪污资源化项目抓紧提前实施，联系有资质的机构编制畜禽粪污资源化利用实施方案，提交《关于要求将我县列入 2019 年部级畜禽粪污资源化整县推进项目的请示》，并要求省挂钩部门出面协调将武平县列入 2019 年部级畜禽粪污资源化整县推进项目。

五是建立健全危险废物重点污染源名单库，做到“一厂一档”，进一步加强危险废物污染防治工作，2016 ~ 2017 年度武平县危险废物产生量 9106.9768 吨，委托处置危险废物 7479.3168 吨，自行利用处置 1627.66 吨。

4. 水土流失治理

武平县委、县政府把学习贯彻十九大精神的绿色发展理念贯穿到工作实践中，推进“四旁绿化”和“三带一区”建设，实施低效林改造和生态修复，加快水涵养林建设，加强河流湿地保护。2018 年底前全面完成县境内高速、国、省、县、乡道沿线等重山范围的植树造林，全面消除青山挂白工作。到 2020 年，全县完成封山育林 30 万亩。武平县加强水土流失治理，按照“预防为主、保护为先，突出重点、综合治理，科学管理、注重效益”的方针，2016 ~ 2017 年组织实施了 2 个国家重点、5 个省级重点小流域水土流失治理，完成治理面积 11.6 万亩，其中水利部门 6.44 万亩，林业等其他部门 5.16 万亩。

武平县大力开展水源涵养区、江河源头区保护与恢复，实施封山育林。2013 年至今开展了 12 条河流治理，治理河道累计投入 2.7 亿元，长度 65 千米。对提高防灾减灾能力、改善生态环境、推动乡村振兴起到积极作用。武平县在 2014 年滚动实施宜居环境建设项目 62 个、完成投资 4.8 亿元的基础上，2015 年武平县新建改造各类市政道路和地下管网 75 千米以上，新建慢道、绿道 10 千米，以进一步改善城乡景观面貌，推进宜居环境建设。平川河两岸生态绿廊景观工程是武平县 2015 年重点民生工程，总投资 1600 万元，建设内容包括园林小品、道路铺装、景观照明、绿化种植等，人居环境不断改善。同时，武平规划建设福建省唯一一个跨省流域、总面积 1500 多公顷、湿地面积 700 多公顷的湿地公园——中山河国家湿地公园，获国家林业局批准为国家级湿地公园建设试点，对保护中山河流域生物多样性和水流域生态起到积极而重要的作用。

（六）实施生态宜居工程

近年来，武平县以创建国家级生态县为目标，持续造林绿化，让生态更美，进一步提升“宜居武平”建设水平。坚持以保障和改善民生为落脚点，积极从人民群众最关心的事做起，努力让广大人民群众共享创建成果，着力提高人民群众的幸福指数。建设宜居城市，便民利民聚人心。武平按照“东西延伸、南北拓展”的城市发展战略，编制完善县城控制性详规和修建性详规，城区近期建设规划面积由 2005 年的 6 平方千米扩大至 11 平方千米，远景规划控制面积为 43 平方千米。坚持旧城改造和新区建设并举，高起点规划建设城市标志性工程和市政工程，围绕打造商贸物流、商务金融、人居、旅游休闲和新行政商务“五大板块”，加快建设武平大道、梁野大道“两条道路”，以及东门市场改建、梁野山旅游、汽车商贸城、万星影视城“四个城市综合体”。抓好“一街一景一树一草”建设，完成平川大道、政府路和沿河东路街景立面改造，完成育才路、七坊桥、河滨文化公园一期、垃圾中转站和公厕等 21 个市政基础工程，新增中凯国际、武平紫金两家四星级酒店。有效地带动了城市产业、城市功能、城市管理、城市环境和城市品位全面提升，闽粤赣边山水园林式生态型中心县域城市地位进一步确定。现在，许多人在早晨沿着碧绿的映碧湖慢跑两圈，再神清气爽地去青云山工业园上班。傍晚，一家人沿着焕然一新的河滨文化公园悠闲漫步，尽享天伦之乐……生活在武平的人深有感触："这几年，城市更美了，房子更大了，公园更靓了，小县城越来越有大城市的感觉了。"

1. 建设城市森林公园

武平县围绕创建全国县级文明城市和全国园林县城，在坚持有效保护的前提下，有序推进以创建全国绿化模范县、建设绿色城市等为主要内容的"环梁野山生态文明长廊"创建工作。武平县委、县政府号召全县人民以实际行动支持环境保护，建设幸福家园，全面加强森林资源保护，林木采伐指标逐年调减，全面禁止采伐天然阔叶林，加快了"全国绿化模范县"创建步伐，推进了生态武平建设。经过专题调研提出加大城区"三边三养"、商业住宅区的绿化力度，加快"一河两岸"东岸示范段滨河公园配套设施建设，进一步加强城区园林的建设和管理。

武平县中山河国家湿地公园是国家林业局 2015 年 12 月正式批准开展国家湿地公园试点建设项目。武平按照"生态优先，保护优先"的原则，以"两河、三库"水流域生态改善为目标，以中山河流域水生态修复和整治工程为核心，以千鹭湖风景区建设为龙头，积极开展规划设计、征地拆迁、工程招投标、动工建设等各项工作，对鱼塘征收、耕地流转、林权赎买、猪场拆除及入口服务区用地报批等工作制订了专项攻坚计划。千鹭湖风景区作为中山河国家湿地公园建设中的龙头项目，占地面积约 3060 亩，新建游客服务用房、景区管理房、科普馆、白鹭栖息森林改造及滨水环境营造等。该项目作为功能配套的旅游服务板块，是从"过境游"向"过夜游"转变，实现"景区游、城区留"的重点支撑项目，必须从打造 4A 级景区的目标着眼，按照全域旅游理念把项目规划好、设计好、建设好，让人与自然和谐共处的典范在这里得以展现，让武平这个宜居宜业宜旅的城市更加实至名归。

武平县大力推进梁野景区、湿地、城区出入口和公园、小广场、小绿地等生态绿化项目建设，加强对纳入城市园林绿地范围的绿地的建设改造，全面提升山地公园的服务功能和景观水平，推进城市生态绿地的快速发展。在武平综合性公园的碧水公园中，包括现状植被及沿河岸绿化提升，铺装路面改造及功能的完善，新增文化长廊、停车场等水边景观及功能，补植植物及山体土石裸露的处理，等等，园林施工种植香樟、紫花风铃木、秋枫等苗木，已经从单一的苗木种植发展到植物组合造景绿化，使人感到花卉艳丽且层次丰富，具有美感。现如今的武平主城区范围内各级别道路绿化水平，达到“有路就有树，有树亦有荫”的效果。确保城市道路绿化普及率、达标率分别达到95%和80%以上。

全面展开城区主题公园、湿地恢复、城市街区、主干道、社区和单位庭院、小区绿化、小游园、特色景致带等的绿色城市工程，完善的城市绿化、便捷的活动场所，极大地改变了市民的生活环境和休闲方式，提高了市民的生活品质。园林城市的创建不仅给市民创造了一个更为舒适、美好的生活环境，也使得这座城市的市容市貌、生态环境都得到了很大改善。另外，以乡镇主题公园、集镇绿化、村庄绿化、家园清洁行动、农村保洁员队伍建设为内容的绿色村镇工程，正结合新农村和小城镇建设，以“创绿色家园、建富裕新村”活动为载体，推进村镇绿化，有效改善村镇人居环境和村镇容貌。

目前，武平县已形成了城外以国家级自然保护区梁野山、西山风景区为天然绿色屏障，周边以城南碧水公园、城西马头山公园、城北鼓山公园三足鼎立之势的绿园；城内以平川河及西门溪两大水系为核心，具有山水园林特色的生态型城市绿地系统……抬头见绿，出门有花，城在绿中，路在林中，楼在园中，人在景中。

2. 推进绿色交通建设

目前，武平正在加快推进绿色交通建设。一方面，随着武平高速建成通车，距厦门国际机场3小时车程、连城机场1.2小时车程，武平县城高速出口绿化提升工程等改善城乡人居环境品质的基础设施项目陆续竣工，进一步美化武平城乡景观面貌；另一方面，环城快速通道建设改变了城区国、省道干线过境公路街道化、集市化现象的不足，乡村道路建设使“过去泥土路，雨天一身泥”现象发生了翻天覆地的变化，乡村的空地被改造成景观，泥路全部硬化，乡村向人们展现出房屋整齐、村道整洁，基础设施焕然一新的美丽乡村图景。武平完善交通基础设施建设在提高城区道路通行能力的同时，把城区、园区、景区快速地连成一块，推进城区扩容提质，提升武平城市品位，实现城乡融合和产城融合，有力地促进武平宜居宜业宜旅城市建设。

3. 综合整治环境保障宜居环境

武平县坚持“高起点规划、高标准建设、高效能管理、高效率营运”，坚持城乡统筹规划，不断完善环保基础设施，推动农村环境综合整治提档升级，提升流域水环境质量，着力改善生态环境质量，推进宜居环境建设。县委、县政府统筹城乡发展，把新型城镇化与农村发展有机结合起来，着力构建以人为核心，以中心县城为依托，重点中心镇与一般建制镇、乡集镇相协调，产业与城镇融合发展的新型城镇化布局。全力推进中心县城“一带、两轴、七组团”开发建设，打造特色鲜明的县域城市。以特色乡镇创建工程和市小城镇综合改革建设试点为抓手，推动优势突出、功能互补的小城镇集群建设。持续推进美丽乡村建设，进一步加强农村环境综合整治，武平乡村生态优美、环境宜人，建设美丽乡村。武平县提出“加快发展是惠民生促和谐的发展”，让农民群众有更多实实在在的获得感、幸福感。

（1）加快农村环境综合整治。当前农村地区人居环境突出问题是污水污染和垃圾的“脏乱差”问题。因此，县委、县政府以治理农村“脏、乱、差”为突破口，以整治养殖业污染为重点，整治行动。

一是农村生活垃圾治理。垃圾治理的主要任务是建立健全符合农村实际、方式多样的生活垃圾收运处置体系，推进垃圾就地分类和资源化利用，着力解决农村垃圾乱扔乱放的问题。2016～2017 年武平县 17 个乡镇均建成压缩式垃圾转运站，新增垃圾转运能力 120 吨/天，实现了垃圾“户分类—村收集—镇转运—县处理”的处理模式，全县生活垃圾得到无害化处理；各行政村均建成垃圾转运池，村居内根据垃圾投放距离合理配置垃圾桶，农村垃圾随地丢放倾倒现象得到很大的改变，绝大部分村实现了垃圾不落地；

行政村实现每500人配1名保洁员，乡镇政府驻地所在村均另聘增加保洁员，加强保洁力量。目前武平县构建村庄卫生保洁长效机制，制定环境卫生清理整治统一标准，规范群众环卫行为，按照属地管理的原则，建立环境保洁工作长效机制。这些举措稳步有序推进农村人居环境突出问题治理，农村人居环境建设取得显著成效，让农村的山更绿、水更清、天更蓝。

二是村容村貌提档升级。为开展农村环境综合整治，深入推进美丽乡村建设，武平县以推动县域经济发展、结构转型，改善农村人居环境、建设宜居特色示范村为目标，以“美丽武平，宜居乡村”活动为平台载体，巩固清洁乡村、生态乡村建设成效。村容村貌提升的主要任务是以通村组道路、入户道路为重点，基本解决农村通行不便、道路泥泞的问题，同时推进公共空间和房前屋后环境整治，加强传统村落和历史文化名村名镇保护。以环境卫生整治活动为契机，多方筹措资金，结合乡村实际，全面开展植树绿化美化活动。结合实际自主选择适合本地种植的树种苗木，引导群众自主种植，形成全乡动员、全民参与、增“绿”更添“彩”的强大合力。在公路两侧及各村庄真正形成了“点成景、路成荫、林成带”的新格局。

三是多举措打造宜居环境。以“整洁美丽，和谐宜居”新农村建设为抓手，组织开展农村拆除“空心房、危旧房、违章房”工作。对处于废弃闲置、破烂不堪、具有安全隐患、建新未拆旧、未遵守“一户一宅”规定等性质的“空心房”；不符合“一户一宅”政策的危旧土坯房、地处低洼易涝地带、房屋结构陈旧、存在安全隐患及妨碍村庄主要交通、有碍观瞻等性质的“危旧房”；非法占地、乱搭乱建、杂乱无序、超高超大、建新占老、一户多宅等违法违规建设的“违章房”；等等，予以彻底拆除。拆除“三房”后的空地以群众受益为出发点，根据规范有序、村容整洁、和谐宜居的要求，按照村庄建设规划进行开发利用或复绿改造，解决土地开发前资源浪费问题，提升乡村生态环境，改善人居环境。

（2）污水处理工程建设。武平县自2013年开始实施了十方镇、象洞镇、湘店乡农村环境连片整治，农村污水处理设施不断完善，完成集镇1000吨/天生活污水收集处理系统建设，基本实现沾阳、联坊、东寨、新岗、富岭五个村生活污水的收集处理，洋贝村小型分散式污水处理设施已投入使用，光彩村生活污水垃圾收集处理系统已具备通水条件。武平县财政不断加大投入，持续开展象洞溪流域、岩前溪流域水环境整治，通过养殖业污染治理及村庄污水治理。污水治理的主要任务是持续推进农村“厕所革命”，开展卫生厕所建设改造和粪污治理，普及不同水平的卫生厕所，因地制宜梯次推进农村生活污水治理，着力解决农村污水横流、水体黑臭等问题，从源头上进行生活污水预处理。

（3）水源水质安全保障工程。

武平县围绕打造宜居宜业宜旅的生态方针，恢复河流生态环境，改造河道，重塑健康自然的弯曲河岸线，深潭浅滩和泛洪漫滩，营造生物生境，在福建省《关于开展万里安全生态水系建设实施意见》的指导下，2016 年 11 月 16 日，武平第一个安全生态水系建设项目——平川河安全生态水系（云礤段）项目正式开工，该项目围绕武平打造全域旅游示范县及环梁野山城乡一体协调发展试验区的目标，选择靠近县城城区的平川河云礤溪干流上的 10 千米范围实施，标志着武平县水利建设从以往“冷硬”的“工程治水”模式到“柔和、多彩”的“生态治水”理念的转变。

一是强化县城饮用水源地保护。划定捷文水库饮用水源保护区，并通过省政府批准。把饮用水源涵养区域的林地依法划定为生态公益林，加强阔叶林保护；禁止在水源涵养区内开采任何矿种；继续执行好饮用水源地环境月巡查、水质月监测制度，及时掌握水质变化情况；抓好库区水环境保护、水厂水质监测、自来水末梢水的监测，强化饮用水从水源水质到末梢水质的全过程管控，确保居民喝上“放心水”“安全水”。

二是规范农村水源地保护。落实农村饮水安全工程建设、水源地保护、水质监测“三同时”制度，加快划定农村集中式饮用水水源保护区或保护范围。开展农村饮用水水源规范化建设，推进农村集中式饮用水水源保护区设立隔离防护设施和边界标志。2016 年，完成供水人口 1000 人以上的农村集中式饮用水水源保护区划定，2020 年底前，基本完成供水人口 200 ~ 1000 人的农村饮用水水源保护范围的划定。

三是加强农村水源地整治。推进农村区域集中供水，加快饮水安全工程的改造，强化水源设施管理。大禾乡通过“一河两岸”、蓝湾休闲公园、农民公园的建设，努力创造一个宜居和谐的乡镇。加快公用配套、功能提升、供水网改造、雨污管网改造延伸等工程建设，切实营造良好的人居环境，吸引周边人流、物流、资金流的聚集做活边贸经济。

武平安全生态水系项目建设一改以往钢筋混凝土的单一“工程治水”模式，向“生态治水”的思维转变，以“专业力量和精细管理”全力以赴在该段河道内实施生态护岸、河道清淤、亲水步道、榕荫广场公园、沿岸绿化等项目，为实现“河畅、水清、岸绿、安全、生态”的建设目标，为实现河流“更生态、更有灵魂”而努力。在此安全生态水系项目建设基础上，武平水投公司还在县水利局的指导下，稳妥有序地推进武平县安全生态水系建设，与美丽乡村、美丽镇区、宜居环境建设相结合，将人口集中、基础较好、积极性高的乡镇河道列入安全生态水系建设范围，目前全县各村水环境质量有了质的提升。不久的将来，武平县将构建一幅人水和谐、滨水宜居的安全生态水系图，还武平人民一个有生命的河流、有生机的流域、有野趣的童年和有美好回忆的武平。

4. 强化环境监管能力

武平县为了把生态优势、文化优势、边界优势转化为发展优势，不断完善构建“源头严防、过程严控、后果严惩”的生态文明制度体系，加强环境执法和制度落实。

（1）严格生态红线管控制度。武平严格落实生态红线管控制度，一级红线管控区实行严格管理，禁止不符合管理要求的开发建设活动；二级管控区内严禁损害主导生态功能和不符合生态保护方向的建设活动，落实开发建设项目环境准入管理制度。充分考虑水资源、水环境承载能力，以水定城、以水定地、以水定人、以水定产。在水环境质量不满足功能区要求、无环境容量的流域内，禁止新建增加相应污染物排放的项目。

（2）提升环境监测监管能力。武平持续强化水流域生态监管。一是严格执行“四禁止”要求。切实做到养殖业监管“四禁止”的要求，确保拆后零新（改、扩）建、零复养。二是严厉整治破坏水环境的违法行为。开展环保专项行动，坚决取缔非法洗砂、采砂点、污染型的小作坊企业等。三是做好“河长制”工作。严格落实河长制，采取切实可行措施，提高群众参与意识、主人翁意识。执行最严格的河道巡查制度，发挥好河长、河道警长、河道专管员、河道保洁员作用，加强溪流日常巡查、保洁、预警。根据武平县水流域调查情况，建立“一河一档”，制定“一河一策”，强化“精准治理”，实现“河长制，河长治”。加强水环境监测能力建设，实施环境质量自动监测设施项目，不断提升环境监管能力。2016 年完成全县小流域水质情况普查。2017 年底完成二座城区大气环境质量自动监测站，新建中山河流域和象洞溪出省断面水质自动监测站，实现对不达标水体的常态化监测监控。各乡（镇）根据水质变化情况制定水质达标方案，2017 年全面完成省、市下达的水质达标目标。强化应急监测能力建设，加强应急监测人员技术培训，配置现场采样监测设备和信息传输系统。开展环境安全应急演练，增强突发性环境安全事故的监测、预警和响应能力。

（3）强化环境监管综合执法。武平强化环境监管综合执法。严格执行《环境保护法》，强化小流域环境执法监管，综合运用环保、水利、国土、林业、公安等执法力量，完善综合执法手段，形成齐抓共管、协作配合的联合执法机制。严惩污染环境犯罪，整治小流域采砂、洗砂等水污染违法违规行为。建立水流域整治长效机制，农业部门停止向禁养区和可养区不达标生猪的养殖场发放耳标；金融部门取消向禁养区养殖户及违法违规饲料生产商、经销商新增贷款，原有贷款到期不得展期；镇、村两级履行流域水环境治理主体责任，全面开展整治工作，严控污染回潮。进一步强化执法力量和督查力量，开展综合执法，立案查处一批违法违规生猪养殖行为，并督查各乡镇推进预防控制新增污染，规范新建项目审批。加强重点工业污染源的监管排放工作，建立覆盖所有固定污染源的企业排放许可制，严格环境影响评价，建立生态环境损害责任终身追究制。

（4）强化落实环保网格化管理制度。建立市、县、乡、村四级网格化环保监管体系，实行网格集约化环保监管定区域、定人员、定职责、定任务、定奖惩“五定”机制，开展日常巡查等工作。网格责任人员对辖区内所有排污企业、生态环境、信访案件、污染纠纷、环境安全隐患、违法建设项目等定期进行巡查和监督，及时发现和制止环境违法行为，并向上级网格报告。

三　武平推进生态建设与环境保护的思考

不断深化对绿色发展引领乡村振兴重要意义的认识，自觉把实施乡村振兴战略同加强生态环境保护、建设生态文明统筹起来，增强广大农民群众的幸福感、获得感，在深化改革中走出一条“百姓富、生态美”的绿色发展新路。

（一）实施生态与富民并举

生态优美和生活富裕，是乡村振兴为了谁、为了什么而振兴的根本问题。推动乡村振兴的生态建设不仅要改善村容村貌，更重要的是把风景变成经济动力，让农村美起来、让农民富起来。农民富不富，是乡村振兴战略最终实施效果的最重要的评价指标之一，也是绿色发展的宗旨所在。既有绿水青山的“颜值”，又有“金山银山”的价值，就必须把生态资源转化为创富动能，围绕农民群众最关心最直接最现实的利益问题，积极推进发展产业、优化生态、传承乡风和强化治理等，把乡村建设成幸福美丽的生态家园。

生态家园建设是解决保护自然与可持续发展，实现人与自然和谐的有效途径。武平建设生态家园应该尊重自然、敬畏自然、感恩自然、顺应自然和保护自然，遵循生态、生产、生活“三生共赢”的原则，生态是基础，生产是关键，生活是目的，让良好的生态永葆乡村美丽，让美丽乡村建设在保护自然中得以振兴；乡村振兴不仅要在养老、医疗、教育等公共基础设施和公共服务方面努力向城市看齐，还要将环境公共服务向城市看齐，使城乡之间、不同区域之间逐步享有基本均等的权利。一方面改善乡村基础设施、建筑质量、性能以及所有景观设施的美感；另一方面也应该注意保留乡村的形态，最大限度地保持乡土田园风格，建设宜游宜旅持续发展的秀美乡村。只有将生态建设与经济发展相融合，才能拓宽农民增收渠道，提高农村民生保障水平，让农民有更多的获得感、幸福感。

（二）加快推进绿色发展

产业发展是乡村振兴的重要基础，是乡村政治、经济、文化、社会、生态文明建设的物质前提。绿色是乡村产业发展、基础设施建设的底色，必须把乡村生态优势转化为生态经济的发展优势，提供更多更好的绿色生态产品和服务，把生态美丽和经济富裕有机融合，让农民吃上“生态饭”，是依托生态文明实施乡村振兴战略的重要内容。武平有得天独厚的生态优势，要从最有条件、最有优势的领域着手，发展绿色富民产业，发展特色产业，做强优势产业，围绕实施乡村振兴战略和推进脱贫攻坚，深入推进林产品供给侧结构性改革，加大无公害、绿色、有机林产品的供给，突出区域优势与特色，加快发展生态林业、民生林业、现代林业，让“叶子、果子变票子”，助力林业精准扶贫。将林业发展与二、三产业发展相融合，大力发展生态工业加快推进产业生态化，大力发展生态农业和特色优质高效农业，以创建国家全域旅游示范为契机大力发展生态旅游业，打造生态旅游通道，增加农民收入。此外，运动、健康、养生产业也是特色乡村建设的适宜产业，发挥生态资源优势聚焦产业融合，努力实现高质量发展。

实施乡村振兴战略，必须把优美风光和产业发展结合起来。没有兴旺的产业，农民就业增收就保障不了，农村留人聚气也会很困难。当前许多农村人口资源要素持续外流，部分农村凋敝，主要原因就是产业没有发展起来，特别是非农产业发展不充分。高度关注农村“空心化”现象，必须研究绿色发展的成果由谁享有，谁将成为乡村振兴的主力军，广大农村地区的未来谁来引领，优秀的传统文化由谁传承等一系列问题。推进乡村振兴发展，不仅要有鸡犬相闻的田园风貌，更要有充满活力的乡村经济。武平的好山好水就是推动乡村振兴最大的依靠，必须厘清“保护与开发”的关系，依托山水资源禀赋的独特优势，依托区位优势、生态优势，想方设法吸引了一批能人、企业家回乡创业，特别是具备文化知识和技术专长的“能人”回乡，培育助力农村新业态发展的优质项目，鼓励把乡愁牵引回乡就业、创业的年轻人在产业发展中实现人生价值，真正把绿水青山变成金山银山。

（三）建设生态宜居美丽乡村

习近平总书记指出："要结合实施农村人居环境整治三年行动计划和乡村振兴战略，进一步推广浙江好的经验做法，建设好生态宜居的美丽乡村。"①。习近平总书记的指示对于武平开展生态宜居的美丽乡村建设具有重要意义。乡村振兴，生态宜居是关键，也是衡量乡村振兴的内在品质。"望得见山，看得见水，记得住乡愁"与乡村振兴战略的"生态宜居"内涵一致。党的十八大以来，"美丽乡村"建设逐渐成为"美丽中国"的重要内容。十九大报告提出乡村振兴战略，认为"加快推进农业农村现代化"是"美丽乡村"建设的提质和升级。实施乡村振兴战略，必须紧盯打造人与自然和谐共生发展新格局，深入开展城乡生态建设，把武平生态美起来、环境靓起来、为人民群众创造高品质生活作为乡村绿色发展的目标。加大农村生态环境建设力度，着力解决生态环境突出问题，大力开展农村人居环境综合整治行动，搞好洁化、绿化和美化工程，推进农村生活环境向绿色化发展，让生态成为武平最鲜明标志，建设成融入山清水秀、天蓝地绿、村美人和的美丽画卷。

案例

象洞镇流域水环境综合整治的成功经验

多年来，武平县生猪养殖业迅猛发展，养殖规模不断扩大，水生态环境受到严重的破坏，影响了农村环境质量。象洞镇的生猪养殖业曾经作为发展农村经济、增加农民收入的典型，到如今由于养殖生猪数量超过环境容量，养殖污染处理设施不齐全，污染物直排、乱排现象突出，导致象洞溪水质遭受严重污染，曾经以清澈美丽著称的象洞溪变黑变臭。省际交界断面羊角电站水质常年处于劣Ⅴ类，导致跨省流域污染严重，引起了国家环保部门和福

① 转引自《建设好生态宜居的美丽乡村》，《人民日报》2018 年 4 月 26 日，第 1 版。

建、广东两省各级领导的高度重视……以至于被环保部挂牌督办。武平县委、县政府立足实际，狠下决心，经过深思熟虑之后决定从象洞开始突围，整合力量、兵团作战，试点攻坚老顽疾，把象洞溪流域水环境综合整治当作一项重大民生工程，通过“拆、转、治、清、管”多种举措，使象洞溪流域7个村变成为“无猪村”，象洞溪流域提前三年达到Ⅲ类水质目标，完成象洞十年治污路上里程碑式任务，为全国各地生态治水提供经验。

一、象洞溪流域水环境综合整治的经验做法

2016年4月15日，武平召开生态环保攻坚战役暨象洞溪流域水环境综合整治百日会战行动誓师大会。4月25日，由260名党员干部组成的百日会战工作组奔赴象洞镇三大片区，拉开治理的帷幕。会战期间抽调人员与原单位脱钩，与象洞镇、村两级干部一起形成战役兵团力量，全力攻坚打响“翻身之战”“希望之战”。从9月1日开始，象洞正式进入“百日攻坚”阶段，通过“拆、转、治、清、管”等措施开展集中整治。“拆”字为先治源头，出台《武平县生猪养殖业污染治理五年工作方案》，将县域主要溪流两岸沿线500米范围内的猪舍列入禁养区，全力攻坚拆除任务；“转”字为本促转型，按照遴选扶持示范户、带动扩大产业规模、培育形成主导产业三步走的转产转型思路，分批进行转产扶持；“治”“清”同步全覆盖，引导社会资本建成并规范运行病死畜禽无害化处理厂，实现县域无害化处理全覆盖；实施象洞溪水环境综合整治，大力开展河道清淤行动、基本实现可养区规模养殖场清洁养殖达标排放，有效修复水环境生态系统；“管”字压阵防反弹，建立“乡（镇）党委书记亲自抓、镇长具体抓、干部包村包场”工作机制，健全生猪养殖复养巡查与治理机制、社会监督举报制度以及巡查沟通处置机制，着力整治新建、扩建、改建猪舍和反弹复养行为。

通过全县各级各部门148天的“百日会战”，共计关拆生猪养殖场（户）1165户猪舍面积37万平方米，象洞溪流域沿线7个村退出生猪养殖。同时，实施象洞溪河道清淤、清障治理工程，减少河道淤泥内源释放的污染物对地表水环境的影响，新建或者修复生态护岸减少水土流失，提高河道水体的透明度，遏制流域生态环境恶化趋势。象洞溪自2016年9月起即全面

消除了劣Ⅴ类水质，实现了水质大提升，象洞溪出省断面羊角电站水质均稳定在Ⅲ类及以上水质，达到了“两部两省”考核要求。2017年，为了确保重点小流域水质稳定达标，象洞组织镇、村干部再次开展“百日攻坚”行动，到2017年7月共关闭拆除猪舍283户14.2万平方米，提前完成全年任务。重点小流域象洞迳、光彩溪、曹地溪流域彻底消除了劣Ⅴ类水质。2017年7月份起光彩溪稳定在Ⅲ类及以上水质，曹地溪稳定在Ⅱ类水质，象洞迳稳定在Ⅲ类及以上水质。

象洞镇坚持把生态环境保护作为一项重要的民生工作来抓，以生猪养殖业污染综合整治为突破口，以构建和谐绿色新象洞为目标，加大环境突出问题整改工作力度，“百日会战”彰显着“整治+”的智慧，坚持“拆、转、治、清、管”综合发力的整治思路，控制了生猪养殖污染，实现粪污减量化、无害化、资源化，一举扫除生猪养殖业污染十年顽疾，全镇生态环保工作取得阶段性的成效。

二、全县养殖业污染治理取得显著成效

象洞治水的成功经验给武平人民极大的信心和底气。之后，武平县及时总结象洞溪流域水环境“百日会战”的成功经验，成立生猪养殖业污染治理综合整治“百日攻坚”指挥部，抽调100名优秀干部进驻一线，开展综合整治“百日攻坚”。学习借鉴象洞“百日会战”的经验做法，以“拆”为根本，集中拆除沿溪流、沿国道500米范围内的猪舍，大幅削减生猪存栏量，打造灵岩、大布、东峰、迳田、峰贵、双坊等无猪村；以“转”为推动，引导生猪养殖户从事其他种养业或到工业园区就业；以“治”为手段，严抓病死猪无害化处理，推动可养区规模养殖场进行升级改造、标准化建设，组织推广生态环保养殖模式；以“清”为措施，开展河道清淤、清障行动，基本实现清洁达标排放，有效提高河流水体的清澈度；以“管”为机制，加强日常巡查，强化监管，坚决堵住关闭、拆除后的“反弹”“复养”行为，严格落实生猪养殖业排污费征收，严控污染回潮。

干群一心，效果凸显。岩前镇强化组织领导，成立生猪养殖业污染综合整治工作领导小组，营造生猪养殖业污染整治的良好舆论氛围，以挂村工作组、村两委为主开展生猪养殖污染整治工作，对自愿关闭、拆除的猪舍给予发放补助，加强部门联动齐抓共管，确保实现生猪养殖业减量提质、河流交接断面水质稳步好转、早日实现“宜居岩前”、争创省级生态县四大目标。中堡镇开展生猪养殖业污染整治，打造了中堡河水源地大绩村“无猪村”、中堡河流域两岸500米“无猪带”。永平镇拆除关闭猪舍面积1.12万平方米，削减生猪存栏7473头，有效推进养殖业污染治理，“山之厚重、水之灵动、绿之生机”的永平镇目前成了“宜居、宜业、宜游”的城郊后花园。

武平县及时调整优化养殖业布局，生猪出栏力争控制在70万头，多方联动着力建设长效机制防范污染回潮。2016～2017年底完成全县生猪养殖业“二区”的重新划定调整工作，禁养区、控制区划定细化到村，两年间完成控制区内规模化畜禽养殖场（小区）314户升级改造，生猪养殖业污染综合治理取得显著成效。建立网格化动态巡查机制，严防畜禽养殖向支流源头蔓延。在武平，“蝶变”两字最能形容水环境治理的成效，“重生”两字最能反映百姓的心情，武平目前全县17个乡镇有15个达到Ⅲ类水标准，老百姓说：“以前走近溪流都得捂着鼻子，现在水清了，还能看到鱼了”。

图5－4　如今的象洞溪

资料来源：钟茂富摄。

三、稳步推进生猪退养户转产转型

在生猪养殖业污染整治成效显著的同时，县委、县政府坚持“治污关键是拆除、拆除目的是转产”，为确保生猪退养户收入不减少、生活不倒退，采取有力措施帮助生猪退养户寻找转产致富新路子。一是制定多种扶持政策。出台《武平县人民政府关于印发〈象洞镇新岗村（无猪村）生猪养殖场（户）转产扶持办法〉的通知》、《武平县人民政府办公室关于印发〈象洞镇生猪养殖业污染治理转产示范镇扶持政策（试行）〉的通知》以及小额担保信贷贴息扶持政策等，除了对拆除猪舍给予经济补偿外，从政策上支持和鼓励生猪退养户发展生态型转产项目，对符合生态要求的转产项目给予贴息扶持。二是开展多样转产培训。农业局专家团队对有意向的转产户进行食用菌种植技术培训、县级百香果栽培技术培训、镇政府组织部分退养户代表外出考察现代农业大棚蔬菜种植等，帮助退养户广开转产思路、提高种养能力、拓宽转产空间。三是成立专门领导小组。镇级成立转产转业领导小组，负责向县转产转业组申报并提供技术指导。截至 2017 年，已完成转产转业申报的规模种养户共 112 户，其中已通过县验收组验收 47 户，下拨资金 244.7 万元，全县 80% 以上生猪养猪户成功实现转产转型。

目前一批具有示范带动作用的示范户粗具规模，转产转型生态经济效益初显。如以生态种养为主的众福生态家庭农场，种植百香果近百亩，绿色蔬菜 25 亩，养殖象洞鸡 400 只，产值达 150 万元；象洞鸡繁育基地福建红辉农牧有限公司，可年供应象洞鸡苗 100 万只，年出栏成品象洞鸡 5 万只左右，建有观光种植园 20 多亩，种植橘子、葡萄、罗汉松等高附加值树种；洋贝、官坑、联坊果蔬大棚 200 余亩，年产可达 600 万元；仙峰脐橙合作社种植脐橙 150 亩，年产值达 400 万元；洋贝村顺风蔬菜专业合作社 500 亩大棚椒类果蔬基地，采用“市场 + 合作社 + 基地”的模式发展，引进种植新品种辣椒、彩椒、甜椒、黄皮椒、线椒等果蔬，年产值可达 350 万元。象洞镇已经形成百香果、象洞鸡为主的支柱产业，形成特色生态农业产业。

2016 年 3 月财政部、环保部在龙岩市联合召开部分省份流域上下游横向生态补偿机制建设工作推进会，闽、粤两省签署了汀江—韩江流域水环境补偿协议。该跨省生态补偿协议创新采用双指标考核，既考核污染物浓度，又考核水质达标率，同时实行“双向补偿”原则，探索流域水环境综合治理新路径，为全国各地生态治水提供了经验。

四、探索开展流域环境综合治理新路径

一是开展流域环境整治。对象洞溪沿线污染源进行全面排查，按照短期与长期相结合的原则，逐步实施污染源清理，已开展象洞溪沿线七个村美丽乡村建设家园及清洁行动；完成主流域象洞溪25千米象洞溪河道生态清淤；完成集镇1000吨/天生活污水收集处理系统建设，基本实现沾阳、联坊、东寨、新岗、富岭五个村生活污水的收集处理；洋贝村小型分散式污水处理设施已投入使用，光彩生活污水垃圾收集处理系统已具备通水条件；集镇压缩式垃圾转运站开始运行，全镇共配备垃圾清运车、洒水车、扫地车、压缩式垃圾车和垃圾压缩对接车各一部，村用三轮摩托清运车11辆，垃圾日转运量可达6吨，实现生活垃圾日产日清，实现了“户分类—村收集—镇转运—县处理”的垃圾处理机制模式。

二是着力生态环境修复提升工程。生态环境修复工程包括完成象洞溪生态湿地公园建设，完成象洞镇集镇立面改造，开展集镇雨污分流及路面改造工程项目建设，实施象洞溪安全生态水系建设项目，推进象洞溪河道生态保护与修复工程、大磜水库、武平中小河流域治理工程等，全力打造象洞新形象。

三是强化水流域生态监管。主要采取项监管措施：第一，严格执行“四禁止”要求，切实抓好“禁养区内禁止复建复养、禁止新建、禁止改扩建和可养区内禁止未审批超环境容量新建扩建猪舍（猪场）”工作，做到养殖业监管“四禁止”的要求，确保拆后零新（改、扩）建，零复养；第二，严厉整治破坏水环境的违法行为，开展环保专项行动，坚决取缔非法洗砂、采砂点、污染型的小作坊企业等；第三，严格落实“河长制”，采取切实可行措施，执行最严格的河道巡查制度，发挥好河段长、河道警长、河道专管员、河道保洁员作用，提高群众参与意识、主人翁意识，加强溪流日常保洁、巡查和预警。根据象洞溪流城调查情况，建立“一河一档”，制定“一河一策”，强化“精准治理”，实现“河长制、河长治”。

总之，流域水环境综合整治工作开展以来，象洞镇慢慢向天蓝、地绿、水净的生态家园迈进，这也是象洞人民最强烈的期待。武平县委、县政府把学习贯彻党的十九大精神转化为绿色发展的具体行动，把绿色意识转化到思想理念上，贯穿到实践要求上，体现到工作路径上，落实到具体实践中，持续探索“生态＋”模式，不断延展“生态＋”效益，注重生态保护、生态修复、生态提升，切实把“绿水青山”转化为“金山银山”。

参考文献

王仰华、石芳等：《武平：继往开来　砥砺前行　建设宜居宜业宜旅的生态文明城市》，《闽西日报》2016 年 7 月 22 日。

《武平县国民经济和社会发展第十三个五年规划纲要》，2017 年 3 月 7 日。

钟茂福、王发祥：《从贫困县到“十佳县”——武平县经济社会发展五年综述》，《闽西日报》2017 年 10 月 8 日。

刘坤、李慧：《如何建设美丽宜居乡村——国家发展改革委负责人就〈农村人居环境整治三年行动方案〉答记者问》，《光明日报》2018 年 2 月 6 日。

钟晓芳、林度飞等：《武平县梁野山将创国家 5A 旅游景区》，福建武平网，2018 年 5 月 4 日。

第六章

弘扬乡村文明：武平文化传承与繁荣

武平林改精神源自千百年来武平对优秀传统文化的厚积与传承。武平的林改精神又助推了武平的社会经济各方面发展，包括文化的繁荣和发展。本章将从文化传承与文化繁荣两个方面回顾武平弘扬乡村文明的实践探索。

一　弘扬乡村文明对乡村振兴的重要意义

党的十九大报告提出乡村振兴战略，就要求我们必须重新解读乡村，保护乡村文化，复兴乡村文明。弘扬乡村文明，创造性转化和创造性发展乡村文明成果，无论是对社会主义新农村建设还是对乡村振兴战略，乃至对全面实现小康社会以及最终实现中华民族的伟大复兴，都有着特别意义。

（一）乡村文明是乡村建设的不变主题

乡村文明深刻反映、充分表达着村镇（社区）人群共同的价值需要、价值理念和价值规范，表达着国家意识形态和民族历史变迁的文化体系，承载着人类文化信息。

从文化层次角度看，乡村文明作为文化子系统，也可被分为物质、精神、制度三个层次。乡村物质文明是可视的表层，包括生产力和财富积累、生活居住条件、基础设施、资源环境等内容；乡村精神文明是内核，包括思想道德、文化教育、乡风民俗等内容；乡村制度文明层次介于物质和精神之间，包括原则规范、关系准则、治理机制、乡规民约、礼节仪式等内容，具有重要的规范、调节和维护作用。

从文明主体的角度看，乡村文明包括个体文明、家庭文明、社区文明等三个层次。个体文明是指村民的思想道德和科技文化素质；家庭文明主要指家庭的家风家训、生活质量、和睦和谐、文化素质、道德友善等方面的状况；社区文明则是村庄共同体在基础设施、公共秩序、安全卫生、人际关系、村容村貌、环境整治等方面的状态。三者相互依存和支持，共同组成了乡村文明的主体系统。

乡村文明还可以从文明活动的角度分为生活文明、生产文明和生态文明三个层面；从文明领域角度分为经济文明、政治文明、社会文明等。我们对武平的乡村文明，主要是从文化层次和文明主体两个角度进行考察与思考。

工业化时代，基于现代机械哲学世界观，出现了对农民的蔑视态度、对传统的虚无主义立场和对西方文明的盲目崇拜，导致了乡村文明的凋敝和现代文明的无根性。中华民族复兴希望追赶上西方，但中华民族复兴更需要有根的现代化，需要乡愁，需要有我们自己的精神家园。古往今来，中华民族历经劫难走向振兴的重要支撑，是中国的特殊农耕文化与乡村文明。虽然经济社会文化在不断发展，环境在不断变化，但蕴含中华民族之根的乡村文明的弘扬却是不变的主题。乡村文明不断“建构—解构—重构”，在破立中扬弃、提升、沉淀。

（二）乡村文明是乡村振兴的内在保障

首先，无论自然还是人文的文化资源都是乡村振兴的重要禀赋。只有坚持本土文化传承与创新，提供丰富多彩的乡村文化产品，补齐乡村文化产品供给的短板，提升乡村公共文化服务水平，才能打破乡村振兴的千篇一律，产生自己的核心竞争力，形成特色鲜明的魅力乡村。而乡村振兴战略在自然资源、生态环境和社会人文等方面的短板，又需要乡村文明提供依托、支撑和补救。

其次，乡村文明关系到整个农村发展的精神风貌，是乡村振兴之“魂”。乡村文明是人的劳动和智慧的凝结与转化生成的，具有生产、生态、生活、文化和教化价值。乡村文明的内在价值既是自身历史积累与进化的呈现，又在很大程度上来源于现实社会系统的积极支持和内化的成果。乡村文明的历史越悠久、成果积累越雄厚，社会环境支持条件越优越，则其价值就越深厚，所能发挥的作用就越强大。

再次，实施乡村振兴战略，关键要抓住“人、地、钱”三个环节，而人是第一要素。可以说，乡村振兴首先是人才的振兴。2018 年中央一号文件中提到了“六个有”，奠定了新时代振兴乡村的深厚基础，坚定了信心，其中之一就是“有亿万农民的创造精神”。建设美丽乡村要发展产业经济，加大基础设施建设，优化公共服务，但这一切都取决于人的观念和人力资源支撑。习近平总书记在《摆脱贫困》中提出，地区发展最重要的是“摆脱思想贫困”。打造乡村人才队伍，是实现乡村振兴乘数效应的重要路径。而人的观念更新、素质提升、认知结构优化又有赖于文明的提升。可见，弘扬乡村文明既是乡村振兴的重要内容，也是乡村振兴的基础。

（三）乡村文明是乡村振兴的有力抓手

首先，当前乡村振兴面临严峻和复杂的挑战，本质必然地要求乡村文明复兴，从文化入手，避免治标不治本。2018 年中央一号文件提出四项具体任务：加强农村思想道德建设；传承发展提升农村优秀传统文化；加强农村公共文化建设和开展移风易俗行动。乡村文明中，今天的文化是生态文明时代天人合一价值观之根本，古村落活化保护是面向未来的根脉，耕读文化是修身养性之途径，孝道文化是道德教化之核心，民俗文化是现代与未来艺术创新的灵感，手工艺是现代文化创意之源泉。

其次，乡村振兴以实现乡村治理有效性为目标，健全自治、法治、德治相结合的乡村治理体系。中国乡村是熟人社会，社会长期存在良绅自治，其良好的治理都是以维护文明为切入点。法治是刚性手段，实现之，提升村民的法治意识与素养是关键。德治是以伦理道德规范为准则，是社会舆论与自觉修养相结合的“软治理”。民俗民风、村规民约蕴含的道德规范，引导村民自我管理、自我教育、自我服务、自我提高，实现乡村德治。可见，这“三治”都离不开乡村文明的建设。

再次，告老还乡是中国乡村传统，在中国人心灵深处天然地亲近乡土。新时代，乡村振兴需要吸引社会各类人才以各种方式参与到这一伟大事业中来，包括有情怀、有知识、有财力的乡贤。深入持续地推动乡村文明创建行动，形成文明乡风、良好家风、淳朴民风，优化生产与生活的生态，是乡村人才集聚的内在吸引力。

当前弘扬乡村文明，必须把握乡村文明发展规律和未来趋势，在切合村民利益需要和理想愿景的基础上，对乡村文明建设的指导思想、战略构想、规划制定、目标任务、原则标准、方式方法、质量要求等进行顶层设计，既要提取优秀传统乡村文化的价值，又要形成现代与传统的对话，构建新时代中国特色的新型乡村文明。

二　武平弘扬乡村文明的实践

（一）文化深厚铸林改精神内核

武平是闽粤赣边客家大本营的重要组成部分。千年武平，历史文化底蕴深厚，其前世今生，交织着贫瘠与富饶、文明与愚昧、战争与和平、出世与退隐、坚守与前行、传统与突破。交织之间，优秀的传统文化一脉相承，不断积淀升华武平人民最深沉的精神追求，丰厚滋养着武平人民坚定的文化自信。体现软实力、支撑力的文化自信，坚定了武平人开创“全国林改第一县”的决心，铸就了敢为人先、接力奋斗的“武平林改精神”内核。

1. 敢为人先秉承了武平人的革命传统

日本著名学者藤野彰在《客家与中国革命》一书中，充分肯定和高度评价了客家人的革命精神。他说：“客家是中国最优秀的民系，他们原有一种自信与自傲之气质，使其能自北方胡骑之下，迁到南方。”“翻开数百年之中国历史，没有一次政治变动，是与客家人无关的。其中最显著的例子，当推洪秀全所领导的太平天国革命，几乎全部参加革命的将领，都是客家人。其次是孙中山先生领导的革命，除了其本人乃为客家的后裔以外，其他主要助手亦有许多是客家人。可以说，客家的精神，是中国的革命精神。”“没有客家，便没有中国革命。”①

武平，全县域为客家人，更是把“自信与自傲之气质”发挥在敢为人先的革命精神上。从古时先民逢山开路、遇水搭桥的南迁拓土，到中国革命的前赴后继不断涌现出具有敢为人先精神的杰出代表。宋末名臣、民族英雄文天祥曾在闽粤赣边组织“土客联队”起兵抗元，客家男女“男执干戈女甲裳，八千子弟走勤王”，成为抗击元军的最后主力，名留青史；清末戊戌六君子之一的刘光第，祖籍武平，为了变法，为了正气，甘愿抛头颅洒热血；第二次国内革命战争时期，民主乡高书村是红四军入闽创建中央革命根据地第一站，毛泽东、朱德、陈毅等老一辈无产阶级革命家率领红四军三次进入武平，在这里开创了红色革命根据地，开展了建党、建军、建政的道路探索，进行了轰轰烈烈的土地革命战争。至今梁山书院等多处革命旧址，仍可见红军标语，留下了从事伟大革命实践的深深印记，被誉为红旗不倒之乡。2006 年中共党史出版社出版的《一位老红军的长征日记》是武平籍开国少将林伟在长征路上写的日记。当年还有许许多多像林伟少将一样的武平优秀青年，走出武平，去寻求真理和光明。据不完全统计，全县有 1067 名革命先烈为了民族的解放、新中国的建立和发展英勇献身，锤炼出了共和国空军之父刘亚楼上将、文坛宿将林默涵，以及共和国开国将军林伟、罗斌、蓝文兆、廖步云少将等革命前辈。

千百年来，武平人民始终秉承了敢于战天斗地、敢于跟险恶环境做斗争的勇气，正是靠这种敢于自我革命、不甘沉沦的精神和勇气，武平县人民开始了林权体制改革的探索与实践，取得了“全国林改第一县”的成功。

---

① 藤野彰：《客家と中国革命》，東方書店，2010 年。

2. 接力奋斗继承了武平人的执着追求

客家人的历史是一部迁徙史，更是一部接力奋斗的光辉历史，浸透着客家人的辛酸血泪和执着追求。据考证，早在公元前6000年前后新石器时期，就有人类在武平这块土地上繁衍生息。战国时为越人所居，西汉高祖十二年（前195年），立南武侯织为南海王，辖领汀、潮和赣。汉文帝和汉武帝时，南海人多次反王，闽越人多数被迫外迁长江、淮河一带，少数土著人遁居山谷，现在的武平人多数是中原南迁的汉人。他们的祖先于西晋末年永嘉之乱，唐王仙芝、黄巢起义和元军南下时，从黄河中下游陆续南迁。在这过程中，客家人历尽迁徙和立业的艰难。在客家人来到之前，赣闽粤三角地带几乎是人烟稀少、野兽出没的原始森林，居住着百越、畲族、瑶族等当地民族。这些少数民族文化落后，处于刀耕火种的蛮荒时代，生产力水平极其低下。迁入此地的客家人，从中原地区带来农作物的种子、先进的农耕技术和建筑技术。他们伐木垦荒，筑坝造田，把一个个小盆地或低缓的坡地开垦成片片井田或层层梯田，并修渠筑陂、引水灌田，在艰难困苦环境中世世代代接力奋斗，使寂静的群山阡陌纵横，如诗如画，给这片荒僻而神奇的土地带来了蓬勃的生机。客家人逢山开路，遇水搭桥，一个个村寨有了盘山小径或通衢大道相通。昔日荒凉闭塞的山野，变得人声喧闹，鸡犬相闻，生产力水平得到了很大的提高，一些人口集中的较大村寨也形成了集贸市场。就这样，客家人通过代代相传、接力奋斗的执着，把热闹带进了千沟万壑，把繁荣带进了穷乡僻壤，把文明带进了荒峦山野，最后形成独特而优秀的客家民系。

武平任何一项改革都不可能一蹴而就，改革的过程充满挑战、跌宕起伏。林改十七年就是接力奋斗的十七年，武平人始终发扬客家人接力奋斗的执着精神，以愚公移山、水滴石穿的韧劲儿，团结一心，久久为功，战胜了改革路上的风风雨雨、坎坎坷坷，取得了今天的成功。

3. 坚韧不拔传承了武平人的坚毅意志

客家先民在历史上空前的民族大迁徙中，历尽无数次的磨难，淬炼出坚韧刚毅的意志，并以其独特的生存方式与顽强的生命力，创造了自己独特的文化传统。客家文化既继承了古代正统汉族文化，又融合了南方土著文化，有古汉文化活化石之誉。

武平县永平镇的帽村溪旁，坐落着风景如画的中湍村。这是一个距县城30余千米，人口近千人、讲客家话、蓝姓为主的富有浓郁客家特色的文化村。这里独特的民俗文化“上刀山过火海、走锥床、掌心放鞭炮、香火烧皮肉”等是省级非物质文化遗产项目，被称为神奇的演绎与遗存。这系列民俗始于清朝咸丰年间，当时武平县有36座孝经馆。中湍孝经馆为忠新馆，其主持是一位智者，学得这些绝技，并一代代传承下来。如今，村里每逢虎年、猴年、蛇年、猪年的醮会日（农历十月十五日）都会表演，具有“历史清楚、脉络有序、风格独特、自成体系”的文化特色。这些表演难度大、技巧性强且极具危险性的民俗绝技一直在传承，形成独特的文化魅力，磨砺着武平人不畏艰难、敢于进取、坚韧不拔、矢志不渝的坚毅意志。

在家族传继兴旺中，在习俗相传发展中，武平人传承了坚韧不拔的艰苦创业精神。正是这种精神，给了林改精神支撑，武平人千方百计地去谋取幸福生活，排除万难地去争取美好发展。

4. 团结友善接承了武平人的包容美德

客家人有句老话：“宁卖祖宗田，不卖祖宗言”，表达了客家人在长期生活中崇拜祖先和坚守精神家园的信念与意志。这客家先人不愿丢弃的“祖宗言”便是客家人的家训家风，“孝友成家为善政；诗书启后是良图”；“勤与俭持家上策；忍而和处世良谋”；“读圣贤书立修齐志；行仁义事存忠孝心”。武平县几乎所有的姓氏、村落、族堂都有祖训、家训、家规等祖制。现在，在老建筑中，依然可见许多家族以楹联的形式镌刻家训，作为门联张贴或是悬挂在厅堂正中，教育族中子弟。家风是家族世代积累、繁衍生息过程中形成的较为稳定的生活作风、传统习惯和道德面貌。家训和族规是展示家风的载体，它像是一件上好的古董，历经一代又一代人的呵护与打磨，在漫长的时光中，悄无声息地积淀，裹上一层层幽邃的包浆，温润如玉。它渗入家族每一个后代的骨血中，成为家族成员之间的精神纽带，更成为每个家庭乃至家族中最宝贵的一笔财富。

“义”是客家家训中一个重要的部分，帮扶、救助、顾全大局的道德准则对世代武平人影响深远。“宗族邻里，务宜和睦，出入相友，守望相助，疾病相扶，患难相顾，富莫欺贫，强莫凌弱，公事公言，王道易易”这是吕氏族约八条中的第三条“睦族邻”；张氏规训有一句“敦和睦言，捍忠御灾，协力同心”；林氏家训家规21字“敬尊长、正心术、端人品、勤读书、交朋友、尊师长、笃勤俭”等，客家先民正是恪守着“义”的精神，像石榴籽一样紧紧团结在一起，互相帮衬。客家人性格质直，习气忠烈刚毅，膺服正理，家庭之间出现的矛盾、邻里之间遇到的纠纷，村中德高望重的老者都会出来主持公正，“义”字当头，以和为贵，顾全大局。

客家人历经磨难，团结是生存发展的必然选择。林改是利益的调整和再分配，在利益面前，武平人再次发扬了团结友善的包容美德。这是“全国林改第一县”成功的又一秘籍。

（二）文明创建成全国文明城市

千年文化给予武平人文化自信的底气，也赋予了武平人文化传承的责任。林改创举激发了武平人家园建设的热情，也激活了武平人对生态文明的向往。传承优秀传统文化、建设生态文明家园，人是第一要素。倘若思想贫困、精神涣散、理念落后，传承与建设就都成为一句空话。武平县委、县政府深明其理，高瞻远瞩，战略布局，以与百姓息息相关、目标清晰、指标完整、任务明确的全国文明县城、全国文明城市创建为抓手，十二年咬定青山不放松，步步推进，终于迎来“全县遍开文明之花，全民共行文明之举”的壮丽局面。

1. 林改精神奠定创建文明城市基础

武平是“全国林改第一县”。林改不仅促进了县城经济、保住了青山绿水，而且凝成了“林改精神”。这一源于传承、成于实践的“林改精神”，反哺武平人，成为武平发展经济与文明的内在支撑。

武平是革命老区、中央苏区，在这片承载光荣与辉煌、浸染无数烈士鲜血的红土地上，因为自然环境差、基础设施落后、劳动力素质低等种种原因，在进入 21 世纪之际，仍是福建 23 个扶贫开发重点县之一。要创建文明城市就要大量投入，财力不济怎么办？“闹革命走前头，搞生产争上游”，素有光荣传统的武平人民，不等不靠，不断凝聚发展力量，在实践中逐渐形成了“革命老区要更加注重精神文明建设，更加需要凝聚干部精气神”的文明创建思路。

有了思路便行动，有条件要上，没有条件创造条件也要上。武平人迸发出不甘人后奋起直追、直面挑战义无反顾、迎难而上执着坚韧、敢闯敢试披荆斩棘的精气神，站在历史和岁月翻卷的潮头，在贫瘠的土地上开始了自己的思考和实践。自 2006 年以来，一张蓝图描到底，认准目标，众志成城，一步一个脚印，一任接着一任，连续十二年接力奋斗，探索红土地上的文明创建之路，终于在红土地上绽放异彩之花。2011 年 12 月，武平县荣获“全国文明县城”荣誉称号，成了龙岩市首个全国文明县城；2015 年 2 月，武平县平川镇被评为全国文明村镇，城厢镇列入新一届全国文明村镇培育对象，东留镇、中堡镇远富村等 4 个村镇被评为省级文明村镇，永平镇等 18 个村镇被评为市级文明村镇，农村精神文明建设取得了显著的成效。此后，武平将生态优势、文化优势、区位优势转化为发展优势，实施工业强县、旅游富民“双轮驱动”、城乡融合、产城融合“两全齐美”、产业建设、扶贫开发“双线并进”的总体发展战略，开展争创全国文明城市、国家生态文明建设示范县、国家卫生县城、国家级园林县城的“四城同创”活动，亮出全国环境综合整治工作先进县、全国生态旅游大县、中国最具投资潜力的城市、苏商投资中国首选城市、中国粤商最佳投资城市、中国金融生态县、全国科技进步先进县、国家和省商品粮基地县、国家无公害蔬菜生产示范县、国家电子商务进农村综合示范县、第二批国家全域旅游示范区创建单位、全国海峡两岸交流基地——定光佛文化园区等一批叫得响、有影响力、带动作用明显的“国字号”名片。2017 年武平在全国参评的 167 个县级市中取得骄人成绩，一举摘取“全国文明城市”称号，取得里程碑式的胜利。

2. 创建文明城市之路点亮大众文明之光

2017 年 11 月 17 日，武平县委书记陈厦生在北京人民大会堂受到习近平总书记的亲切接见和合影留念，并代表 40 万武平人民捧回了沉甸甸的“全国文明城市”牌匾。武平成为福建省四个之一、龙岩市唯一的全国县级文明城市。

消息传来，武平沸腾了，人们欢呼雀跃，喜讯刷爆微信朋友圈，“全国文明城市”成了街头巷尾群众议论的热点。

创建文明城市之路是艰辛的，也是骄傲的，更是自豪的。创建成功，得益于武平县委、县政府领导的率先垂范，兑现了“勇往直前，务求成功”的誓师号令；得益于全县各单位和各乡镇“一盘棋”通力协作的使命担当；更得益于全县人民万众一心、众志成城的强大精神力量。创建文明城市成功，捧回的是有形的荣誉牌匾，点亮的是无形的文明之光，它提振了武平干群的精气神，凝聚了武平百姓的爱乡心。

（1）红色之光照耀全城。加强爱国主义教育力度。一是将教育基地建设工作纳入精神文明建设总体规划，纳入城市建设、文化旅游资源开发的总体规划。二是制定完善了教育基地建设使用方面的相关制度，基本实现了科学化、制度化、规范化管理。三是大力实施道德工程，推动道德建设常态化、典型选树大众化、践行活动生活化、志愿服务长效化。

提升爱国主义教育队伍。一是聘请“五老”人员担任教育基地宣讲教育辅导员。二是加强教育基地讲解员管理与培养，使讲解尽量做到“因人施讲”。三是组建模范好人先进事迹巡讲团，把学习宣传道德模范、“身边好人”与党员进社区活动相结合。四是组建县乡村三级业余讲师团、“家文化”讲师团，使优秀传统文化像空气一样可感可知、无处不在，成为引导人们向上向善的力量。

扩展爱国主义教育载体。一是为保护好、传承好、弘扬好红色资源、红色基因、红色文化，县里挖掘、研究、整理苏区史、革命先辈事迹等，盘活武平历史人文资源。二是结合“五古丰登”行动计划（五古：古街、古厝、古寺庙、古树、古桥），把维修保护与美丽乡村、旅游景点建设结合起来，打造具有乡村特色和综合性服务功能的红色教育基地。三是建设一批社会主义核心价值观主题公园，使核心价值观、传统美德、村规民约、家训族规等都栩栩如生地“映”在宣传墙上、休闲走廊上、农民文化广场上，印入百姓心中。四是建立数字好人馆、劳模馆、家训馆、廉政教育馆等，用现代多种形式宣传价值观及各级各类榜样。五是形成多形式的创作成果，如《红色武平》等教育丛书，讲好武平故事。六是拓展新媒体平台阵地，推出“红色武平”客户端，利用各种形式，把红色文化资源优势转化为教育资源优势。

抓住爱国主义教育契机。一是充分利用重要节日和纪念日，开展中国古代史、近现代史、社会主义建设史和中华民族精神等方面的教育，让“红色文化”春风化雨般滋润着干群、市民和孩子们的心田，让革命精神和爱国主义种子深深扎根心灵。二是以出行、卫生、用餐、陋习、言行、上网、旅游、生活等八个方面为重点，从细节入手，从小事做起，培养行为之范、展现细节之美、弘扬文明之风。

（2）橘色之光引导全城。生活在经济不富裕县的武平人，追求精神的富裕，他们乐善好施，守望相助，一个个“好人”“爱心人士”筑起了一座座爱的丰碑，以一个灵魂唤醒另一个灵魂，让人们看到了温暖的橘色之光。橘色之光引导越来越多的人志愿加入了义工者行列，涌现出一批批“道德模范”“身边好人”。

志愿者队伍蓬勃兴起。早年在武平，有一批默默奉献的草根群体，他们以不同方式关爱弱势群体，维护社会和谐稳定。“义工在行动，爱心在传递”，他们如星火，照亮温暖了周边的人。在一个个典型的潜移默化下，越来越多的普通市民加入志愿者队伍，许多受到帮助的人也怀着感恩的心加入奉献社会的行列。目前，注册志愿服务队 180 支，人数达 7536 人，占建成区常住人口的 10.23%。全年累计发布志愿服务活动项目 796 个，人均服务时长超过 25 小时，拓展了“国学经典传承”、救助义卖、关爱老兵、运动健身、应急救援、平安义工、“黄手环”安全回家、旗袍社等公益活动。全县上下热心助人、诚实守信、尊老敬贤、扶危济困蔚然成风。南门社区入选由中央宣传部等部门联合开展的学雷锋志愿服务“四个一百”的最美志愿服务社区候选投票社区之一；煤炭公司干部李伟贞获评“中国青年志愿者优秀个人”荣誉称号；王荣玉等50多名义工被评为道德模范、福建好人等荣誉称号；武平义工协会负责人何凌琳先后被省妇联、团省委、省青年联合会等单位授予“福建省巾帼志愿服务优秀巾帼志愿者”“福建向上向善好青年”“第十四届福建省青年五四奖章”等荣誉称号。党的十九大对志愿服务工作作了新部署新要求。武平也迎来了志愿服务工作的新时期，他们规范志愿者队伍管理，健全财务管理制度，不断革新自我，完善自我，提高公信力；他们用新理念探索义工志愿新模式，努力打造精品志愿项目，形成品牌效应，在社会建设中发挥独特的扶助功能、疏导功能、教化功能和凝聚功能，使志愿工作成为公民参与社会管理、服务社会建设、促进社会和谐的重要方式，成为加快推进以改善民生为重点的社会建设的一个途径，成为构建和谐社会的重要力量。

图6－1　义工在行动（林传府摄）

好人之城声名鹊起。县里成立了以宣传部、文明办、道德协会等单位组成的推荐小组，通过基层举荐或个人自荐、协会考察、部门审核、媒体宣传、网络投票、群众评议等程序，常态化开展“我推荐·我评议身边好人”“找模范、树模范、宣模范、学模范”“道德模范、美德少年评选表彰”等活动，长期发现挖掘“武平最美人物”。通过推出一批具有鲜明时代特征、群众基础好、感召力强的道德先进个人，树立道德标杆，诠释好人的精神和道德的力量。以爱管“闲事”而出名的城厢镇农民、“中国好人”钟日富，用自己的血汗钱帮助了无数困难家庭、贫困学子和孤寡老人的“中国好人”郑彩坤、赖茂增、王荣玉，为1.8万元钱款找到失主的“福建好人”周金明，20多年坚持每天义务清扫公共澡堂的九旬“中国好人”李成祥，热心帮扶130多位残疾人养蜂致富的“福建好人”钟亮生……一个边陲小县，短短几年来，1人荣获“全国道德模范提名奖”，2人被评为“福建省道德模范”，2人被评为“龙岩市道德模范”，11人荣登“中国好人榜”，23人入选“福建好人榜”，30人被评为“县道德模范”，60人被评为“乡镇、村道德模范”。人民网、《人民公安报》、《福建日报》、《闽西日报》、《海峡导报》等媒体不断关注和跟踪报道，武平被广大媒体誉为“好人之城”。

服务文化日渐扎根。一是，从组织上保障道德建设。2010年，武平在全省率先成立公民道德建设群团组织——武平县公民道德建设协会，核定事业编制，列入财政预算，推举县处级退休干部做会长，制定《武平县公民道德建设协会章程》。协会现有团体会员169个，个人会员385人，基层分会52个。二是，从制度上保障好人权益。县文明委出台《道德模范、“身边好人”奖励办法》《武平县帮扶和礼遇道德模范的实施办法》等政策，建立协调机制，设立保障基金，加强嘉奖制度，给予各类困难“道德模范”就业创业、医疗保障、银行贷款、困难帮扶等方面礼遇，形成好人有好报、善行有善果的社会导向。近三年，先后帮扶资金达110多万元，让邓秀英等30多位好人走上致富之路。三是，从队伍上保障志愿水平。加强义工培训工作，拓宽培训内容，全方位、多渠道提升了义工的素质和工作能力。四是，从宣传上保障理念推广。长年开展道德讲堂活动，设立单位道德讲堂85个，开展活动100余场，受众达20000多人次，大力普及了“奉献他人、提升自我”的志愿服务新理念和服务知识。新闻报道、言论评论、公益广告等也广泛宣传志愿服务活动的经验和志愿者的感人事迹，引导人们尊重志愿者和他们的劳动，营造有利于志愿服务的浓厚舆论氛围。以“全国最美孝心少年”“中国好人”王芹秀为原型的微电影《父亲的鞋》、以“福建好人”林桃秀为原型的微电影《春雨》、以“中国好人”钟日富为原型的三句半《好警官》、以全国道德模范提名奖邓秀英事迹改编的船灯戏等，注重从他们的先进事迹中挖掘素材，真实再现他们的感人事迹，让广大干部接受高尚品格洗礼。

（3）银色之光温馨全城。在武平的古村落的古建筑中，能经常看见“兄友弟恭”的字样，“孝”始终是古村落的核心文化。近年来，武平根据新时代、新特点，在农村开展了以“五孝”为主要内容的“孝行乡村”活动，并在全县确定了17个重点建设村，以点带面，点面结合，逐步推广。

弘扬孝文化，让人人“知孝”。借形式多样、特色鲜明的活动，将“物质上敬老、精神上悦老、生活上养老、保障上助老”的新型孝道观念，传达到每家每户，形成了“比孝心、讲孝道、树孝德”的良好氛围。

汇聚爱心，让人人“行孝”。在孝行乡村活动中，各村建设老年人活动场所、孝文化广场等，还开展了形式多样的孝文化活动，例如，中山镇阳民村养猪场吴亦农、城厢镇南通村的企业老总钟联胜等四人、湘店乡三河村外出人员等都每年定期请村里老人聚餐，给他们送慰问金、物品，让他们做体检等；义工协会开展“微笑的瞬间，圆老人一个永恒的梦”公益摄影活动，为黄昏恋策划“浪漫婚礼”；县第一个开展农村居家养老服务的城厢镇南通村，对本村高龄、病残、特困老人进行了全面走访。各村居家养老服务站根据各自特点，将活动开展得红红火火，老人都非常高兴。

组建队伍，让人人“督孝”。乡村将尊老敬老写进村规民约，签订家庭赡养协议书，建立敬老评判平台，成立“孝行乡村”工作督查领导小组，使监督工作常态化。建立党员为老年人服务承诺、党员与老年人结对帮扶等制度，建立了特困老人、空巢老人、孤寡老人一帮一关爱档案。把协议履行情况作为宅基地审批、集体福利享受、入党及党员评议和村级干部竞选的依据。对不孝行为，采取必要的行政手段；对有不孝行为的人，在同等条件下丧失评先评优、提拔任用的机会，加大不孝成本。

树立模范，让人人“评孝”。县、乡（镇）二级公开评选“党员孝星”“助老之星”“好媳妇”等“孝星”典型，通过“讲学评比”弘扬孝文化，评选出了28位“孝老爱亲好儿女”。大城厢镇南通村、十方镇的叶坑村和鲜南村等基层村（居）还在敬老月褒奖一批本村（居）一年来在尊老敬老爱老助老做出突出贡献的好人好事。

设立基金，让人人“奖孝”。一是设立了一个孝心基金或助老基金。目前全县已有21个行政村发动本村经济能人和外出乡贤捐款成立助老基金或孝心基金，金额达800多万元，利息收益用于敬老活动。二是划出集体资产，给力居家养老服务。如城厢镇云礤村将旅游景区停车场划拨给村老协会管理，东留小溪村划出60亩林地（价值48万元）归村老协会经营管理，收益都作居家养老服务使用。三是定期募捐，捐助本地居家养老服务站。城厢镇东岗村和中山镇阳民村企业、经济能人，每年老年节留本捐12%息。四是盘活基金，让基金“下蛋生财”。桃溪镇鲁溪村从基金中拨出5万元投资入股当地水电站，将每年分红所得供居家养老服务开支。

（4）绿色之光清新全城。制定倡导生态文明的村规民约。制定村规民约督促群众从身边事、自身事建设生态文明。例如，十方镇、岩前镇村规民约“家禽家畜实行圈养，要按指定地方倒垃圾”。捷文村村规民约“整治脏乱，垃圾分装”。平川镇、城厢镇（社区）村规民约“不占道搭盖、种植、堆放杂物、不乱倒垃圾、乱排放污水、不饲养家禽家畜、乱停放车辆、不乱摆摊设点等，自觉接受工商、税务、城管、交通等政府部门的管理”。

开展植树造林和清洁家园志愿服务活动。植树节，县各套班子领导成员与各单位志愿者及当地群众一道开展义务植树活动。领导带头，群众跟上，植树造林成为志愿者的一项重要活动，种树爱树也成为武平人的习惯。财政局等单位、武平义工协会持续开展“争当环保卫士”活动，从最初的碧水公园走向了县城大大小小的公园、景区，活动内容也从捡垃圾扩展到清理“牛皮癣”、文明劝导、植树绿化等，还开展“衣起重生，衣旧情深”大型旧衣物回收活动。

加大市容环境综合整治力度。综合整治“五乱”行为（垃圾乱倒、油烟乱排、广告乱贴、摊位乱摆、车辆乱停等），常态化开展“五洁”行动（洁净市场、洁净社区、洁净小区、洁净村居、洁净经营）。志愿者建立彩虹桥志愿服务驿站，县交警大队还依托驿站向社会招募“红土义警”，志愿者走上街头、公园向市民们宣传、劝导文明交通。

（5）金色之光光耀全城。黄金买不来信用，信用却可以带来黄金。诚信是最低的交易成本，也是最高的人格魅力。2012 年 3 月，武平成立了县诚信促进会。他们以建设“诚信武平”为目标，以推进政务诚信、商务诚信、社会诚信建设为主要内容，扎实有效地开展系列主题实践活动。

积极推进政务诚信，树立社会道德风尚导向。率先在推进公职人员诚信、提高公职人员社会形象、提升党委政府公信力方面进行了积极实践探索，以政务诚信推进社会诚信建设，为社会道德风尚形成树立鲜明导向。一是开展公职人员逾期贷款和担保清理活动，2012～2013 年，由县诚信促进会牵头，县纪委、县委组织部、县委政法委、县法院、县人行等多部门联动，在全县范围内开展公职人员逾期贷款和担保清理活动，采取道义劝告、限期清偿、通报单位等一系列创新举措，取得良好的法律效果和社会效果，80 多名公职人员主动归还欠款近 300 万元，为各商业银行清理收回不良贷款 633.34 万元。近几年，武平一直被评为省“金融生态县”。二是诚信联合约束机制逐步健全。公职人员为他人担保，要取得单位领导的同意，从而有效杜绝不良贷款的再次产生。同时，把干部诚信作为晋升、评优、提拔的重要依据，将不诚信的人挡在人大代表和政协委员大门之外，为打造新武平创建了良好的诚信软环境，受到社会各界的广泛赞誉。武平政务诚信工作做法得到省诚信促进会的关注、肯定和总结推广。

积极推进商务诚信，夯实市场经济诚信基石。一是，促进企业诚信经营，推进商店诚信服务。持续开展“诚信经营先进单位”和“诚信商店”评选表彰活动，坚持好中选优，带动了全县企业、商店兴起了当先进、赶先进、创先进的热潮，守法诚信成为一种社会责任、一种规矩习惯、一种价值追求。二是，培育行业先进典型，发挥先进典型的模范带头作用。五年来，促进会积极培植和发掘树立各个层面、各个行业、各个领域的典型，推荐的喜浪米业等五家企业被评为省“诚信经营先进单位”；中凯国际酒店被评为市级“十佳诚信星级酒店”。三是，建立健全诚信奖惩和“红黑榜”发布制度。通过县行政服务中心信用信息交换共享平台以及户外电子媒体，公布“老赖”信息，形成整体约束机制。

积极推进社会诚信，弘扬诚信建设正能量。一是，评选“诚信人物”，倡导“诚信相伴，人生无憾”。评选过程，在武平电视台和武平网集中公示候选人，吸引了30余万人次参与选举，影响广泛。10名首届诚信人物都是百姓身边人，具有社会的广泛性和代表性。他们感人的事迹，影响带动了许多人。二是，诚信教育进校园。“立言立行要从小，诚信新风我倡导”，全县中小学持续五年组织“弘扬中华美德，争当诚信之星”主题系列活动，开办“诚实守信”道德讲堂、诚信礼仪教育课程、诚信教育长廊，开展“诚信考试”教育，进行诚信宣誓等系列活动。《武平县“诚信征信进校园”主题教育活动长效机制方案（2017年）》，将诚信教育纳入教育体系，让诚信种子在孩子心中悄然播种、生根、发芽、成长。县实验小学等三所学校荣获省“诚信教育进校园先进单位”称号，188位中小学生被评为县“诚信之星”，9位中小学生被评为市级“诚信之星”。武平县成立了“武平县中小学诚信文化教育基地”，每年全县五年级、初二年级和高二年级学生到此短期学习，保证每位学生都能接受较为深入全面的诚信文化教育，使中小学生成为诚信的生力军。

（6）蓝色之光照亮未来。孩子是我们的未来，他们的文明与素质是武平的希望、祖国的希望。武平从软、硬件上狠下功夫，将文明之光照进孩子们心里，照亮他们的人生路。

持续抓好文明校园建设。县里加大文明校园创建工作的指导、推动力度；制定文明校园常态化管理实施办法，建立动态监测评估机制，确定一批全国和全省文明校园重点培育对象；开展“文明校园风采”主题宣传，扩大先进典型的示范带动效应；开展“公共文化服务校园行”活动，促进校内外教育资源的有效衔接。

持续开展主题实践活动。一是持续开展家训传承、“新时代红土地文明好少年”等社会主义核心价值观宣传教育活动，不断夯实未成年人思想道德根基。二是在重要时间节点集中开展“我的中国梦”主题教育活动。三是把“爱学习、爱劳动、爱祖国”教育贯穿教育教学的全过程，融入主题班会、升旗仪式、运动会、征文演讲、开学典礼、学校道德讲堂等各项教育实践活动中。

持续发挥活动场所作用。建立“政府投入为主，上级补助、道德典型资助、文明单位赞助”投入格局，实现了全县 17 个乡镇少年宫全覆盖。各乡村学校少年宫百花齐放，各具特色，其中，湘店乡村少年宫以“红色文化”为校本课程，注重未成年人思想道德教育实践活动，涌现出以全国最美孝心少年、中国好人、福建省美德少年王芹秀为代表的一批道德典型；象洞乡村少年宫的科技活动《爱粮节粮，科学用粮》《创新，我们在行动》获得全国青少年科技创新大赛实践活动一等奖，实现龙岩市零的突破。同时，全县还不断完善社区未成年人活动场所，建立义务辅导员队伍，充分利用免费开放的爱国主义教育基地和公益性文化设施等，丰富未成年人校外活动。

持续整治社会文化环境。一是整治校园周边秩序，查处校园周边“三无食品”以及恐怖、迷信、低俗、色情的玩具、文具和出版物销售等，优化社会文化环境。二是坚持不懈抓好网络、手机、荧屏、声频净化工作，打击传播淫秽色情信息行为，打击色情低俗演出。

持续帮扶困难青少年成长。成立了专业义工为主的武平县梁野社工服务中心，以社工专业来服务重点青少年群体。至 2017 年底，已开展了闲散青少年职涯规划引导活动 4 场，帮扶 80 人次；开展帮扶留守儿童活动 15 场，帮扶 600 多人次；开展走访调查、帮扶边缘青少年 64 人等工作。

（三）文明之光照亮精神家园

经济欠发达的武平县创建全国文明城市的实践生动表明，文明城市创建工作一旦与科学发展的要求同频共振，与改善民生的步伐齐头并进，与促进和谐的目标合拍相应，必将激发巨大热情，凝聚无穷力量，催生丰硕成果。新武平，在这个波澜壮阔的伟大时代里，正以文明城市创建的丰硕成果，开创武平人民的幸福生活和美好未来。

1. 百姓的幸福感得以提升

在创城活动中，武平县一直秉承“创建为民，为民创建”的理念，把改善群众生活环境作为终极目标。变化，悄然融入一条条街道、一个个小区、一处处公园、一块块绿地、一个个村落，同时也给民生领域带来翻天覆地的改变，武平正日益成为福建西部一道亮丽风景。

文明城市的创建，大大提升了武平的颜值。住在平川镇百斤税小区的钟秋连，每天都要出去散散步，或者去公园听音乐，或者参加广场舞。她说，“现在街道干干净净，到处都是树木和花草，空气特别清新，将军广场、河滨公园、西门溪漫步道就在家门口，居民外出休闲健身的随处可见。”感到舒心惬意的，不只是像钟秋连这样住在武平城区的居民，还有居住在乡镇的广大村民。

文明城市的创建，大大提升了武平的安宁。“这里不仅空气清新，环境优美，治安也特别好！”带外孙女读书的武夷山退休干部钟平鸿说。的确，武平持续深化“平安武平”建设，坚持以高压态势严厉打击违法犯罪，刑事案件破案率连续四年居龙岩市第一位，公众安全感满意率居全省第二位。

说起武平，武平人的口头禅是“我们武平……”幸福荡漾在脸上，自豪洋溢在言中。

“打造宜居宜业宜旅的生态文明城市，让老百姓感觉更幸福！”武平县委、县政府的庄严承诺，正一步一步变成现实。

2. 武平的凝聚力得以提升

一座文明城市，必定是一个绽放道德光芒的精神家园。

退休干部邱其华说："武平好人频现并非偶然，是武平长期开展道德讲坛、好人宣传、关爱好人的结果，是武平人践行社会主义核心价值体系的生动样板。"近年来，武平在创建文明进程中，双轮驱动"软硬实力"建设，不仅改善了城市环境，提升了市民素质，探索走出一条经济欠发达县的文明创建之路，也改善了投资环境，创造了无限的价值。

用时任武平县招商局局长曾昭泉的话来说，投资30亿元的武平县新型显示产业园是武平县创建文明城市"捡"来的项目。

2014年3月上旬的一天，五位客人来到武平。他们是正德光电企业的总经理薛木庆、副总黄正和等人。他们1月份在广东听了武平县委书记的推介，这次专程来武平考察。第二天，黄正和发现自己的公文包不见了，包里有现金、银行卡，还有护照、台胞证等证件，十分焦急。这时，他的手机响起："是黄先生吗？您是不是丢了一个包？"原来，一个20多岁的女孩上班时发现了包，按里面的名片拨电话联系。双方见面后，黄先生掏出包里的现金，想要答谢女孩，却被一口谢绝："这是小事，捡到东西本来就该还给人家。"这让此前在某地考察时丢了钱包的薛木庆很感慨："武平的环境好啊，钱丢了都可找回来，这样的投资环境到哪去找？"这个由不知名女孩"捡"来的项目，就这样在武平岩前工业园落户了。

相关数据显示，投资环境的改善，吸引了马杰、蔡少忠、廖斯增等一大批企业家在武平投资兴业，成了武平新时代的新乡贤。武平县连续十年地区生产总值、全社会固定资产投资、财政总收入等七项主要经济指标增幅均居龙岩市前3名，创造了文明创建、绿色崛起的武平发展速度。

3. 武平的吸引力得以提升

随着武平生态环境的不断改善，文明程度不断提高，就业环境持续优化，武平吸引力越来越大。在外工作的武平人只要有时间就忍不住往家乡跑，有的干脆回来工作。不仅如此，新武平人（外籍常住人口）的数量也在逐年增加，其中，武平县外籍人口在武平就业总数从2010年的2021人增加到2017年的2836人，且增加数逐年递增（见表6-1）。

表 6－1　武平县 2010～2017 年外籍人员数

年份	县外籍人口在武平就业总数（人）	其中当年新增（人，不含流动人员）
2010	2021	
2011	2053	108
2012	2157	163
2013	2206	189
2014	2328	219
2015	2512	263
2016	2630	328
2017	2836	360

三　武平弘扬乡村文明的经验

（一）党委政府的谋划定制

早在 2006 年 7 月县第十一次党代会上，武平县委、县政府就提出打造“五个武平”（富裕武平、文明武平、平安武平、魅力武平、和谐武平），以文明创建“八大环境”，大力实施凝心工程，打响武平创建文明城市战役。

1. 传导战略，定目标

武平县以农村道德建设、乡村清洁工程、农村文化服务体系建设、文明村创建等为抓手，贯彻新农村建设二十字方针，多载体带动，全方位推进，2011 年 12 月，武平县荣获“全国文明县城”称号。之后，武平县再接再厉，推广战果，以中央文明办、省文明委、市文明委的总体部署为依据，严格对照《全国文明城市测评体系》标准，提出了“举全县之力，聚全民之心，全力打造宜居宜业宜旅的全国文明城市”的创建目标。

创建全面实行“一把手”工程，成立由县委书记任总指挥、县长任第一副总指挥、县委副书记任常务副总指挥的总指挥部，下设 10 个工作组和创城工作指挥部办公室，各相关部门也成立相应机构。围绕一个规划，党政“一把手”亲自抓、分管领导具体抓、四套班子合力抓、文明委组织协调、有关部门各负其责、全社会共同参与，形成了上下联动、齐抓共管、全力推进的创建工作格局。县委、县政府多次召开专题会，制定《武平县创建全国文明城市三年工作规划纲要》，出台《武平县“四城同创”活动实施方案》等一系列方案；县文明委领导多次组织相关人员开展专题调研、召开协调会，定期发出《督查通报》；相关部门进行模拟测评，突出重点、抓住关键，着力解决薄弱环节和难点问题，全力提升创建水平。

县委、县政府高度重视工作机制的建设和创新，创立的“五个机制”——领导责任机制、“五项清单”（责任清单、问题清单、项目清单、负面清单和问责清单）机制、常态督察机制、奖惩问责机制、经费保障机制，保证了“四城同创”的战略传导与目标建立。

《武平县创建全国文明城市工作总体方案》《武平县〈全国文明城市测评体系〉责任分解方案》等，将责任细化到具体乡镇、单位、部门。《武平县创建全国文明城市工作目标责任书》，又将任务分解落实到 17 个乡镇和 92 个部门单位。

2. 扭住 PDCA，保质量

PDCA 循环是全面质量管理的科学程序，各项工作都通过计划（Plan）、实施（Do）、检查实施效果（Check）、行动（Action）四个环节，将成功的纳入标准，不成功的留待下一循环去解决。武平县的创建全国文明城市工作正是按 PDCA 不断推进、螺旋上升的。

县创建文明城市指挥部实施挂图作战、按单销号，多方位、多层次地检查实施效果。一是干部群众齐督查。建立内有县级领导、单位主要领导、一般工作人员和热心市民的微信工作群，随时用微信推送发现的不文明现象，相关单位迅速回应并及时整改。“文明创建随手拍”等活动，查找出存在的问题近 2000 个，整改后收到了良好的效果。二是职能部门的督查。文明办、创城办工作人员每天坚持骑行或徒步，发现问题就发《整改意见书》，对工作不力的相关单位及社会不文明现象在电视台、网站、微信平台公开曝光。

三是县级领导的督查。对没完成任务的单位，列出问责清单通报全县，对创城不力者由县文明委领导进行问责约谈，给予效能告诫、组织处理等。文明委领导还带队对重难点问题进行督查，召开协调会，有效推进创城工作开展。

3. 抓准问题，狠准稳

抓住主要矛盾的主要方面，是领导干部应有的哲学思维。武平县委、县政府认定目标，缕析现象，剖析原因，着力解决六个“不”，整治突出问题。一是着力解决卫生不洁问题，实现了县城区一级环卫市场化运作机制。二是着力解决道路不平问题，改造提升一批项目，打通一批断头路，拆除“钉子户”，加密建成区路网。三是着力解决秩序不井问题，主要路段实现人机分流，规范公交停靠站，新增停车位和临时停车场。四是着力解决绿化不美问题，新增了景观漫步道、公园、绿地。五是着力解决消防设施不灵问题，出台了《消防设施专项治理工作方案》，彻底整治消防设施损坏难题。六是着力解决市场秩序不井问题，出台《农贸市场专项治理方案》并抓落实。

4. 落实全面，求提升

为把武平生态优势转化为发展优势，县委自我加压，实施“四城同创”，并实行项目化运作。一是争创全国文明城市，这是“四城同创”的龙头。二是争创国家生态文明建设示范县，着力实施“五大创建”——创建国家生态文明建设示范乡镇、创建省级高新技术产业园区、创建环梁野山城乡一体协调试验区、创建武平中山河国家湿地公园、创建国家林下经济示范县等生态文明建设，促进文明建设水平提升。三是争创国家园林县城，努力做好“五大提升”——提升公园绿地建成率、提升道路绿化普及率、提升林荫停车场推广率、提升河道治理达标率、提升依法治绿水平等，构建清新明丽、整洁有序、文明和谐的园林城市。四是争创国家卫生县城，完善县城卫生基础设施、健全县城卫生管理机制、增强市民环保意识和卫生观念，提升县城环境卫生综合管理水平。

5. 分类管理，共发展

具体情况不做具体分析，工作“眉毛胡子一把抓”或者“一刀切”，都是懒政庸政的表现。武平县委、县政府勤政为民，根据城区与乡村不同情况，分类谋划定制，城乡统筹，以城带乡，城乡共建。对于城区，改造提升道路、河岸、公园等一大批设施，城区基础设施得以明显改观；对于乡村，抓住环境整治和民风建设这两个重点，抓好“家园清洁行动”等美丽乡村活动，以及“五古丰登”行动计划，复苏乡愁记忆和精神命脉。同时，着力发挥城市对农村的支持辐射和示范带动作用，把更多的资源向农村和农民倾斜，形成多头并进、亮点纷呈、生动活泼、特色鲜明的创建格局。

6. 营造氛围，入人心

《武平县“四城同创”宣传工作方案》明确宣传工作的责任单位、范围途径、内容形式、阶段步骤等。为扎实做好宣传工作，武平县举办了各级文明单位信息员培训，并时常以会代训，提高政策水平和理论水平，提升信息挖掘能力和写作水平。根据新时代特点和受众喜好，县宣传部门拓宽宣传渠道，充分利用新闻媒体，依托广播、电视、简报、电子屏幕、微信公众号等媒介，大力宣传精神文明建设知识，传递正能量，不断总结经验、弥补不足，开拓思路、做优品牌，使文明创建成为全县共识，让文明扎根人心，推动文明城市创建制度化、常态化、长效化。

（二）基层组织的创新实践

各基层组织在乡村文明推行中，用心探索，根据实际情况不断创新新形式、新方法、新手段。

“一约四会”以威望与规制引导乡村文明。村规民约、红白理事会、村民议事会、道德评议会、禁毒禁赌会，在移风易俗工作中都发挥了重要作用。德高望重、公道正派的老党员、老干部、老教师参与其中，发挥了重要作用，例如，中山镇老城村建立了由村干部、老协会党员组成的红白理事会，以老干部为主的文明劝导队，与以村民小组为单位的文明操办互助队协同，形成了广泛的正面力量。

各部门以管理活动引导乡村文明。各部门不仅在组织层面策划、组织、推动移风易俗工作，还以主题活动、志愿者活动形式加入移风易俗的倡导、教育、引导的行列。文化、科技、卫生“三下乡”，将农民群众需要的科普知识、文艺演出、健康义诊、农技辅导、法律咨询、创业就业咨询、心理咨询、税法咨询等近50项服务送到群众家门口……这样的活动不胜枚举。

各社区以各自特色实践乡村文明。城区镇、村、居委会根据片区群体特点，有的办好社区养老，有的做好“四点钟学校”，有的开展青少年科普……城区镇、村、居委会还做好入户宣传，发放《告市民一封信》和“烟花爆竹禁燃”温馨提示卡，与酒店、餐馆、小区物业签订《承诺书》，编排《禁燃工作就是好》《改革宴席泛滥风》《厚养薄葬树新风》《移风易俗新风尚》《莫赌博》等表演节目，深入村（居）宣传移风易俗。城区学校也发放《致学生家长的一封信》，倡导移风易俗。

各协会以新理念倡导移风易俗。县老龄委抛弃“不孝有三，无后为大”的传宗接代观、“养儿防老”的重男轻女思想等一些陈腐落后的孝观念，与时俱进制定评孝标准，树立“厚生薄死”的观念，提倡“孝道”是报恩与友爱的整合，不是唯父母之命是从的愚孝，也不是要求子女用无尽的补偿和牺牲来报答父母。《武平县人口文化园工程建设实施方案》进一步完善和提升婚育新风园等建设，让人口文化园成为武平群众沐浴婚育新风、传播生育文明理念的重要学习休闲场所，力争形成全县人口文化大格局。

民间文艺社团以群众喜闻乐见的形式宣传倡导乡村文明。县里出台了《武平县民间业余文艺团队扶持管理办法》，采取以奖代补扶持示范团队、文艺队建设，扶持补助资金从2014年的10万元增加到2017年的38.6万元。目前，县广场舞、十番音乐、龙灯、马灯、腰鼓、狮灯、船灯等民间文艺队伍有180多支，其中50多支常年活跃在基层。武平广场文化兴起之后，不仅减少了社会矛盾的发生，同时也净化了社会风气，提高了市民精神文化素质和身体素质。

同时，县里还建成青少年宫、科技馆、儿童乐园等一批少年儿童校外活动中心。各活动阵地公益性、普惠性、教育性强，集科技展览、教育培训、学习交流、互动娱乐为一体，从小抓科学、文明的理念和良好的习惯。

（三）舆论媒体的引导监督

县宣传部门在舆论导向、活动策划、专题报道、栏目建设上积极构思选题，策划各类活动专题，做好“三大”阵地。

1. 加强主流媒体宣传

建立文明城市创建宣传报道工作机制，在县电视台、福建武平网、武平文明网等开辟专题、专栏，制作刊播创建文明巡礼《武平：用道德力量撑起“好人之城”》《文明花开红土地》等宣传片，宣传报道一批乡村文明建设的经验做法，强化问题导向和效果导向，以解决问题为突破口；宣传报道一批典型示范，以点带面，切实增强群众对乡村文明建设的自觉性和认同感，推动了乡村文明建设深入开展。

2. 加大公共场所宣传

通过调研、召开协调会，科学规划全县公益广告宣传；发动各级各类文明单位利用政务信息发布系统、多媒体信息发布系统、LED 电子显示屏等对外宣传平台刊播公益广告；在城市公交、长途大巴车载移动电视中广覆盖、多频次刊播公益广告；组建“武平县自行车运动协会文明传播志愿服务队”，以多种形式推送乡村文明建设主流声音，真正把移风易俗的好处向群众讲清楚。

3. 加强利用网络宣传

积极运用互联网思维，充分利用微信、微博等新媒体，创新报道方式，推动文明网站微博微信和各部门微矩阵互联互动，加强信息融合互通。加强内容管理，融入社会热点亮点，推送各类文明创建知识问答和各单位文明创建信息，曝光不文明现象，提高运维能力和工作效能。重视提高策划、美编等技术技能，增强吸引力、感染力，增强网上互动和提高网民参与度，使乡村文明建设家喻户晓，形成了全城动员、全民参与、人人动手、共建共享的良好氛围。

（四）大众群体的奉献力行

外因必须通过内因才能发挥作用。武平县委、县政府明白弘扬乡村文明的真正主体是广大群众，必须发挥群众的主体作用。在县委县政府领导、组织、推动下，群众建设乡村文明的态度是热情的，行动是有力的，精神是可嘉的，他们的力行与奉献汇成了弘扬乡村文明的浪潮。由于篇幅有限，我们撷取其中几朵浪花。

1. 主体参与性的发挥

县里广泛征求群众对“四会”建设、村规民约修订、红白事程序和费用标准等的意见建议，切实把群众的积极性、主动性调动起来；采取发倡议书、签承诺书等有效方式，引导企业家加强自律，自觉遵守移风易俗相关规定。例如，刘氏宗祠举办开光典礼时，干部及时与有关企业家协调沟通，让他们带头遵守禁燃规定。通过沟通，他们确保了没有燃放烟花爆竹。再如，2018 年“元初客家欢”举办时，有位参演者的家婆在年关仙逝，为了保证演出，家人一致同意打破习俗，让参演者在重孝期披红戴绿登台载歌载舞。没有群众的积极参与，乡村文明建设就会成为无根的花，不可能长久开放。

2. 主体能动性的发挥——武东镇动员群众自发修缮观成书院

“天之高有日月星辰，地之厚有草木诸神，人在其间为万物之灵，须要文化知识。”这是客家人的信念。1859 年，四维村有识的父老们想方设法邀集办学，三年后建成观成书院。新中国成立后，观成书院改为公办学校，撤点并校后，无人管理，书院大部分已经坍塌，只保存了大门，要修缮却没有经费。武东镇党委高度重视，积极探索“党建＋项目”新模式，成立项目攻坚党小组，动员群众自发修缮观成书院，并敢想敢担，将农综项目、灾毁项目、水保项目、美丽乡村项目等项目与修缮书院有效整合。他们注重群众的思想工作，利用村民代表会、党员大会、妇代会、家长会等各种会议，谈想法，谈项目。经过多次“吹风”，村民的思想发生了重大转变，从“镇里要实施”变“我要实施”，在项目实施过程中捐款、捐物、无偿征地，据不完全统计，村民的老宅居地、老厕所等共 16 户约 420 平方米无偿拆除，河道周边的菜地、农田涉及农户 90 多户约 45 亩“零补偿”。

较有威望的四维籍离退休老干部和热心公益的乡贤，成立了观成书院重建理事会。书院广大师生校友和村中干群，慷慨解囊，160 余人捐资 19 万元交理事会统筹安排。理事会自觉制定议事规则，从立项报批开始就严守章程，规范程序。从领导岗位退休的县特聘文史员王麟瑞、王闻福，义务收集整理大量的四维村文史资料，编印高质量的《美丽乡村建设简报》9 期，分 7 个版块对乡土文化展馆进行高品位布馆，“国之四维，有容乃大”等特色异彩纷呈。而今的观成书院，已成为百姓与孩子们的传习中心、文化中心、活动中心……

3. 主体的主动性的发挥——武平梁野东南艺术团的起兴

20 世纪，农村文化荒芜，打麻将和打扑克成了重要的娱乐，后发展成赌博，危害着各个家庭及整个社会的安宁。吴子荣等人非常憎恶赌博，就邀集会演奏十番音乐的农民，走访老艺人，将《打船灯》等十番音乐搜集并整理成册，对着歌谱练，每逢节假日，便为大家表演。这耳熟能详、优美动听的船灯曲调，让农民们陶醉了，纷纷要求把船灯办起来，吴子荣等就顺民意办起“武东满堂红文艺宣传队”。宣传队每到一处演出，都受到大家的热烈欢迎及大力支持。在第五届武平县农民文化节，宣传队的喜剧小品《打糍粑》，把整场观众笑点引爆的同时，也得到了县宣传部的认可、关心及支持。在县领导和有关部门关心、指导、帮助、支持下，宣传队注册为武平县梁野文化传播有限公司，成为全县第一家村级文化公司。2016 年底，更名为武平梁野东南艺术团，已成为一家有实力的文化公司。团里成员 15 人，都是地地道道的农民，他们的文艺来自群众，服务群众。为培养下一代的兴趣与爱好，团员们还义务担任镇中心学校民族乐器兴趣班辅导员。吴子荣说：“我们也觉得应该为社会做点什么，中国人五千年的文化与文明我们不能丢！所以我们毫不犹豫地肩担起来。我们把演出的收入，为三峙村的两个片区各购置了一套音响设备，村民在晚上或农闲时跳跳广场舞，这样，赌博的就少了，文化生活就充实了。”

4. 主体的积极性的发挥——文化守望者王增能

王增能，一位生于武平的文化人，1971 年由山西省财经学院调回原籍，1979 年与剧团原编导钟德盛合作，创作新编历史剧《触逆鳞》，获地区创作奖和省创作剧目三等奖。1980 年他调县文化馆，后任县文化局副局长、县政协办公室副主任、政协常委、县政协副主席、县文联主席。无论工作如何变动，他都坚持创作，传播客家文化与风俗。他撰写的《武平史话》《武平所考》等文章，在广大读者中影响深远；创作的新编历史剧《史碑案》、汉剧《春娘曲》等，屡屡获省级奖项，并由中央电视台拍成舞台纪录片，向海外发行；论文《客家丧葬文化》应邀在国际客家学讨论会上宣读。他撰写出版了《客家饮食文化》，主持了《武平文史资料》的编撰工作，与钟德盛等一道，承担清康熙和民国年间编纂的两部《武平县志》的校对、标点、整理、注释和出版工作，纠正了旧县志中的许多讹误。但许多人不知，由于积劳成疾，被同行们誉为佳作的许多篇章，是在住院期间病榻上完成的。

在武平，像王增能这样默默奉献的文化守望者还有许许多多，县文体广新局正在策划评选一批“文化守望人”。在武平，对文化守望、文明向往的不仅仅是老一辈人，年轻人也源源不断加入此行列。网名“阿牛哥”的网友，就在“武平生活”平台留言，“武平县级小城的改变是不可估量的，而我们也要全方位去改变文明礼仪的方向”，倡导移风易俗。

5. 主体的特殊性的发挥——“关键少数”群体

在大众群体中还有一个特殊群体，他们的名字叫“中国共产党党员”。基层党员干部特别是领导干部这个“关键少数”，在依法依纪狠刹“大操大办”、“打牌赌博”、互相攀比、借机敛财等不正之风中走在前列，带动村风民风向上向善。例如，县直机关党工委组织全体党员签订移风易俗承诺书；武东镇组织全镇党员和镇村干部签订责任状，带头倡导健康娱乐，反对小赌怡情。永平镇龙归磜村党支部书记陈远明带头移风易俗，将女儿的婚事新办简办，把彩礼 17 万元悉数退还给女婿，预定的酒席桌数从 35 桌精简到 17 桌，菜品数从 18 样精简到 12 样，推动全村树立文明节俭的新风尚。象洞镇沾阳村党员钟传升，对其母生前孝顺有加，母亲去世后打破传统习俗，用哀乐代替乐队，不送花圈，少放鞭炮，简办丧事，既减轻了经济负担，也为象洞镇带来厚养薄葬新风。岩前镇东峰村，凡事都是村干部先上，村里党员跟上，然后才动员发动群众干，群众看在眼里、热在心里，聚力将东峰村建成了文明村。

四　武平开拓创新文化高地的思考

文化的建设和文明的形成，需要理想、情怀和担当。武平县决定，以习近平新时代中国特色社会主义思想为指导，坚持以社会主义核心价值观为引领，坚持创造性转化、创新性发展，坚守中华文化立场、传承中华文化基因，不忘本来、吸收外来、面向未来，建设自己的文化高地，以不断增强优秀传统文化的生命力和影响力。

（一）顶层谋划设计文化工程

"经过 3 ~5 年努力，推动优秀传统文化研究阐发、教育普及、保护传承、创新发展、传播交流体系初步形成，文化品牌战略日益显现，'化民成俗'取得积极进展。到 2025 年，我县优秀传统文化传承发展体系基本形成，具有我县特色的文化产品更加丰富，文化品牌更加响亮，文化自觉和文化自信显著增强，文化软实力的根基更为坚实，传统文化的影响力明显提升。"这是武平文化建设的未来蓝图。为了实现它，武平谋划设计了九大文化工程，将投入资金约 5.6 亿元。

中山历史文化名镇保护研发工程。按照国家历史文化名镇所需标准和要求进行规划设计，突出"百姓古镇、军事古镇"两大文化特色，主要围绕修缮保护规划区古建筑和历史文化遗迹，完善中山百家姓文化园，百姓古镇文化广场、旅游服务中心及旅游公厕等。通过挖掘传承古镇的汉剧、宫灯、军家话等非物质文化遗产，推进中山古镇 4A 级景区建设，打造出古镇精品旅游线路。

"兴贤坊"传统文化街区建设工程。以修复"兴贤坊"传统文化街区为纽带，联结城市的过去、现在和将来，使城市的传统文化、特色文化得以进一步传承和弘扬。充分利用梁山书院周边至今保存的宋、元、明、清时期的历史建筑，按照“挖掘历史、打造名片、保护遗产、传承文化”的规划要求，打造成为武平文化旅游的一张新名片。

红色资源保护利用工程。按照中央苏区（闽西）旧址群保护利用规划，将刘亚楼将军故居等14处红色革命旧址列入国家革命红色文物三年行动计划。投入1500万元，积极落实《武平红色旧址群三年维修保护实施方案（2016～2019）》。继续整理完善红色历史资料，做好红色文化传播。

定光佛文化传承保护工程。发挥定光佛信俗发源地优势，综合利用已成功举办多届海峡两岸定光佛文化旅游节的成果，树立品牌意识，打造以岩前定光佛祖庙、何仙姑庙为核心区的国家海峡两岸交流基地、定光佛文化园区。通过拓展交流项目，丰富合作内涵，增进两岸同胞的情感认同与文化认同，推动两岸共同繁荣发展。

武平汉剧传承保护工程。县财政设立汉剧传承保护发展专项资金，支持优秀汉剧剧本创作。将汉剧演出纳入公共文化服务目录，开展常态化汉剧进校园、进社区培训，打造汉剧传承基地。将客家演艺中心划给汉剧艺术传承保护中心管理，运行费用纳入财政预算。由政府出资，三年内每年选送十位中小学生到戏曲学院定向委培；选送有潜质的创作、表演人才赴戏剧院校及专业团队进修。支持武平汉剧艺术传承保护中心参加各大戏曲赛事；利用“闽粤赣边客家戏剧联盟”平台，推动武平汉剧走向海内外。

地方传统民俗文化传承保护工程。加大对当地传统民俗、特色文化挖掘力度，鼓励引导各乡镇打造“一乡（村）一特色”民俗文化品牌，做精做足，让民俗、特色文化代代相传，促进文旅深度融合，推动国家全域旅游示范县创建。做好中湍村“上刀山下火海”申报国家级非物质文化遗产项目的资料整理，充分挖掘民俗绝技、培养新的传承人，使之成为武平的一张独特文化名片。

文物保护工程。可移动文物方面：科学、有效保护库房文物及展厅的文物。加大征集文物力度，力争在三年内创成国家二级博物馆。不可移动文物方面：实施古建筑和濒危项目抢救工程，抓紧绘制县内保存的古建筑图纸、收集古建筑构件等，确保对县保古建筑能基本抢修到位，对省保古建筑维修养护到位。同时，推动一批文物点向上申报保护单位。加大对岩前溶洞群、南海古国及城厢东岗村的考古调查，力争取得新成果。

客家传统手工艺振兴工程。客家传统手工艺所蕴含的独特文化艺术，是一个民系的基本标志和发展的源泉，传承和抢救刻不容缓。一是，编辑出版客家传统手工艺书籍；二是，制定县非遗保护法及非遗代表性传承人管理办法，鼓励传承人开展传习活动，并给予经费补助；三是，组织引导非遗代表性传承人把客家传统手工艺融入生活实用品，研发深具武平文化特色、充满时尚情趣、便于携带的旅游产品，带动和推进武平县旅游经济的发展。

民间传统音乐保护传承工程。组织专业人员挖掘、整理好现存的十番音乐、客家山歌相关素材，编写乡土教材。建立十番音乐、客家山歌的传承保护机制，确认一批传承人，并给予一定经费补助，鼓励他们进景区、景点表演，带动传统音乐在新时代的活态传承。

（二）自信走出创立戏剧联盟

武平汉剧系清代祁阳腔流入闽西后逐步形成，其起源可追溯到清雍正、乾隆年间，素有“南国牡丹”之美誉。改革开放以来，随着文化的多元化，戏曲一度滑坡，武平县汉剧团濒临下马边缘。武平县高度重视剧团的生存与发展，在财力不济的情况下，依然确保了剧团牌子不倒、人员不散，并确定了“传承、创新、出人、出戏”的发展方向，建立起“武平汉剧传习基地”。如今，武平汉剧是国家级非物质文化遗产，已有两批传承人，分别被省委宣传部、省文联和市文联确定为省级、市级的特色文艺示范基地。2017年9月，汉剧《百姓镇轶事》荣获福建省第八届百花文艺奖；县汉剧艺术传承保护中心，2018年1月获得由中宣部、文化部和国家新闻出版广电总局颁布的第七届全国服务农民、服务基层文化建设先进单位。据统计，近年来，武平先后有21人次分获福建省戏剧会演不同奖项。武平汉剧团坚持植根基层，扩大对外文化交流，拓展作为空间，演绎着“武平文化现象”，被民间誉为“乡村不走的剧团”。

剧团不走，但更好的保护、传承和弘扬的方式是“走出去”“请进来”。武平县倡导成立旨在“交流与合作、共建与共享”的闽粤赣边客家戏剧联盟，创造一个相互交流、合作、学习的平台，探索戏剧发展新模式。如今联盟正不断壮大，有三省38个成员单位。2017年7月26日，来自闽粤赣边客家戏剧联盟的艺术工作者齐聚武平客家演艺中心，期间恰逢“全国深化集体林权制度改革经验交流座谈会”在武平召开，各具特色的地方戏剧精彩地诠释了“绿水青山就是金山银山”的深刻内涵，助力闽粤赣边生态环境的绿色崛起，多角度展现集体林权制度改革带给百姓翻天覆地的变化。

图6-2　闽粤赣边客家戏剧联盟成立暨会演

资料来源：武平县委宣传部和县文新广体局。

2017年9月联盟还加入了《中国—东盟戏剧合作交流机制谅解备忘录》，扩大了武平文化在我国港澳台地区及东南亚各国的影响力，《闽粤赣边戏曲联盟系列活动》也顺利申报为全国文化品牌项目。作为联盟首届主席单位、福建省执行主席单位，武平正致力于朝着“中国客家戏剧联盟”方向进军，并以此为平台，将中国的、世界的客家人凝聚在一起。

（三）破立之间推动时代新风

开展移风易俗、弘扬时代新风，是贯彻党的十九大精神、实施乡村振兴战略、全面提高社会文明程度的重要举措。武平认真谋划移风易俗工作，把管理与疏导相结合，在管中纠治，在导中树新。破立之间，取传统之精华，去旧习之糟粕，在创新中传承。破，即大破陋俗。全县提升站位，共管共治，以“燃放烟花爆竹攀比之风”“高价彩礼”“宴席泛滥”“厚葬薄养”“封建迷信”“小赌怡情”等六个方面突出问题专项治理为重点，持续往深里抓、实里做，一锤接着一锤敲，让不良风气一项项得到遏制，正气清风一股股开始荡漾。立，即大立新风，开展“五大系列活动”，倡导科学文明的生活理念，引导人们形成绿色生产、绿色生活、绿色消费方式，培养文明节俭、向上向善的社会风气，把全县的新风正气树起来，努力实现乡风民风、思想道德、文化文明的整体提升。

“移风易俗，典型示范”引领时代新风活动。发挥党员干部和公众人物示范带动作用，以破除陈规陋俗为己任，以捍卫公序良俗为追求，坚决冲破世俗思想的束缚樊篱和世故羁绊，争当一个移风易俗的先行旗手。带头倡导绿色生活、反对铺张浪费，自觉加强对配偶、直系亲属及身边工作人员的提醒和约束。结合党员进社区活动，深入社区、乡村宣传绿色生活方式，及时劝阻婚丧嫁娶大操大办、燃放烟花爆竹、宴席泛滥等行为。

“移风易俗，文明节庆”淳化民风活动。持续深化“反对爆竹喧天，倡导文明庆典”主题活动，引导市民绿色发展生活理念，健康生活。以“我们的节日”活动为载体，在清明节，开展文明祭扫、网上祭英烈等活动；在端午节，举办“邻里和谐，婆媳和睦，粽子情深”全县包粽子大赛活动；

在“七夕节”结合勤劳节俭和孝亲敬老教育，开展凸显爱情家庭等文化内涵的活动；在中秋佳节，组织开展“月圆国圆，传承经典”主题活动；在重阳节，开展“浓浓重阳情，亲情感恩”活动，倡导孝亲敬老。

“移风易俗·弘扬家风”构建文明风尚评选活动。党的十八大以来，习近平总书记在不同场合多次谈到要“注重家庭、注重家教、注重家风”。“家庭”是移风易俗重要阵地。县里组织征集评选一批优秀家风家训，发动群众创作一批反映“推动移风易俗、弘扬家风”的文艺节目，深入挖掘家风故事资源，打造一个家风家训展示窗口，汲取经典家风家训精髓，传承文明家文化，真正做到以家训带家风，以家风树村风，以村风扬民风。

“移风易俗，十大标兵”文明乡风评议活动。加强乡风文明建设，组织开展移风易俗十大标兵乡风文明评议活动。坚持在“督”“评”“传”上深化乡风评议，在全县广泛开展“道德模范”“身边好人”“诚信人物”“美德少年”和“好邻居”“好婆媳”“星级文明户”“五好家庭”等推荐评选活动，以身边典型引领文明新风。发挥民间自律组织的独特作用，对村风民风进行定期评议、有效监督，引导群众自我管理、自我约束。

“移风易俗，五进农家”文化惠民活动。以“移风易俗、文艺同行”为主线，在民俗节庆日，运用村级资源，开展形式多样、贴合群众需求的活动，让文化活动进农户；以美丽乡村建设为主题，开展新农村变化摄影展、乡村采摘节、农民生产技术比赛等活动。

武平在移风易俗工作中讲究“会弹钢琴”，面上有系列活动，点上有典型示范。县里根据各乡镇特点，安排了12个乡镇开展移风易俗试点工作，平川、城厢以“反对爆竹喧天，倡导文明庆典”为主题；十方、象洞以“反对酒席泛滥，倡导喜事新办”为主题；岩前、中山以“反对厚葬薄养，倡导丧事简办”为主题；永平、桃溪以“反对高价彩礼，倡导婚育新风”为主题；武东、东留以“反对小赌怡情，倡导健康娱乐”为主题；万安、中堡以“反对封建迷信，倡导崇尚科学”为主题。以培树一批工作先进、特色鲜明的村（居）或个人典型，形成一套革除农村陋习、树立新风正气的规章制度。

武平的移风易俗破立之间讲究要有温度。每年正月十三，武平县都有庆贺“添丁”（生男孩）的习俗，也称“闹灯”“送花灯”。每年这一天，娘家人为上年“添丁”的女儿、女婿高挂“人灯”，寓为新丁祝福；婆家“升灯办酒席”款待宗亲；亲朋好友自带鞭炮前往祝贺，一边喝酒猜拳行令，一边燃放烟花爆竹，热闹非凡。但震耳欲聋的烟花爆竹声、呛人眼鼻的硝烟浓雾、遍地铺满的鞭炮纸屑也成为诟病。武平县平川镇在广泛调研的基础上，策划从 2019 年开始改良“贺添丁”习俗，由村推举德高望重的长辈主持，集体庆贺：宣读上年新生儿（不分男女）名单、赠送灯笼和道德传家宝、宣讲“我的家风故事”、文艺表演。以此探索标本兼治的长效管理机制，形成社会崇德向上的良好氛围。

（四）敢于探索激活文化产业

为提升文化产业在全县地区生产总值中的比重，实现提速提质进位的工作目标，武平设立每年预算 100 万元的“武平县文化产业发展专项资金”，以滚存用于文化产业项目策划、补助、奖励及人才引进。同时，还建立了产业发展激励机制，每年表彰奖励一批社会经济效益好的特色文化企业。制订了培育支柱产业龙头企业三年行动计划，实施支柱产业、龙头企业“双培育”计划。到 2020 年，计划培育 5 亿元以上 3 家，1 亿 ~5 亿元 5 家，0. 5 亿 ~1 亿元 10 家。

园区集聚。2015 年底，经县委、县政府精心策划，在梁野山 4A 级景区南麓的客都汇文化旅游小镇，建设“武平客都汇文化创意产业园项目”，2017 年 7 月，武平客都汇文化创意产业园成为龙岩市唯一、福建省 13 个文化产业重点园区之一。目前已经有 103 家企业入园创业，其中文化企业（个体户、工作室）有 63 家，主要包括文化旅游、会展服务、包装设计、书画创作、根雕根艺、文化休闲等文化贸易服务企业，文化创意产业集聚初步形成，今后要逐渐成为闽西文化创意产业新高地。

增量提质。一是根据文化产业发展实际，每年出台对乡（镇）文化产业发展绩效考评办法，要求通过培育组建法人企业逐步增加全县文化产业企业数量。依托资源优势与区域文化特色，形成文化产业发展新优势。二是在增量的同时，不断提升企业文化品位。2017 年 5 月，在第十三届中国（深圳）国际文化产业博览交易会上，良亚公司选送的 20 件文化创意产品再放异彩，其中《雨中游丝》获“中国工艺美术文化创意奖”铜奖。2017 年 7 月，良亚公司选送的《自然・守望》系列藤蔓、竹根工艺品获得龙岩市十佳文化创意产品奖。2017 年 11 月，良亚公司选送的《竹之韵》工艺品获得海峡两岸文化创意产品优秀奖。继续开展“特色文化企业”评选活动，重点打造了一批特色文化企业，提升了企业文化品位。

推进融合。积极呼应环梁野山城乡一体化发展试验区项目建设，实施“文化植入”工程，推进平桥翠柳城市森林公园内建设“平桥翠柳茶馆”等文化项目，推动文旅有机融合。以创建“国家全域旅游示范区”为契机，积极配合做好梁野山创 5A 级旅游景区、红色旅游基地、旅游休闲观光等“旅游 +”产业项目，做好“文化元素植入”工程。继续快速推进“兴贤坊”传统文化街区、中山国家历史文化名镇、原中山化肥厂文创园、千鹭湖景区、客都汇文化旅游小镇、定光佛祖庙海峡两岸交流基地等文化项目建设。

（五）亮出特色打造文化品牌

富有地域特色的各地非遗所传承和地方自创的丰富多彩的各类民间文化活动，是基层公共文化最有生命力的“活体”文化。武平县为这些文化活动搭建平台，引导提升，亮出特色，打造品牌。

1. 持续打磨“元初客家欢”乡村春晚文化品牌

乡村春晚是文化部第三批全国公共文化服务体系示范项目，2016 年 9 月，武平作为“全国乡村春晚百县联盟”五个发起单位之一，2017 年被列入全国乡村春晚十个直播点之一，武平的区域文化也因此被带到全国平台。乡村春晚，通过中国文化网络电视向“一带一路”21 个国家进行全球直播，俄罗斯、韩国、日本等国家都可以收看到原汁原味的中国乡村春晚。2017 年春节，武平春晚一炮打响，超亿观众火爆观看。武平一夜成网红，走出了福建，走出了国门，走向了世界。

武平的乡村春晚取名“元初客家欢”，其意源于清康熙年间武平举人林宝树先生创作的大型客家启蒙读物《元初一》（又名《一年使用杂字文》），旨在真实生动地描述客家人从年初开始，一年到头的生产、生活状况，反映客家人尊崇自然、尊崇礼俗的人文追求，重现客家地区自古沿袭的生活风尚，唤起客家人心中挥之不去的浓浓乡愁。整场活动由《春》《夏》《秋》《冬》四个篇章组成，重点突出民间、民俗、生态、质朴的风格，采用具有浓郁客家地域特色的艺术表现形式，深刻诠释客家人诗礼继世、耕读传家的人文理念，把浓浓的乡音和乡情带入全球客家人的心里。整场晚会是普通村民草根艺术，父老乡亲自编自导、自娱自乐，是一场集乡土性、文化性和艺术性为一体的客家民俗风情盛典。

“打造群众文化品牌，是我们发起‘元初客家欢’乡村春晚的初衷。”武平县文体广新局局长舒健如是说。继2017年之后，2018年“元初客家欢”乡村春晚在梁野山景区广场再次成功举办。“演出土得掉渣，也美得暖心。”全国乡村春晚百县联盟秘书长林岳豹认为，“元初客家欢”乡村春晚是对客家优秀传统文化的一次提炼、一次总结，是一桌客家优秀传统文化大餐，宣传推广效果是其他9个直播点无可比肩的。武平借此契机，在传统纸质电视媒体广泛报道，同时，运用互联网，在凤凰网、腾讯网、网易、新华网、今日头条等数十家网络媒体报道。晚会植入武平特色美食、农产品等元素，实现了文化宣传和旅游推介的完美结合。根据县旅游局数据中心综合测算，2017年春节期间，接待游客数同比增长30.9%，旅游总收入同比增长29.5%。

无怪乎，武平县县长廖卓文幽默地说，“既能传承发展中华优秀传统文化，又能推动乡村振兴，何乐而不为?”“我们努力通过这一活动吸引人气、带来财气、引来福气。”的确，这是一次“文化宣传+旅游推介”的成功探索，是对推进乡村振兴的有效发力。“元初客家欢”品牌虽已形成，打磨提升品牌，是武平今后努力的方向。武平县委书记陈厦生表示，“我们要努力形成经济富裕、文化繁荣、社会公平、生态良好的发展格局，所以对这次演出寄予厚望，希望对地方建设起到更大更好的促进作用。”

图 6－3　乡村春晚（李国潮摄）

2. 持续打造“农家欢，村村乐”活动品牌

“农家欢，村村乐”乡村春晚活动，为老百姓搭建了自己的舞台，营造了一个人人参与、人人共享、人人创造的浓厚文化氛围。由群众自编、自导、自演的一个个特色鲜明、独具魅力的民间文艺节目轮番排练上演，引来围观村民的阵阵喝彩。2017 年“元旦”“春节”，县里发动全县 30% 以上村参与“农家欢，村村乐”活动。2018 年，有 100 个村持续上演“农家欢，村村乐”。连续两年，乡村春晚越办越好，植入了更多的文化因素，十九大精神、社会主义核心价值观、移风易俗、孝老爱亲等都融入节目中。虽然节目“有点土”，但却不乏浓厚的乡土气息，淳朴的民风，客家的情怀。晚会系住了一抹抹乡愁乡韵的情愫，描绘了一道道乡村振兴的风景，展现了武平乡村的发展新气象，讴歌了党的好政策，也充分反映了党的十九大精神深入民心。

“农家欢，村村乐”乡村春晚活动引爆了武平基层群众的文化热情，男女老少齐上阵，日夜排练。喜庆的锣鼓敲起来，欢快的舞蹈跳起来。湘村的刘连英说，“大家在一块排练非常快乐、很开心。”坪坑村的刘志兰说：“今后要多举办这样的活动，把我们的民俗表演永远传承下去。”

3. 持续提高半月戏坛文化品牌

在梁野文化广场，每月举办两场公益惠民演出，“文明武平·半月戏坛”广场文化活动受到广大群众的热烈欢迎，取得了较大的社会影响。从2010年开始，乡（镇）村自筹、村民募集、政府以奖代补，全县加大农村文体广场建设方式，鼓励乡（镇）村建设。2013年以来，武平县全民健身场地设施建设资金每年投入50万～60万元，目前全县有380多个健身场地。广场文化内容丰富、形式灵活，许多人可以在广场找到自己的兴趣。依托农村文体广场，民间文艺社团公益演出仅2017年就达600多场次，提升了群众的幸福感和满意度。“文明武平·半月戏坛”广场文化活动，是深入贯彻落实习近平总书记在文艺工作座谈会上的重要讲话精神、完善县公共文化服务体系建设、推进文化发展大繁荣、推动和谐武平构建的重要抓手。今后还需要多方位探索，以形成长效机制，让其行稳致远。

4. 持续提升非物质文化遗产品牌

武平有较为丰厚的文化资源。目前全县境内分布着500多处文化遗存，27处文物保护单位，其中省级文物保护单位5处；馆藏文物1988件；有7个市级传统村落，9个县级传统村落；国家级非遗项目“闽西汉剧”，省级非遗项目“定光佛信俗、民俗绝技‘上刀山下火海’”，非物质文化遗产项目代表性传承人省级4人，市级3人。武平立足长远，加快优秀传统文化传承保护。

设立非遗传承教育示范基地。开展非遗项目“六进”（进社区、进学校、进企业、进机关、进农村、进家庭小舞台）活动，特别是本着非遗保护“从娃娃抓起”的理念，使在校学生有机会知晓、学习非遗，激活了非遗活态传承的有效机制。精心打造“定光古佛”民俗文化、中山“宫廷花灯”和“中山（武所）汉剧”及民俗绝技三个“非遗”项目展示示范点建设，鼓励和扶持社会力量积极创办民间艺术团体。

加快打造汉剧精品剧目，在创新中弘扬发展优秀传统文化。汉剧团初步形成了以武平历史、人文资源、自然景观、民俗文化和特色产品等为题材，以茶为主线的剧目，2018 年 6 月，正式入驻城市森林公园“平桥翠柳”茶楼表演。

传承好武平十番音乐。武平十番音乐是传统民间音乐，因用丝、竹、革、木、金制作的十件乐器演奏而得名，流传近 600 年，在传承中吸收融会了当地畲瑶古乐、汉剧音乐、祈剧音乐、潮剧音乐、采茶戏音乐、木偶戏音乐甚至宗教音乐等，其乐曲标题多描绘大自然及客家人生活习俗情趣，体现一定的意境，有的还表现了古老的传说故事。广为流传的歌曲《送郎当红军》用的就是十番音乐的曲调，成为我国传统文艺与革命斗争紧密结合的成功范例。这一群众喜闻乐见的活动必须传承好。

持续加大非物质文化遗产的保护传承。目前已完成县客家非遗普查及项目筛选认定，完善了客家非物质文化遗产数据库，确定并公布了三批共十大类 50 项县级非遗项目，完成了 26 项县级非遗项目向市级申报工作。同时要以纳入国家文化部国家客家文化（闽西）生态保护试验范围为契机，进一步调查摸底，挖掘整理资料，完善武平客家文化生态保护试验区规划。

5. 形成夯实基础的“农家艺学堂”品牌

目前，武平县业余文化队伍有 170 多支，文化志愿者组织和文化类社会组织有 44 个，达 500 余人。为了更好地打造“农家欢，村村乐”“半月戏坛”等一系列文化品牌，着眼艺术普及，武平有意识开始打造“农家艺学堂”品牌。武平县始终以“坚持公益性，强化服务性、体现主导性”的原则，通过创办“农家艺学堂”，对县民间社团、乡村文化工作者、志愿者等开展各项文化惠民公共文化免费培训，邀请各级各类专家学者进行晚会编导、主持、舞蹈、音乐、文学创作、化妆等项目培训辅导，提升基层文化人才的文艺创作水准，以培养“能人”推进全民艺术普及，为储备基层文艺人才后备力量打下坚实基础。

6. 形成关注本地文化艺术研究的品牌

为贯彻落实中办、国办《关于加快构建现代公共文化服务体系的意见》精神，充分发挥制度设计研究决策参考、指导实践、推动立法的重要作用，文化部公共文化司组织专家对2017～2018年度国家公共文化服务体系制度设计研究课题立项进行了认真评审，从全国371项申报课题中评出年度制度设计研究立项课题70项。武平县文化馆和浙江省丽水职业技术学院联合申报的“县域全民文化艺术普及‘馆+’机制创新——以浙闽毗邻十县（市区）研究为例”研究课题顺利通过国家评审立项。武平的历史悠久，文化深远，主动整合内外部力量，积极开展关注本地文化艺术的研究，以此深入贯彻落实国家《公共文化服务保障法》，总结、推广、积淀、提升本地文化艺术，为普及县域全民文化艺术开新篇，以形成武平文化的新高度。

案例

岩前镇治理创新，保障乡风文明建设常态长效

岩前镇是武平县的“南大门”，与广东蕉岭县交界，总面积185平方千米，辖16个行政村、1个社区居委会，常住人口约4.3万人，是县域交通要镇、资源大镇、经济强镇和人文重镇。近年来，岩前镇在加快经济社会发展的同时，牢固树立以人民为中心的发展理念，扎实推进社会治理创新，保障乡风文明建设常态化、长效化，致力建设宜居宜业宜旅的县域次中心。岩前镇被评为2015～2017年度市级文明乡镇，其中东峰村被评为2015～2017年度市级文明村。

一、创新宣传方式，引导百姓理念转变

用东峰村村书记罗时龙的话说，“建设乡风文明，最根本的是把老百姓的思想精神状态调整过来，所以宣传教育要先行”。岩前镇、村紧紧围绕工作重心、文明短板，切实创新宣传方式，以群众喜闻乐见的方式提高宣传教育实效。

1. 强化宜居环境宣传

生猪养殖业造成水流域污染，是岩前近年来建设宜居环境的最突出短板。在生猪养殖业污染综合整治攻坚行动中，镇、村始终坚持宣传在前，着力倡导健康文明的生活行为方式，通过《致广大群众的一封公开信》、发放宣传单、启用宣传车、入户交流宣传、开展专题演出等方式，广泛宣传生态

环保政策规定等，引导养殖户主动及时拆除，确保了整治行动的顺利进行，断面水质取得明显好转。东峰村与集镇相邻，一直以来，东峰村村民以勤劳种养而出名，是岩前的养猪大村，2015年全村在养猪舍面积达5万平方米。面对猪舍拆除面积大、任务重的实际情况，村两委紧紧抓住集中攻坚的契机，自我加压，提出在全镇率先打造“无猪村”的攻坚目标。整治过程中，始终把做好群众思想动员工作放在首位，配合县、镇工作组，无论早晚、无论天气、无论节假日，挨家挨户上门耐心做工作，把政策说清楚，把危害讲透彻，并结合大小会议、各类活动、各种平台，营造攻坚整治的浓厚氛围。用“三句半”等文艺宣传活动，帮助老百姓树立绿色生活理念；用领导率先、党员跟上这种无声却有力的宣传，取得群众的积极支持。经过近几年来的努力，成功实现全镇首个“无猪村”目标，河流变清了，空气变好了，环境变美了，群众心情舒畅了。

2. 强化移风易俗宣传

推进移风易俗是乡村文明建设的一项重要内容。镇、村针对当地移风易俗重点，注重在群众聚集的公共场所建设“文化墙”，形成“一墙一风景、一墙一阵地”，以图文并茂、生动活泼、直观明了的方式，大力宣传新农村建设的各项方针政策、传统民俗文化、文明新风尚等内容，成为美丽乡村的一道亮丽风景。同时，在全镇范围大力开展“文明家庭”“孝老爱亲家庭”“身边好人榜”等评选活动，利用微信公众号等媒体，广泛宣传大布王永芳孝老爱亲、宁洋优秀青年钟葛峰等身边好人典型事迹，以身边典型引领新风尚，用身边人、身边事教育引导广大群众。东峰村充分利用闲置的小学校舍，建成农民文化公园，设置活动室、宣传栏和各种文体设施，因地制宜设立综合性文化宣传长廊，张贴宣传社会主义核心价值观、精准脱贫、讲文明树新风、廉政文化、文明交通出行等图册，把农民公园打造成农民文化休闲活动的主场所、乡风文明宣传教育的主阵地。营造出浓浓的乡村文明建设氛围。

二、创新治理方法，形成文明建设常态

文明要形成常态，单靠堵是不能解决问题的。必须着眼于堵疏结合，让群众有出路可走、有新规可循、有办法可行，改变陈规陋俗，树立文明新

风。乡村文明主体是老百姓，乡村文明建设是全覆盖的。在创建全国文明城市成功后，武平的文明建设不断向纵深方向推进。以文明和谐乡村创建为总目标，以完善社会服务、创新社会治理为重点，让广大群众特别是特殊人群都成为乡村文明建设的参与者、受益者。

1. 建立红白理事会，摒弃厚葬薄养陋俗

镇、村紧紧围绕社会主义核心价值观这条主线，以“村规民约”对红白喜事的随礼标准、酒席规模等进行合理界定。注重让农民做村规民约建设的主角，参与到乡规民约内容的建设中，并踊跃参与到监督工作中，激活了传统道德力量和村民自治意识，促进乡规民约的自觉遵守与有效实施。

各村立足实际，建立完善“四会”，特别是红白理事会达到“五有”标准：有统一配备的场所、有专项使用的经费、有纳入公益岗位的人员、有务实管用的制度、有内容健康的活动。例如，东峰村立足本村实际，进一步修订完善本村的《红白理事会职责》《红白理事会章程》，建立红事白事服务管理服务台账，确保红白理事会真正发挥作用。同时将本村红白理事会成员名单、职责和章程在村公示栏中张贴，做到人人知人人晓，真正让村级群众自治组织发挥引导作用，不断提升群众自我教育、自我管理、自我服务的水平，真正把规矩立起来，让风气正起来。

2. 丰富行为劝导载体，引导村民安全出行

国道205线过境岩前的路段长，大型货运车辆多，交通安全形势较为严峻。镇、村采取安装道路隔栏、减速坎、大型警示牌、路面警示灯等各种措施，加大交通安全治理力度，同时不断加强文明出行教育。东峰村针对村民对交通法规、交通安全常识知晓不多和骑摩托车不戴头盔等问题，专门在村主干道路口设立交通安全劝导站，组织交通安全员、党员、村民小组长等开展劝导工作，增强群众的交通安全意识，近三年来本村村民未发生道路交通亡人事故。这一做法，得到省、市的积极肯定，主要媒体都做了宣传报道。

3. 办好农村学校少年宫，有效提供留守儿童亲情关爱

岩前镇青壮年劳动力向来有外出经商务工的传统，伴随而来的是留守儿童的教育关爱问题。岩前镇依托中心学校认真办好乡村学校少年宫，作为

“四点半”学校的重要组成部分，建立辅导员队伍，成立舞蹈、书法、美术、腰鼓、剪纸等兴趣小组，利用每周二、周四下午课外活动作为固定时间，开展少年宫活动，培养学生的兴趣特长，点燃学生的学习自信，磨炼学生的意志品质，引导留守儿童健康快乐成长。

4. 加强对社区矫正人员的教育帮扶，有效引导他们人生重塑

岩前镇司法围绕提升社区服刑人员的适应社会能力，将他们纳入“雨露计划”“温暖工程”等技能培训体系之中，通过邀请他们与其他农民兄弟一同参与“混合式培训”、邀请专业技术人员对社区服刑人员开展“专项培训”、发动农村种养大户对社区服刑人员进行“传帮带”点对点培训等方式，让他们掌握一技之长，回归社会后走上勤劳致富之路。如社区服刑人员吴某珍，因性格暴躁，为人执拗，导致家庭关系紧张，多次违反监督管理规定而被依法警告三次，若再次违反将面临收监执行。武平县社区矫正中心、岩前司法所工作人员以鼓励其参加技能培训为突破口，联系当地食用菌种植大户李大哥一对一帮助其学习食用菌栽培技术，吴某珍逐渐树立生活信心，认真遵守各项规章制度，未再出现违规的情形。现吴某珍在家从事食用菌种植近两年，年收入近5万元，改变了人生，走上了幸福之路。

参考文献

中国人民政治协商会议、福建省武平县委员会文史与学习宣传委员会：《武平文史资料选辑》第1~24辑，2016。

中国人民政治协商会议、福建省武平县委员会文史与学习宣传委员会：《武平文史资料第25辑》，2017。

陈厦生主编《武平大赋》，社会科学文献出版社，2018。

中共武平县委精神文明建设指导委员会：《好人之城》，2017。

兰玉峰主编《孝润武平》，2017。

温铁军：《生态文明与比较视野下的乡村振兴战略》，《上海大学学报》（社会科学版）2018年第1期。

王忠武：《乡村文明的价值结构与新时代重构》，《山东社会科学》2018年第5期。

第七章

夯实组织基础：武平基层治理与保障

欲振兴，必先治理。良好的社会治理是保持社会和谐稳定、让人民过上美好生活的前提和保障。第六章阐述了武平如何在传承优秀文化的的基础上实现了文化的繁荣，而文化的繁荣不仅奠定了社会道德秩序的基础，也铸就了社会治理的精神内核。有了文化的积淀，还需夯实组织基础，才能充分调动各方力量，共同构建和谐稳定的基层治理体系，真正实现乡村振兴。因此，本章将从党建工作、民生服务、基层自治、法治建设和平安建设五个方面回顾武平基层治理与保障的实践探索。

一　基层治理对乡村振兴的重要意义

乡村是国家治理最基本的单元。乡村治理是否有效，不仅决定着乡村社会的发展、繁荣和稳定，也体现国家治理的整体水平。党的十九大报告提出，要加强农村基层基础工作，健全自治、法治、德治相结合的乡村治理体系。2018 年中央农村工作会议又提出“必须创新乡村治理体系，走乡村善治之路”，并将其作为中国特色社会主义乡村振兴道路的具体路径之一。这是以习近平同志为核心的党中央着眼于推进城乡一体化发展、加快农业农村现代化和全面建成小康社会做出的重大决策，也是新时代实施乡村振兴战略的重要内容。

从历史上看，中国自古就有“乡绅之治”的传统。基层治理体系和治理能力现代化是实现社会主义现代化的特征之一。在我国推进现代化建设进程中，农业农村现代化长期处于薄弱环节，其短板效应已严重影响到全面建成小康社会目标的实现。虽然“社会主义新农村建设”在一定程度上弥合了城乡发展之间的区隔，但城乡二元制所造成的农村基本公共服务供给不足、农业产业结构设置不合理与农民生活水平低下等现实问题仍在延续，尤其是工业化与城镇化的快速发展，加剧了农村的“空心化”与“边缘化”，而依靠“行政命令”手段的传统乡村管理模式更是难以适应复杂多变的基层社会环境，乡村治理亟须转型和升级。①

当前，我国社会主要矛盾已经由“人民日益增长的物质文化需要”转变为“人民日益增长的美好生活需要”，不仅意味着社会供需结构由较低层级供需矛盾向中高层级供需矛盾的转变，从“数量短缺型”供需矛盾向“优质不足型”的供需矛盾转变，也意味着党的方针政策和政府的执政理念随着新时代的发展而调整，更意味着传统的“建设—改造—重建—复兴”路径难以适应新时代乡村可持续化发展的新要求，应通过转变乡村治理方式、完善乡村治理体系、提高治理能力来推动乡村振兴、转型和升级。因此，开拓新思路、探索新模式，完善乡村治理体系，提升乡村治理能力，夯实乡村振兴的社会基础，尤显迫切。

新时代下，有效的基层治理是指党委领导、政府负责、社会协同、公众参与，通过法治、德治和自治有机融合，对乡村居民提供有效的公共服务，对乡村的公共事务进行有效管理，协调好乡村不同利益群体的关系、化解矛盾的过程，其目的在于确保乡村社会充满活力和安定有序。② 党的十九大报告指出，创新社会治理要打造共建共治共享的社会治理格局。这就要求我们坚持系统治理，完善乡村治理体系，在党委领导、政府主导下，鼓励和支持社会各方面参与，促进政府治理和社会自我调节、居民自治良性互动，为实

① 张新文：《社会主要矛盾转化、乡村治理转型与乡村振兴》，《西北农林科技大学学报》（社会科学版）2018 年第 5 期。

② 彭波、朱虹、魏哲哲等：《创新社会治理，让人民更有幸福感》，人民网，2017 年 11 月 1 日，http：//politics. people. com. cn/n1/2017/1101/c1001 – 29619334. html。

现农村农业现代化目标、贯彻新发展理念、解放和发展农村生产力提供坚实的保障。

二　武平基层治理与保障的实践

（一）党建工作筑牢组织堡垒

武平现共有基层党组织684个，其中，党委32个、工委4个、党总支34个（农村党总支2个）、党支部614个（农村党支部221个），党员19366名（农村党员11209人）。近年来，按照“围绕发展抓党建、抓好党建促发展”的思路，武平以党的建设为统领，加强党对经济社会发展各项工作的领导，不断提高各级党组织的凝聚力、战斗力、组织力，充分发挥基层党组织的战斗堡垒作用和广大党员的先锋模范作用，为武平绿色发展提供了强有力的组织保障。

1. 不断优化基层组织设置

一是灵活设置基层党组织。针对农村党组织设置不合理、党员教育管理难等问题，武平采取多种模式，因地制宜，灵活设置村级党组织或整合资源升格党组织。如跨村联带组建党组织，把地域相连的五个村和区域内的电商创业园区、客都汇文化旅游中心以及两个专业合作社联合起来，成立首个跨村跨企联合组建的农村基层党组织——环梁野山试验区党总支。又如武平打破“乡（镇）党委—村党支部—党员”纵向单一管理结构，把农村党员数50名以上、产业特色明显、条件成熟的平川镇城南村和桃溪镇小澜村党支部升格为村党总支部，大大增强了党员教育管理的针对性和有效性。

二是致力于打造农民合作社党建工作品牌。武平针对近年来农民合作社发展迅猛的县情，围绕“党旗引领合作社”这一主题，通过组建合作社党组织、创建党员家庭农场、实行村社联建模式、搭建社企服务平台等方式，不断整合城乡党建资源，致力打造农民专业合作社党建工作品牌，将农村党建与产业发展紧密结合、相互促进，为新形势下农村党员发挥先锋模范作用、带动广大农民群众增收致富探索出了一条新路。目前，武平已成立县委农民合作社建设工作领导小组及办公室，组建农民合作社建设工作党委，分片区设立了5个联合党总支，24个专业合作社党支部。

三是在“两新”组织中推进党组织和工作覆盖。武平认真贯彻落实省委、市委组织部的部署要求，扎实推进“两新”组织（即非公企业和社会组织）党的组织和工作覆盖，通过抓规范健全工作台账、抓体制形成工作合力、抓队伍提升组织能力、抓典型注重示范引领等特色做法，不断推进“两新”组织党建水平。目前，全县非公企业270家，成立非公企业和社会组织党工委1个、省级工业园区党（工）委2个，建立党支部91个（单独组建党支部55个，联合组建党支部36个，其中2017年新单独组建7个），覆盖221家非公企业，党组织覆盖率达81.9%；社会组织70个，建立党支部14个（单独组建党支部4个，联合组建党支部10个，其中2017年新单独组建1个），覆盖61家社会组织，党组织覆盖率87.1%。

2. 实施基层党建与脱贫攻坚“双推进”

武平把脱贫攻坚作为基层党建的首要内容，先后制定了《武平发展壮大村集体经济实施意见》《关于消除空壳村的实施方案》《进一步开展基层党建与脱贫攻坚“双推进”工作实施方案》等政策措施。推行“村级党组织+企业（合作社）+基地+贫困户”等模式，深入开展“村企共建”“村社共建”等活动，把发展村集体经济纳入村级班子及村干部绩效考评方法，并作为基层党组织述职评议的重要内容，强化跟踪考核，推动工作落实。

2017年引导全县342家农民专业合作社、29家农业龙头企业与47个贫困村、1523户贫困户对接发展果蔬、养殖、林下经济等产业，助推贫困村、贫困户实现产业脱贫，切实发挥党组织的政治优势和党员的示范作用，有力地促进了村集体经济发展和贫困户增收致富。

3. 探索建立村级后备干部“双挂双培”机制

为克服基层人才紧缺尤其是部分乡村有能力、懂业务、善管理的后备党员干部较少的问题，武平积极探索建立“双挂双培”机制，把有发展潜力的村级后备干部“内挂”或“外挂”到乡镇有关部门（或先进村）或非公企业［或重点项目、重点工程、重点产业（基地）］或县级以上有关部门进行实践锻炼，分别把其培养成具有一定能力的干部。

一是择优定员。以建制村为单位，在深入调查摸底、宣传发动的基础上，采取个人自荐、党员群众举荐、组织推荐和村两委会议研究确定“三推一定”的办法，从村级后备干部中推选出“外挂”和“内挂”人选。“外挂”的村级后备干部人选主要为村党组织副书记、村民委员会副主任以及团、妇、兵负责人等现任村干部，“内挂”的村级后备干部人选主要为协会负责人、农村“六大员”、致富能人、乡土人才和外出创业人员中的优秀人员等。各村将推选出的后备干部人选上报乡镇党委审核把关，由乡镇党委确定“外挂”和“内挂”名单，“外挂”到重点项目、重点工程、重点产业（基地）或县级以上有关部门实践锻炼的后备干部人选还需经县委组织部审核把关。

二是分类双挂。对“外挂”的村级后备干部，根据其个人特长和培养方向，分批安排到合适岗位进行挂职锻炼。安排到乡镇有关部门或先进村或非公企业挂职锻炼的，挂职时间由乡镇党委确定；安排到重点项目、重点工程、重点产业（基地）或县级以上有关部门挂职锻炼的，挂职时间由乡镇党委研究报县委组织部同意后确定。对“内挂”的村级后备干部，采取个人申报和组织安排相结合的办法，分别聘任为村干部助理、经济发展“顾问”、“两小”组长等职务以及安排到“定岗定责”的岗位上进行实践锻炼，挂职时间由村两委会议研究报乡镇党委同意后确定。

三是分层培养。按照“分级负责、分层培养”的原则，采取“四定”措施，加强对村级后备干部的培养锻炼，提高后备干部的农村工作能力。

（1）定位培训。将“外挂”的村级后备干部纳入乡镇农村基层干部教育培训规划，以实施“一村一名大学生”培养计划为抓手，抓好大专以上学历教育培训。对“内挂”的村级后备干部，依托县乡党校、电大、农函大、农广校等阵地，加强农村实用技术培训。

（2）定人带班、结对培养制度，带班人或结对培养人指导后备干部制订学习、工作计划，在学习、生产和工作中教方法、传经验，带后备干部一起处理事务和业务问题，使他们尽快了解情况、熟悉业务。

（3）定岗锻炼。把村级后备干部安排到合适的岗位上培养锻炼，增强培养的实效性。对“外挂”的村级后备干部，分别安排他们担任乡镇部门跟班见习员、非公企业党建“三大员”、先进村党支部副书记等职务进行锻炼，或到重点项目、重点工程、重点产业（基地）、县级以上有关部门压担锻炼，增强后备干部的工作经验和能力。对“内挂”的村级后备干部，通过一定程序让他们担任村干部助理、村级经济发展“顾问”、村“两小”组长以及安排到村级政策法规宣传、科技推广示范、扶贫济困帮带、致富信息传播、群众矛盾调解等岗位上，让他们广泛接触村级事务，在实践中经受锻炼，提高管理事务的能力和本领。

（4）定向培养。继续实施村级后备干部“三向培养”计划，有针对性地开展培养工作，对非党员的村级后备干部，通过定期吸收他们参加党的活动，加强教育引导，着力培养成党员。对“外挂”的村级后备干部，与“外挂”单位的人员同工作、同管理、同考核，把其培养成村党组织书记或村民委员会主任。对“内挂”的村级后备干部，采取“跟、学、试”的办法开展工作，与村干部一同安排工作，列席相关会议，让其跟着现任村干部做、学着现任村干部干，把其培养成村级副职干部或其他一般干部。

四是量才施用。大胆使用在挂职锻炼中表现突出的后备干部，营造让“外挂”和“内挂”后备干部脱颖而出的良好环境，做到村级后备干部合理配置、量才施用。对培养成熟的“外挂”后备干部，在村级组织换届选举时及时推荐担任村党组织书记、村主任，对培养成熟的内挂后备干部，在村级班子中途调整时，及时推荐担任村党组织副书记、村委会副主任或村级其他职务。

4. 基层组织联动，实现资源共享

一是组织联动。以武平民主乡，平远县差干镇，寻乌县项山乡、罗珊乡为序，每年轮流定期承办闽粤赣三省边界的四乡（镇）十一村边界乡村社会管理品牌创建交流研讨会，总结分析各自领域及在共建活动中的成效、经验，共同探讨研讨解决实际工作中的新难点、新问题。为构筑闽赣边界长期和谐稳定，东留镇与江西省寻乌县罗珊乡、会昌县筠门岭镇签订了《闽赣边界乡镇合作打造两省区边界和谐村级党组织协议书》，就两镇定时召开联席会议、建立党建共建联创联络员、边界应急联动等制度达成共识，充分发挥党建共建联创优势，为维护两省边界稳定工作贡献力量。

二是资源共享。（1）党建资源共享。充分利用边界乡镇党建网和村级组织活动场所、远程教育网络等平台，通过联合举办农村党员培训班、互通交流党建信息。（2）人才资源共享。将流入地务工经商人员和流动党员列入人才培养对象，及时互通培养信息，交换工作意见，着力把流入年轻能人培养成入党积极分子，把党员培养成致富能人。

三是党员互比。围绕“三互”引领边界党员“争先锋、比奉献”。知识内容“互学”。通过建立联合党校、互派党员干部挂职等渠道，定期开展学理论、学技术、学法制等活动，在相互借鉴、学习研讨中提高工作能力水平。共同议事“互谋”。建立党员议事会，围绕共同关注的热点、难点开展沟通磋商，找准合作的切入点、着力点。服务网络“互帮”。组建跨区域“边界党员服务站点”“党员互助服务队”“党员先锋联合服务队”“党员应急联合突击队”等，充分发挥党员在维护边界和谐中的先锋模范作用，深入开展为民服务全程代理、党员承诺等活动，为边界群众提供信息咨询、法律援助等服务。

（二）民生服务打造幸福武平

民生服务是社会建设的重要组成部分。“十二五”以来，武平以改善和保障民生为出发点和落脚点，有序推进各项业务协调发展，促进人民生活水平不断提高。2012～2017 年武平人民生活与社会保障的主要数据如表 7－1所示。

表 7－1　2012～2017 年武平人民生活与社会保障的主要数据

项目＼年份	2012	2013	2014	2015	2016	2017
城镇居民人均可支配收入(元)	18122	20006	24046	26187	28439	31027
城镇居民人均消费支出(元)	16627	18133	18097	19596	20772	21686
农民人均可支配收入(元)	8728	9838	11437	12581	13676	14852
农民人均生活消费支出(元)	6491	6947	8377	9215	9971	10788
参加城镇基本养老保险(人)	1578	33088	35652	36723	38866	31692
参加城镇失业保险(人)	29208	22844	27368	29403	31460	33556
参加城镇基本医疗保险(人)	75242	29894	39049	38771	26417	13495
新农保参保人数(人)	3104770	3111146	315868	318608	317311	317320
新农合参保率(%)	99.95	99.99	100	100	100	100

数据来源：武平县民政局。

1. 社会救助体系不断健全

一是救助对象逐步拓展，标准逐步提高。社会救助由最低生活保障对象向低收入家庭和临时困难家庭拓展，社会福利由补缺型向适度普惠型发展，社区服务惠及广大社区居民。自 2017 年 1 月 1 日起，全县农村低保标准提至 3960 元/人・年、城市低保补助标准提至 538 元/人・月。

二是完善城乡医疗救助工作。实行医疗救助"一站式"服务，将民政部门承办的低保对象、革命"五老"人员医疗救助和重点优抚对象医疗救（补）助结算给付等业务，转由该县新型农村合作医疗管理中心承办。通过资源共享、信息共享、同步结算、统一监管的管理方式，让人民群众享有更便捷、更高效的服务。"十二五"以来，全县累计实施医疗救助 22.75 万人次，累计救助支出近 5000 万元。①

三是提升灾害应急救助能力。修订完善了《武平自然灾害应急预案》，完善部门会商、救灾预警、应急响应、灾害评估等机制，逐步推动开展智能手机报灾及乡镇报灾。全县现已形成防范有预案、应急有措施、救济有办法的一整套救灾救济体系。

① 武平县民政局提供数据。

四是加大老区扶持建设力度。全面落实革命“五老”优待政策、定期生活补助，积极争取各项项目补助资金。规范老区扶贫建设资金、老区发展专项资金的使用管理，强化激励约束和监督检查，加快拨付进度。开展项目带动，帮助老区人民尽早脱贫。扎实做好“五老”人员及遗偶的服务工作。

2. 养老服务水平进一步提升

一是推进农村幸福院项目建设试点。2014 年初，武平被省民政厅列为全省试点县。按照“村级主办、政府支持、社会参与、协会互助”的总体思路，结合农村居家养老服务站运行平台，武平先行先试推动农村幸福院建设，努力实现：建成一个农村幸福院、配备一套为老服务设施设备、建立一套日常活动管理制度、形成一个正常运行的长效机制。坚持建管并重，积极探索农村互助养老新模式和长效机制，创建符合当地实际、具有武平特色的农村养老服务新路子。截至 2017 年，全县共新建 58 个农村幸福院和 127 个农村居家养老服务站；在开展居家养老服务站和幸福院建设中，有 93 个村成立了村级助老基金，累计募集基金 2770 万元。

二是加大敬老院公建民营力度。根据全省民政工作会议有关精神，学习借鉴外地先进管理和护理经验，推进县社会福利中心和有条件的农村敬老院实行公建民营。2017 年，武平仁济医院已托管平川、城厢、十方、岩前、中堡、永平 6 所敬老院，县内多家民营托老机构正在与平川镇、下坝乡等乡镇敬老院进行洽谈。截至 2017 年，全县乡镇敬老院已入住 346 人，其中特困对象 323 人，其他社会人员 23 人，床位使用率为 50.51%；全县护理型床位累计 790 张，占全县养老总床位的 36%。

3. 民政基础设施建设逐年推进

近年来，武平的乡镇敬老院、社区综合服务站、社区居家养老服务站、农村幸福院、县社会福利中心等重点工程逐年推进，救灾仓储、避灾场所、儿童福利、救助保护、殡葬服务、烈士纪念等项目建设力度加大。2014～2017 年，全县实施民生项目 59 个，总投资 72.3 亿元，累计完成投资 27.3 亿元，其中，教育方面共有 11 个实施项目，卫生方面共 5 个实施项目，民政福利方面共 14 个实施项目，劳动保障方面共 8 个实施项目，文体广方面共 13 个实施项目，人口计生方面共 1 个实施项目，旅游方面共 5 个实施项目，科技方面共 2 个实施项目。

4. 构建便民服务体系

武平县于 2004 年成立了县级行政服务中心，2014 年在全县 17 个乡镇建立了便民服务中心，214 个行政村、5 个居委会建立了便民服务代办点，并达到标准化建设要求，形成了“县—乡（镇）—村”三级便民服务体系，有力地提升了便民服务水平。

县级中心是集“行政审批和公共服务”“便民缴费”为一体的综合性服务平台。中心以“便民、规范、高效、廉洁”为服务宗旨，以“环节最少、程序最简、时间最短、服务最好、效率最高”为目标，推行政务服务“一网通办”和企业群众办事“只进一扇门”“最多跑一次”，推进审批服务便民化。全面实行“五个规范”和“四个统一”，推进审批服务标准化。推进联审联办，做到“联合踏勘”“联合会审”“联合办理”，推进项目审批快速办。实行上门服务、预约服务、延时服务等服务方式，受到了群众的一致好评。

各乡（镇）坚持“便民利民、应进则进”的原则，将与群众生产、生活息息相关的民政、“三农”综合保险、司法、综治信访、新农保、劳动保障、新农合、计生服务、农机、农技、村镇建设、扶贫等服务事项统一纳入便民服务中心办理，方便群众进一个厅（中心）办所有事。乡镇便民服务中心公开服务事项、服务电话、服务承诺、监督电话；制作服务指南，梳理出新农合、造福工程申请等 97 项审核服务事项并制成办理规程放在便民服务中心窗口，大大提高了窗口服务效率。对村民需要到镇政府及县直有关单位办理的一二孩生育服务登记表、宅基地审批、林木使用、民政、“三农”综合保险、农技及劳保、医保、低保、户籍等涉及村民生产生活事务，村（居）代办点可代为办理，形成县乡村一体、线上线下联运的行政审批服务网络体系，打通基层群众办事的“最后一公里”。

（三）基层自治激发社会活力

群众自治是我国民主政治制度的重要组成部分。近年来，武平以基层群众为主体、以社区和社会组织为载体，不断创新基层自治，基层民主实践在党的领导和法治框架下不断发展，初步形成政社合作、多元共治的社会治理新格局。

1. 基层自治制度化、规范化

一是村（居）班子构成更加合理。在2015年村（居）民委员会换届选举中，选出村（居）委会主任219名，其中女主任7名，连任119名；选出村（居）委委员848名，其中女性委员270名。新一届村（居）班子的性别、文化、年龄结构比例更趋合理，呈现出“三高一低”的特点，“三高”就是学历提高［中专（高中）以上学历比上届比例提高5.5个百分点］、女干部比例提高（比上届比例提高1个百分点）、经济能人比例提高（比上届提高2.3个百分点），“一低”就是平均年龄降低（比上届降低1.4岁）。从选好班子入手，思想上、行动上高度重视村民自治，自觉将村民自治作为乡村治理的战略渠道，建设好维护好利用好，实现政府治理与村民自治的有效衔接。

二是规章制度不断完善。在村级层面，村委会重点做好四个环节不放松：制定村委会选举办法，保证民主选举；建立村民代表会议制度，保证民主决策；制定村民自治章程，保证民主管理；组建村务监督委员会，保证民主监督。充分行使广大村民的自治权力，切实维护村民的参与权、决策权和知情权。

2. 社区治理不断推进

社区建设是统筹城乡经济社会发展，加强基层社会管理和公共服务的重要措施。在推进城乡社区建设的过程中，武平主要采取以下做法：推进社区综合服务站建设、改进社区治理方式、完善社区服务体系、健全社区民主管理机制、指导各地广泛开展城乡社区民主协商、抓好农村社区建设示范单位等。

针对武平农村人口占比较大、地理分布较为分散的县情，在推进农村社区建设的过程中，武平主要采取三项做法。

一是示范带动。武平对照建设标准，抓好农村社区建设示范单位，指导各乡镇农村社区建设示范工作。自十方镇三坊村开展农村社区建设试点以来，每年度安排3～5个农村社区建设示范村，至今完成了30个农村社区建设，占全县建制村的14%。2016年度，武平东留镇小溪村被省民政厅列为农村社区建设省级示范单位。

二是规划引领。农村社区建设已列入《武平“十三五”民政事业发展专项规划》，根据《规划》要求，将拓展和深化农村社区建设试点工作，培育各具特色的示范典型，加强分类指导，统筹考虑各地农村社区经济、区位、人口、文化等因素，因地制宜开展试点探索，力争经过3年时间完成全县80%的乡（镇）建立农村社区综合服务中心，到2020年实现全县农村社区建设全覆盖，为今后农村社区建设指明了方向。

三是规范建设。严格按照“一二三四五”要求，即有一个场所（社区室外活动场所），二个阵地（公开栏、宣传栏），三支队伍（专职管理人员队伍、服务站人员队伍、志愿者服务队伍），四个室（办公室，老年人、残疾人活动室，警务室，多功能教室），五个服务站（农牧业服务站、社会事业服务站、卫生服务站、社会保障服务站、社会治安综合治理服务站）的标准建设。

（四）法制建设保障社会秩序

近年来，武平根据依法治省、依法治市有关要求，围绕法治县创建总体目标，扎实开展依法治县工作，在依法执政、依法行政、公正司法、法治创建、维护社会稳定等各个方面做了大量的工作，为武平创造了良好的法治环境。

1. 健全工作机制，完善保障体系

一是明确主体责任。武平县成立由县长任组长的全面推进依法行政工作领导小组，制定下发《武平县推进行政执法责任制工作方案》，将执法责任分解落实到各执法机构、执法岗位，列入各单位年度考核目标和执法人员年度考核内容。全县各行政执法部门均建立并落实了行政执法责任制、评议考核制、执法过错责任追究制和规范的执法程序制度，确保了责任、执法程序、适用法律等行为公正公开、合法有效。武平还将法治建设工作纳入社会和经济发展规划，分解细化到精神文明、党建工作、综合治理、绩效考评、平安建设等年度考评内容，纳入县五套班子的主要工作日程，切实做到法治建设与经济发展同部署、同推进、同督促、同考核、同奖惩。

二是推进政务公开。根据政府关于做好政府信息公开工作的实施意见，武平建立了政务公开工作机制，在各执法部门广泛建立行政执法公示制，将执法依据、执法权限、执法程序、办事期限、收费标准、承办机构和执法人员以及对违法行政的举报投诉方式等向社会公开，增加了政府工作的透明度，实行“阳光作业”，使政府行为置于公开的监督下，促进源头治腐和公平社会环境的形成。

三是规范执法行为。严格执行《武平县人民政府关于实行行政败诉案件责任追究的通知》，对因不履行法定职责、超越职权、滥用职权等导致行政案件败诉等八种情形，对直接责任人和直接负责的主管人员依法予以问责，促进执法程序合法规范。进一步完善行政执法案卷评查制度，法制办每年两次组织相关部门对各行政执法部门的案件卷宗进行抽查，依法严肃查处各种违法或不当行政行为，提高行政执法水平。

四是畅通监督渠道。畅通行政复议渠道，改进行政复议案件审理方式，规范立案、办案程序，综合运用书面审查、实地调查、公开听证等案件审查方式，及时纠正违法和不当行政行为。推行行政首长出庭应诉制度，成立了由分管副县长、相关部门领导组成的行政诉讼案件协调委员会，专门负责协调处理重大、疑难、复杂的行政诉讼案件工作，全面提高了行政监督效能，维护公民、法人和其他组织的合法权益，促进了全县依法行政工作协调发展。

2. 深化法治宣教，推进全民守法

一是组织保障有力。及时出台了“七五”普法规划、决议，建立了党委领导、人大监督、政府实施、部门负责的工作机制，建立了法官、检察官、行政执法人员、律师等以案释法制度，并将普法经费从原来的年人均 0.5 元提高到年人均 1.00 元列入财政预算，并建立了动态增长机制，保障了各项工作顺利开展。

二是突出重点对象。健全完善了党委（党组）中心组集体学法制度、领导干部任前法律知识考试制度。坚持每年组织公职人员学法考试，并做到了参考率 100%，合格率 100%。坚持每年对公务员进行依法行政培训考试。把法治教育列入干部培训教学计划。建立了预防青少年违法犯罪警示教育馆，按要求均配备了法制副校长。认真做好学校法制教育“四落实”。制定实施了《企业经营管理人员学法用法考试考核制度》，对每一届新任村（居）两委干部都组织进行法治培训。

三是深化主题活动。分别印发了“法律六进”实施方案，进行分类指导实施；制定了相应的工作制度，完善了工作标准和考评细则。组织开展“深化法律六进，建设法治武平”等法治宣传教育主题活动，坚持开展“12·4”宪法日以及各类法治主题系列宣传教育活动。每年主题法治宣传活动发放宣传资料在 10 万份以上，针对青少年违法犯罪设计制作法治警示教育图为展板，在全县所有乡镇集市和 42 所中小学校巡回展览，受教育者达 5 万人以上。

四是营造良好的环境。组织开展“重点工程，普法先行”活动，组建重点工程法律服务团，积极配合各工业园区等重点工程、重点项目建设，有针对性地开展法治宣传教育，并及时调处各类矛盾纠纷。组织律师积极参与县领导接访活动，全力做好息诉息访工作，营造良好的法治环境。

五是创新宣传模式。突出抓好“法宣中心户”的创建工作，并整合资源，充分发挥综治、计生“中心户”、文化大户等人员的积极性，共同做好法治宣传教育工作。在全市率先创建长 200 米的“法治文化长廊”，在全县各乡镇建立了农民法治文化园，拓展普法阵地，营造法治氛围。组建了“山樱花”等农村法治文艺宣传队，并利用民间“夕阳红文艺宣传队”、“船灯”表演队宣传法律，充分利用城区大型电子显示屏、微信公众号、微电影等积极开展法治宣传活动。

3. 创新工作机制，保障社会秩序

一是开展法治创建工作。近年来，武平分别组织开展了依法行政示范单位、依法治校示范学校、诚信守法企业创建活动，组织基层扎实开展“民主法治示范村（社区）”创建工作，并积极做好全国、省、市命名“民主法治示范村（社区）”的推荐申报工作。在全县 219 个村（居）全面铺开民主法治创建工作，各乡镇均培植了2～3个示范村（居）。

二是深化平安创建活动。政府及相关执法部门建立了突发事件预警和应急机制。县委政法委建立了重点乡镇责任捆绑考核制度，完善公众安全感测评和责任追究等一系列制度。

三是妥善调处矛盾纠纷。大力加强县、乡（镇）、村（居）调委会规范化建设，积极完善各项制度，努力抓好矛盾纠纷定期排查，做到村（居）每周一次进行排查，乡（镇）单位每半月进行一次排查，重大节假日、敏感时期和纠纷多发季节，由县委政法委统一组织排查。对重大矛盾纠纷，严格落实包保措施。对重点工程重点项目引发的不稳定因素，及时召开协调会议，研究解决办法。2015年至今，全县共排查出各类矛盾纠纷16030起，其中，人民调解6456起，调处成功6277起，调处成功率97.1%；行政调解957起，调处成功954起，调处成功率99.7%；司法调解8608起，调处成功4654起，调处成功率54.1%。

四是做好重点人群管控。落实经费保障，对全县的社区矫正对象实行“日定位、周听声、月见面、季评议、年考评”的手机定位监管。同时，对全县刑释人员落实安置帮教各项措施，建立“一人一档”、无缝衔接机制等，切实抓好帮教对象的衔接管控工作。

五是拓展法律服务。建立了“12348”公共法律服务热线平台，在全县219个村实施了村居法律顾问制度，在17个乡镇及12个部门分别设立法律援助工作站，各村（居）设立法律援助联络员，实现了法律服务全覆盖。

六是强化社会治安管理。创新流动人口的管理机制，对流动人口的管理实行“三化四知六管”工作法。“三化”即流动人口实有化管理、重点人员分类化管理、流动人口轨迹化管理；“四知”即对辖区所有外来人员依托全县建立的“一站式”流动人口服务管理中心（站）进行分级管理，做到来知原籍、分知去向、静知诉求、动知轨迹；“六管”即做到“以房管人、以证管人、以业管人、以站管人、以网管人、以人管人”，实现了流动人口实时动态管控。

七是畅通民众诉求渠道。积极开展“县委书记、县长大接访”活动。

县委、县政府主要领导坚持每月 15 日到信访局进行接访，并在每周一安排其他县级领导进行信访接待，耐心倾听群众意见，就地解决了一大批群众反映的合理问题。2015 年至今，共接待来访群众 533 批 1659 人次，当场解决 79 件，落实责任单位限期解决 454 件。目前，498 件已到办理期限的信访问题已办理 478 件，总办结率 96%，其中息访息诉 436 件，息访息诉率 92%。

4. 加大监督力度，完善民主监督机制

一是开展专项督查活动。县人大常委会每年都选取一个主题，组织人大代表对法治县创建工作实效等进行严格督查，及时发现工作中出现的问题，督促相关部门纠错纠偏，以推动工作的稳步发展。近年来，县人大常委会对预防青少年违法犯罪工作、外来流动人口学法工作、“12·4”宪法日宣传工作、领导干部学法用法工作、公职人员学法考试考核工作进行了专题督查活动，有效促进了各项工作的开展。

二是加大依法监督力度。县人大常委会围绕经济和社会发展的重大问题以及人民群众普遍关心的热点问题，听取和审议了县政府关于国民经济发展计划、财政预算等问题的报告，并相应做出决定决议。组织人大代表每年选取 1～3 部法律法规的执行情况进行视察和检查。

三是坚持开展人大评议工作制度。县人大常委会对其任命的政府工作人员及各司法、行政执法部门建立了年底述职评议制度，近年来，先后组织开展对包括县法院、县公安局、县司法局、县教育局、县环保局等 60 多个机关的工作评议，对各相关单位的班子建设、依法履职、队伍建设等情况进行了深入了解和考察，并在县人大常委会议上进行面对面评议，促进法律法规的有效实施，维护法律权威。

四是发挥政协的民主监督作用。选派了多名政协委员担任法院、财政、市场监管、城建、旅游、经科、环保等 23 个部门的特约监督员，强化政协的民主监督。

（五）平安建设营造和谐社会

近年来，武平县委、县政府高度重视综治平安建设工作，全面落实综治维稳各项举措，坚守“五个不发生”底线，不断提升平安建设工作能力和水平，营造了和谐稳定的社会环境。2011 年，武平被省综治委评为“平安先行县”；2013 年被中共福建省委、省政府评为“平安先进县”；2015 年被省司法厅评为“全省法治宣传教育先进县”，2014～2017 年连续四年获龙岩市“平安县乡村三级联创”一等奖；2016 年被省综治委评为“平安县”；2017 年 9 月被评为“全国平安建设先进县”，公众安全感、满意率连续多年位居全省、全市前列。

1. 强化主体责任，打造平安建设奠基石

武平始终把建设更高水平的“平安武平”作为首要政治任务，做到守土有责、守土尽责。各级党政主要领导全面落实综治维稳工作责任，认真贯彻落实《中共中央办公厅、国务院办公厅关于印发〈健全落实社会治安综合治理领导责任制规定〉的通知》精神，把确保“五个不发生”作为平安建设的底线和首要任务，不断细化政法综治工作部署，优先保障政法综治经费，筑牢综治防控网络。2013 年以来，县财政累计投入政法综治经费 3.7 亿元。全县各级各部门按照“属地管理、分级负责”和“谁主管、谁负责”原则，明确县、乡、村及综治成员单位责任，扎实推进平安“县乡村三级联创”工作。2014～2017 年连续四年获龙岩市“平安县乡村三级联创”一等奖。

2. 强化综合稳控，打造安全稳定守护网

强化网络协防。树立情报先行理念，围绕敏感节点、重点活动，完善情报专班研判工作机制，开展情报信息搜集研判，切实做到预警预报预防。健全完善重大案件防范处置相关应急预案，调整充实了应急力量，加强了应急演练，按照“早发现、早研判、早化解、早处置”的原则，全面落实重大案件、事件防范处置工作。近年来，全县没有发生影响社会稳定的政治事件、没有发生群体性事件及敏感时期、重大活动、重点部位的安全保卫事故，治安秩序持续平稳。

建立恶意欠薪事件处置机制。通过实施协商法、调解法、配合法、诉讼法、约谈法、责任法、侦查法、监控法等“八法”处置机制，预防打击恶意欠薪犯罪行为，全县未发生欠薪群体性事件。由政法委牵头，组织信访、人社等部门分析研究县企业欠薪的原因及对策，创新工作机制，将企业欠薪问题归为三大类，运用“八法”分类化解欠薪问题，取得了较好成效。一是对一般性质的欠薪行为，以人社部门为主，其他业务部门配合，用协商法、调解法、配合法、诉讼法（引导到法院诉讼）等四种方法来化解；二是对性质较为严重的欠薪行为，用约谈法、责任法来化解矛盾，确保社会稳定；三是对性质恶劣的恶意欠薪，拒不支付劳动报酬的，采取侦查法严厉打击。此外，在日常对通过排查发现因各种原因可能导致欠薪的企业使用管控法重点监控。如 2015 年，通过分类施策，运用“八法”分类化解了 127 件欠薪案，结案率 96.2%，追发劳动者工资 1765 万元，涉及职工 2113 人，全县未发生大规模的欠薪群体性事件。

开展严重精神障碍患者救治救助工作。将精神障碍患者救治救助作为综治责任书的一项重要内容。乡镇对村居下发责任状，层层压实责任，确保易肇事肇祸严重障碍患者排查建档、居家监护、随访评估、送治送诊、救治保障、属地管控等各个环节的责任落实。全县登记在册管理重型精神疾病患者 1246 人，报告患病率 4.51‰。建立排查发现、筛选甄别、建档监护、定期走访、医疗收治、“一历五单”交接管理等一套完整无缝、封闭运行的严重精神障碍患者救治救助管理新模式，有效提升管理水平。设立县级严重精神障碍患者医疗救助基金，列入年度财政预算，基金不少于 30 万元。“救助基金”由县新农合管理中心经办管理，并对基金报销、结算等进行规范。落实以奖代补政策，2016 年以来，对履行监护责任的 179 名严重精神障碍患者监护人兑现奖补资金 39.64 万元。近年来，未发生严重精神障碍患者肇事肇祸案件。

加强对利益诉求群体帮扶教育管控工作。探索建立信访训诫制度，妥善引导处置好涉军涉教、涉房地产等重点信访问题。重点治安隐患问题得到化解和治理，有效遏制了重大刑事案件和重大安全生产事故的发生。

3. 持续创新社会治理，有效化解社会矛盾

推进县调节服务网络化建设。成立县级调节中心，设立林权纠纷、医患纠纷等 11 个专门调委会，发挥乡村老干部调委会作用，成立了一支由 136 名

专业素质高、熟悉政策、懂法规、公道正派、善于做群众工作的“金牌调解员”队伍，完善多元化调解工作。注重发挥调解中心的信息平台作用，对汇集的各类信息实行每周一汇总、一研判、一调度，提高了预知预警预防能力。

推行“五五调解法”（即五分钟到场、五心工作法、五联机制、五分钟制作协议、五天内回访），及时化解重点难点矛盾纠纷。这一典型做法2015年被省政法委官方微媒体“清朗天空”亮点栏目刊载。

4. 强化资源整合，打造综合服务大平台

全力推进县乡村综治中心建设。根据《福建省综治信息中心建设方案》，按照“综治中心+网格化服务管理信息平台+N”的工作模式，因地制宜按需整合现有资源、人员、设施，充分运用信息化技术，全面推进规模合理、层级清晰、功能定位明确的综治中心建设。

创新社区网格化管理服务机制。按照“服务连民心、管理创平安、共建促和谐”的工作思路，加大投入、健全队伍，打造品牌、提升服务，开展了留守老人、单亲/留守儿童、困难家庭留守妇女等“三留守”人员关爱行动，加强对重点人群的社区服务，拓宽社区服务管理内涵。

建立社会组织参与平安建设机制。充分发挥义工协会、志愿者协会、商会等社会组织作用，探索建立义工协会、志愿者协会、商会等社会组织参与平安建设新机制。在平川镇南门警务室开展“梁野平安义工”建设工作，合理引导、鼓励县义工联合会、志愿者协会等社会组织积极参与平安建设，挖掘、释放社会组织在平安建设方面的潜力，发挥好社会组织的协同作用，最大限度地激发平安建设内生动力，全面调动社会力量共建平安武平。

推进“雪亮工程”和环闽省际检查站“护城河”工程建设。认真贯彻落实《福建省公共安全视频监控建设联网应用工作实施方案的通知》，加快“雪亮工程”建设，建成联网治安监控高清探头1300多个，实现全县乡镇、村居视频监控点全覆盖；筑牢环闽“护城河”，设立七个常驻型环闽省际公安检查站，全力护航“厦门会晤”。县综治委将其纳入县“十三五”规划和年度工作计划，在财力上提供强力支撑。目前已完成社会视频联网共享平台搭建和社会视频传输专网建设，中心城区和乡镇所在地各道路街道路口、全县所有县级以上道路及省、市、县际出口做到高清视频全覆盖。全县入网视频监控探头总数达到1951路，其中一类点1047路、二类点177路、三类点727路。

5. 强化共建共享，打造利益联结共同体

开展“无讼无访村居（平安和谐村居）”创建活动。整合各村（居）综治协管员、平安中心户长、治保员、调解员和离退休老干部等力量，积极开展法制宣传、矛盾纠纷排查化解等活动，使群众成为平安的守护人。通过村规民约、家规祖训，运用道德、习俗来调节关系、化解矛盾，探索建立商以求同、协以成事，民俗文化与平安和谐村衔接的村级自治新途径，做到小矛盾不出村、一般矛盾不出乡、大矛盾不出县。2013年以来131个村居被评为“无讼无访村居”，185个村居被评为“平安和谐村居”；全面兑现平安和谐村居“三个10%”（医保个人缴费部分少交10%、参加新农保60周岁以上老人基础养老金提高10%、守法家庭成员大病医保报销提高10%）惠民政策，受益群众76万人次，群众受惠3500万元。

创新开展省际边界乡村“五联五建”平安创建活动。加强与毗邻省边界县份的交流与合作，推动武平县8个边界乡镇联合广东蕉岭、平远和江西会昌、寻乌的边界乡村，以“五联五建”活动为载体，共同开展“边界和谐乡（镇）村”创建活动，通过党建工作联促、综治维稳联防、经济发展连推、生态环境联保、文体活动涟漪，做到“综治共商、纠纷共调、实事共办、文明共创、难题共解、平安共建”，有力促进了省际边界区域的和谐稳定，构建新型平安和谐边界。

平安法治与传统文化多元融合发展模式。结合平安创建与法治宣传，打造一批传统文化与法治文化多元融合模式。主要包括：“定光佛文化与平安法治融合模式”、“永平中湍民俗文化与平安法治融合模式”、“中山百姓镇姓氏文化与平安文化融合模式”、“桃溪新礤商以求同、协以议成模式”以及“十方客家‘祠堂文化’与平安法治融合模式”等，利用客家文化传统在民间的影响力，广泛宣传平安创建和崇德守法给群众带来的好处，增强群众自发调处、化解矛盾的能力。

成立红土“四小员”队伍。结合青少年普法和平安建设宣传，广泛开展红土“小交警员、小消防员、小禁毒员、小安全员”队伍建设，把“平安建设、社会共治”群防群治理念延伸到家庭、学校和社会，形成齐抓共管的格局。目前全县有54所中小学校全部已成立红土“四小员”队伍，其中三至七年级“四小员”2491人，编排主题会演节目12个，成立巡回演出队伍17支。

持续巩固老干部调委会工作品牌。按照提升平安建设社会化动员能力的要求，进一步提升老干部调委会建设水平，充分发挥他们熟悉法律政策、威望高、善于调解等优势，着力加强矛盾纠纷化解工作。全县现有各级调解组织240个，老干部调解员1182名。每年由老干部调解员调解的矛盾纠纷均在400起以上，调解成功率达97%。县老干部调委会工作经验入选中央综治办编辑的《全国矛盾纠纷排查调解经验选集》。

创新平安建设宣传服务。注重由灌输式宣传向人性化宣传方面调整，体现综治平安建设工作的人文关怀。组织全县政法干警深入各家各户，开展“百警进百村、促和保稳定”活动，使政法干警当好法制宣传员、民情调查员、维稳指导员、纠纷调解员等角色，提高群众对社会治安的满意率，增强群众获得感、幸福感、安全感。一是开展平安“大宣传”活动。积极利用会议、广播、标语、挂图、平安短信、流动宣传报栏、文艺演出、大型宣传、平安建设宣传广告一条街（路）活动等多种办法，深入村、社区、农村集市、繁华地段对广大群众开展平安建设宣传，做到家喻户晓、入脑入心。二是开展民情“大走访”活动。针对电话测评要求，乡（镇）精心组织乡（镇）、村（居）干部开展电话用户“大走访”活动。三是开展问题“大整治”活动。乡（镇）、部门组织开展一次重点问题“大整治”活动，进一步增强人民群众的安全感。四是开展执法“大检查”活动。全县政法各部门紧紧抓住影响司法公正和制约司法能力的关键环节，严格执法，公正司法，着力解决公共安全、权益保障、执法不严、裁判不公和诉讼难、执行难等人民群众关心关注的问题，努力把政法工作做到老百姓的心坎上。2012年以来，武平县刑事案件逐年下降，破案率连续居全市第一。公众安全感满意率连续多年位居福建省、龙岩市前列。

（六）基层治理助推林改落到实处

林改迈出成功的坚实步伐后，“如何持续巩固和扩大林改成果”这个问题摆在武平林改征程中。在 2018 年 5 月 18 ~ 19 日召开的全国生态环境保护大会上，习近平总书记强调：“坚决维护党中央权威和集中统一领导，坚决担负起生态文明建设的政治责任”，“用最严格制度最严密法治保护生态环境”。① 因此，在落实林改、解决新难题的过程中，武平通过加强党的领导，各相关部门积极应对林改的新问题、新情况，不断提升社会治理水平，加大力度助推林改落到实处，为林改搭建了坚实的组织保障体系。

1. 切实加强党的领导

武平在推进林权制度改革中，切实加强党对全面深化改革的领导，把牢牢把握正确方向摆在第一位，落实领导责任；在实践中探索形成了“县直接领导、乡镇组织实施、村具体操作、部门搞好服务”的工作机制。该机制得到中央认可，于 2008 年写进国务院发布的《关于全面推进集体林权制度改革的意见》。在处理集体林地承包、确权勘界等具体事务的过程中，基层党组织充分尊重群众意愿，各级干部与广大群众深入沟通，不断强化党组织的服务功能。

2. 构建林业社会化服务体系

武平以深化简政放权为抓手，将运输证核发、采伐证核发等 6 个林业行政许可事项下放到乡镇林业工作站，使林农在家门口就可以办理相关业务。健全县级林权服务中心，开展一站式服务，建立林权管理信息系统，实现林权流转、变更、抵押等信息的实时更新和查询。组建“专家团 + 服务队”，建立林业科技服务“云平台”，设立服务热线电话，在县级层面成立林业科技专家团，下设片区服务队；2015 年以来共开展服务 112 人次，为广大林农提供决策建议、专业咨询、理论指导和技术支持。

---

① 习近平：《习近平在全国生态环境保护大会上的讲话》，《人民日报》2018 年 5 月 20 日，第 1 版。

3. 搭建林权服务平台

2012 年以来，林业局中涉及林业行政审批、林权收储、林权评估、林权抵押申请等业务和人员全部进驻到武平行政服务中心，实行“一站式”窗口服务。在县委、县政府的领导下，专门成立了武平林权服务分中心，将林权登记申请、林权抵押申请、林权抵押登记、林权抵押评估申请以及林权交易流转信息服务业务全部整合至分中心受理。

县行政服务中心组织林业局窗口还将与群众密切相关的林业行政审批事项，如“野生动物捕猎证核发、野生动物运输证核发、木材运输证核发”等六个行政许可事项直接下放到乡镇一级办理，同时进一步简化审批程序和环节，提高办事效率。

此外，针对涉及省、市、县重点项目的征用占用林地审核或审批及征用占用林地林木采伐审批等行政审批事项，县行政服务中心对其办理环节和办理流程进行全面优化和简化，对这两个审批事项的前置审核和审批及前置中介服务实行并联审批办理，开通审批绿色通道，最大限度地缩短办结时限。

4. 构建了林地承包经营纠纷仲裁体系

武平将林地承包经营纠纷仲裁纳入农村土地承包仲裁工作范围，通过规范仲裁程序，推行林地承包仲裁员资格认证制度，构建了政府主导、综合协调、社会力量积极参与的林地纠纷仲裁工作格局。2008 年以来，共调处涉林纠纷 62 起，有力地维护了林区社会稳定。

5. 加大林业生态领域的监督执纪力度

武平纪委监委持续加大监督执纪问责力度，对林业生态领域腐败问题实行零容忍，发现一起、查处一起、通报曝光一起。县纪委监委充分发挥信访举报主渠道作用，着力收集党员干部在涉林工作过程中存在的不正之风和腐败问题线索，围绕破坏生态问题在全县开展线索大起底、大排查，并综合利用监督执纪“四种形态”，把监督执纪问责做深做细做实。

闽粤赣边界林区面积广，一直是非法分子从事非法活动的“温床”，极可能出现非法采矿、盗伐滥伐林木、制毒等违法犯罪活动。针对这一情况，武平主要从五个方面开展工作。一是相邻火灾联控。一旦发生火灾，双方及时联系、快速反应，组织扑火队员第一时间赶赴现场帮助灭火。二是相邻纠纷联调。一旦发生林业纠纷，双方及时沟通、协调配合，立即组织林业、司法、边界村干部等相关人员第一时间赶赴现场，各自疏散群众，选派代表进行调解，力求矛盾纠纷不扩散、不上交。三是违法行为联打。对涉及非法运输林木、非法生产加工木材、非法采矿等案件，镇政府、林业公安、林业站等相关部门相互反馈信息，积极配合、支持、帮助对方调查案件，共同构筑快速反应堵截网络，形成全力协防、预防和打击违法犯罪的局面。四是政策宣传联抓。双方共同加强边界公民的林业法律法规宣传教育，不断提高公民的法律意识，树立边界安定团结的观念，坚持依法管理边界林业事业，促进群众知法、懂法、守法。五是美丽家园共建。组织辖区乡村深入开展美丽乡村建设，积极创建生态文明乡村，引导群众过健康文明生活。共同探讨建立农村生态环境保护长效机制，加强对农村生态环境的日常巡查与监督，及时查处打击辖区内的环境污染事件。建立联席会议机制，定期排查交界处的生态环境保护问题，联合开展生态环境综合整治活动，杜绝交界处生态环境失管现象。

此外，武平纪委监委持续加大监督执纪问责力度，对林业生态领域腐败问题实行零容忍，发现一起、查处一起、通报曝光一起。县纪委监委充分发挥信访举报主渠道作用，着力收集党员干部在涉林工作过程中存在的不正之风和腐败问题线索，围绕破坏生态问题在全县开展线索大起底、大排查，并综合利用监督执纪“四种形态”，把监督执纪问责做深做细做实。

6. 创建平安和谐林区

县法院、检察院、公安局、司法局、林业局、梁保局等责任单位牵头推广捷文村林改和无讼林区、平安林区创建成功经验，持续开展捷文村“无讼林区”创建活动，指导各林区乡（镇）有效化解林区矛盾，深化平安和谐林区创建工作，进一步扩大梁野山平安景区创建活动创新模式，提升实效。林区乡镇开展“林农法制夜校”林业实用技术和法制宣传培训，扩大平安宣传阵地。积极探索开展“无讼林区”创建，县级设立涉林纠纷调解中心，乡（镇）、村成立涉林纠纷综治维稳站和调解室，县法院在全县各村级组织成立林农法制夜校，全县 28 个专业调解组织、2985 名人民调解员参与“无讼林区”创建，大批林改纠纷以调解的方式得到解决，助推了平安林区建设。

三　武平基层治理面临的挑战

随着城镇化进程的不断加快和城乡融合程度的不断加速，基层社会结构也在不断调整和转变。当前的农村正处于变革的阶段，基层治理和秩序的基础都在不断发生改变，也带来了不少挑战。

（一）人才缺失削弱基层组织影响力

乡镇政府和村民委员会是当前基层农村治理的主要力量。武平作为典型的山区县份，也不可避免地面临一些村庄空心化、农民老龄化、农村家庭空巢化的问题，造成偏远地区的基层党员队伍青黄不接，尤其是缺少年轻有为、有能力、有意愿服务基层的人才。在社会发展变迁的过程中，乡村社会治理的内涵应逐渐丰富，产业发展的思路应逐渐开拓。但受限于文化水平和年龄，一些基层干部还沿用传统的治理理念和方式，难以适应新时代乡村发展的新要求，在一定程度上削弱了基层组织的影响力。

（二）复杂的边界地形带来安全隐患

武平位于闽、粤、赣三省交界处，是闽西、粤东、赣南的重要交通枢纽和物资中转、集散地，素有闽西“金三角”之称。随着经济社会发展，省际边界商贸往来逐年增多，省际周边相邻村民之间引发的矛盾纠纷和跨省违法犯罪的案件增多，为基层社会治安带来一定的安全隐患。

（三）社会组织多元化为基层凝聚力带来挑战

随着经济发展，各类社会组织（如合作社、行业协会、社会团体等）快速发展，呈现出数量增长快、带动农户多、产业分布广、服务内容宽、品牌意识强等特点，成为助农增收的新途径和现代农业发展的新亮点。但多样化且分散的社会组织可能加剧基层群众的“原子化”，传统地缘乡土的、亲族血缘的人际关系和日常伦理在乡村社会的重要性降低，使基层群众难以有效整合动员，在一定程度上影响基层凝聚力。

四　武平加强基层治理与保障的思考

（一）武平基层治理与保障的经验

武平基层治理的初步成效，展现了“人治、法治、德治”相结合的治理原则，形成了以基层党组织为核心、群众性自治组织协同联动的治理体系，提供了乡村基层治理与保障的实践经验。

1. 树立基层党组织的领导核心作用

基层党组织是乡村治理的根本力量和治理体系的中心，其治理能力决定了基层治理的成效。武平各乡镇党委通过做好公共服务、公共管理、公共安全工作，不断提高服务能力和服务水平，为经济社会发展提供了良好的公共环境。广大的乡村党员干部较好地发挥了带头人作用，成为乡村治理的重要主体，积极解民生之忧、谋民生之利。如“双挂双培”机制的推行有效加强了农村后备干部队伍建设，提高了后备干部的履职能力，为村级班子建设提供高素质、强能力、源源不断的生力军。武平还十分重视乡镇党员干部的党风廉政建设，通过采取有效治理措施，切实解决好发生在群众身边的不正之风和腐败问题，有效提升了群众对反腐败工作成效的满意度。

2. 注重发挥群众性自治组织的作用

自我管理、自我教育、自我服务的基础性基层自治是我国民主政治建设的有效组成部分，增强基层群众性自治组织开展社区协商、服务社区居民的能力是基层治理改革发展的方向。改革开放后，农村基层社会治理结构发生了很大的改变，农村基层政府管理权与村民自治权的运行也相应地发生了改变，即权力运行结构从政府的集中管理向基层自治组织分权管理结构转变。武平通过基层政府赋予权力，引导、培育和协调村民自治组织的互动协作，发挥好村民委员会“自我管理、自我教育、自我服务”的作用，在乡村治理中实现基层政府行政管理与基层群众自治有效衔接和良性互动。在乡镇政府与村委会的共同作用下，各类群众性自治组织能够有效地配合基层政府完成乡村治理中公共服务、公共管理和公共安全的各项事务，形成共建共治共享的新局面。

3. 构建多方参与的综合治理体系

武平构建了党委领导、政府负责、社会协同、公众参与、法治保障的多元化乡村社会治安综合治理体制，在创建“平安和谐村居”的过程中汇聚各方力量，实现以基层党组织为核心堡垒、各级各部门密切配合、广大群众充分动员、法治建设不断完善的良性互动。

（二）进一步完善基层治理的思路

当前，借助乡村振兴战略，基层治理体系面临着难得的历史机遇，同时也存在复杂的现实挑战。乡村振兴战略的实施，不仅需要国家政策和资金的大量投入，更需要有效激活乡村社会治理的内生资源——地方性知识以及地方社会的人力资源。

1. 打造责任政府、服务型政府和有限型政府

基层政府与基层群众自治组织之间的职能定位不合理、职责分工不明确，易出现职能错位、越位和乱作为的现象。基层政府要明确自己的领导职责，制定区县职能部门、乡镇政府在乡村治理方面的权责清单；依法厘清乡镇政府和基层群众性自治组织权责边界，明确乡村自治组织承担的工作事项清单以及协助政府的社区工作事项清单；领导村民民主选举村民自治组织，形成乡村治理的合力。基层政府要尊重村民的自主性和意愿，保持其独立的自治权，积极发挥村民自治职责，确保人民群众参与到基层治理的事务当中。此外，面对农村群众多元化多层次的服务需求，基层政府要积极推进公共服务方式的创新。一方面乡镇政府要做好自己的基本公共服务；另一方面

可通过向基层群众性自治组织购买公共服务方式，共同满足基层群众的需求。

2. 激活和鼓励农民的自主性、积极性

要将乡村社会繁荣与农民个体发展并举，处理好乡村发展和农民发展的关系。乡村振兴战略要真正落到实处，需要广大农民参与到与他们切身利益息息相关的国家项目中来，发挥他们的积极性和主动性，充分运用他们的经验和实际技能。在实现农村繁荣和治理优化的同时，更要着眼于农民自治能力的培育和提升。农业的发展和农村的繁荣、美丽的环境与生态是“物的现代化”，农民的知识与能力的培养、个体道德和精神面貌这些非物质要素的大幅提升则是“人的现代化”。在乡村振兴战略的实施中，平衡外来精英与农民的不同诉求，尊重作为“内部人”和直接利益相关者的农民的主体地位，以各种形式激发农民的参与动力和积极性。通过利益分享和制度激励，使得广大农民能够发挥地方性知识，发现农村社会的新需求，尊重农民群众的新创造，积极培育内生性的农村社会组织。鼓励农民在参与公共事务的过程中，在与“外部人”打交道的体验中，提高自我管理、自我教育和自我发展的“自治”能力，进而优化乡村治理结果，实现有效治理。

3. 充分发挥法治的引领和保障作用

当前在基层农村中，人治现象还较为普遍，很多村民不懂法、不会用法，法治的理念还不够深入。基层法制部门在推进实施乡村振兴战略中要确保各项举措在法治轨道上有效落实，坚持法治为本，强化法律在维护农民权益、规范市场运行、农业支持保护、生态环境治理、化解农村社会矛盾等方面的权威地位。对实施乡村振兴战略工作中可能违法或者不当的行政行为应及时提出意见或建议，确保政府做出的各项乡村振兴政策措施合法，并要对涉及农村土地、山林、农牧、房屋建设等行政执法案件要严格落实行政执法责任制，加大对不作为、乱作为和不当行政执法行为的监督力度，健全行政执法人员资格管理和监督制度。妥善化解农村基层的矛盾纠纷，运用法治思维和法治方式助推脱贫攻坚。

案例

村社共建，强村富民

——武平县百家姓农民专业合作社联合社

面对社会组织日趋多元化、影响力逐渐增强的发展态势，如何找准结合点，将农村党建、社会组织发展和产业发展有机结合起来，形成一股强大的发展合力，从而相互促进、互利共赢？

武平县百家姓农民专业合作社联合社是全市首家农民专业合作社联合社。目前，联合社共组建各类专业合作社52家，产业协会5家，服务中心1个，会计代理中心1个，电子商务中心1个，社区服务中心1个，信息联通中心1个，拥有成员2656人，协会会员1017名。联合社党总支下设3个党支部，党员129名，其中女党员30名。为充分整合资源优势，取长补短，武平以联合社为载体，推动联合社和周边村以村社合作形式开展“村社共建”活动，通过“党建+”，采取党建共抓、党员联培，资源共享、发展联谋，民生共建、信息联通，美丽共创、活动联谊的“四共四联”措施，开展多种村社合作形式，努力实现以社带村、以村促社、兴村富民、村社双赢。

（一）党建共抓，党员联培

联合社和村党支部进行结对联建，采取“一个场所，多元共享”的方式，与11个村党支部在信息网站、图书室、活动场所、远程教育设备等方面共享共用。实施党员与社员群众“1+1”结对帮扶，组织党员联系一片生产基地、申领一个先锋岗、传授一项实用技术，解决一个实际困难、帮助一户贫困户致富，及时为社员群众提供项目、信息、技术、资金等方面帮扶。

目前，合作社党员与贫困户已结成“一帮一”对子283对，帮扶农户发展项目201个。创建红土先锋党员工作室，设立5个服务岗位，组织村社党员根据自身特长认领服务岗位，共上一堂党课、共同参加组织学习活动和组织生活、党员“一对一”帮扶、共同培养一批党员骨干等多种形式统一教育党员，提高党员整体素质。

同时，组织村级“田秀才”“土专家”等优秀人才到联合社挂职锻炼，联合社管理骨干、产业带头人到村任"顾问"，进行人才双向交流92人次。实行党员培养、教育、管理共抓，积极引导合作社中的致富能手、创业能人、专业大户、技术标兵等向党组织靠拢，共同培养入党积极分子26人，同时采取双向考察方式，联合社党总支近三年共发展党员8名。

（二）资源共享，发展联谋

联合社党总支和村党支部通过建立党员创业示范基地，采用"联合社+基地+农户"的产业链条经营模式，进一步做大做强渔业养殖、仙草和果蔬种植等产业；帮助创建家庭农场，通过农村土地流转政策，鼓励支持农村党员带头承包土地建设家庭农场，形成生产上的群体优势；充分发挥联合社的优势，与各村级组织通过资产租赁、投资合作、有偿服务等方式开展集土地流转、资本经营和服务创收为一体的村社共建活动，提高村集体经济发展水平，提高农民收入，改善村民生产生活条件。目前，联合社与中山镇阳民村、城中村、新城村、上峰村等11个村开展了"村社共建"活动，发展了仙草、盘菜、沙田柚、脐橙、百香果（黄金果）、淡水鱼等特优、名优产品，开展订单式、托管式服务，流转土地1300多亩，创办工厂化育秧中心、标准化蔬菜园、机械化水稻作业示范基地和自动化粮食烘干加工厂，让农田变成资本、农民变成股东，就地消化剩余劳动力近5000人，2017年助农增收560多万元。

联合社大力推行"党建+电商"模式，以百家姓电子商务中心为龙头，发展农村电商企业（服务点）12个，采取"实体+网络"运作模式，2017年帮助农民销售农产品2520吨，销售额2600多万元，实现电子商务进农村，助力农业发展。在老城村建立网货分拣及物流配送中心，拓展服务领域，实现定点收购、分级清选、仓储冷藏、物流配送一体化运作，服务中山及周边村镇特优产业发展。

（三）民生共建，活动联谊

一是共建基础设施。联合社还及时为共建村提供道路硬化、整修水渠、新建水池等基础设施服务，在共建村投资500多万元搭建薄膜大棚100多亩，建立露地蔬菜种植示范基地1000多亩，帮助共建村实施道路硬化近

图 7-1　由武平县百家姓农民专业合作社联合社等 3 家专业合作社展出的百香果，在中国（北京）第十五届国际农产品交易会上备受客商青睐

资料来源：东南网，Ly. fisen. com/2017 - 10122/content_ 20288390. htm。

2000 米，整修灌溉水渠 5 条，新建灌溉水池 9 个，供水管 4850 米，修理水轮泵 3 个。

二是共推脱贫攻坚。积极推动“党建 + 合作社 + 村两委 + 贫困户”精准扶贫模式，积极服务“三农”促发展，在精准扶贫和乡村振兴中主动作为。在太平村富家坝建立黄金果标准化种植示范基地 200 亩，择优 26 户贫困户参加黄金果种植激励性项目，辐射带动周边群众种植黄金果近千亩，预计 2018 年产绿色无公害黄金果 900 吨以上；实施养兔激励性扶贫项目，扶持 30 户贫困户养兔，帮助贫困户脱贫致富；结成帮扶对子 181 对，实现农业社会化服务与帮扶贫困户互惠共赢。

组织缺乏劳动力的贫困户以土地、扶持资金等方式入股专合社，直接参与专业合作社的利益分配。依托“村社共建”基地，安置上百名贫困人员在家门口就业，增加收入。通过产业带动、技术培训、资金帮扶、电商营销等手段，坚持以品牌促增效，以产业促增收，为贫困社员提供产前产中产后的系列服务，促进了农业产业化发展和贫困社员增产增收。

三是美丽共创，信息联通。科技创新，共建农村流通网络。一方面配合联合社推广“五新技术”活动，积极引进新品种，利用阳民山塘、水塘众多，渔业发达的优势，在养殖草鱼、鲫鱼等传统鱼类的同时，引进了奥尼罗非鱼、星洲红鱼、淡水白鲳、吉诺玛等新品种，带动发展渔业200多亩，年产值达150余万元，仅此一项，就为农民带来年人均增收780元，有力地推动了全村经济发展。另一方面，以供销社为主导，培育壮大现代流通网络，借助“农村淘宝”“世纪之村”“供销E家”等农产品推销平台，形成“互联网+农业”模式，对接“工业品下村、农产品进城”城乡流通双向渠道，畅通农副产品流通渠道最初一公里。

发展旅游，推动转型升级。近年来，联合社与阳民村以“美丽乡村”建设为契机，进一步拓展“村社共建”合作领域，按照“游阳民竹林、观玉带堤柳、赏杨柳荷花、学军家方言、品客家美食”的乡村旅游发展思路，积极争取美丽乡村建设等项目资金980万元，完成杨柳荷塘周边的农民休闲公园、水上栈道、丰收亭等项目，开发“水果采摘”“骑行赏景”“荷塘垂钓”“生态民宿”等旅游项目，推动村传统农业向乡村旅游转型升级。同时，将杨柳陂鱼塘、抛荒多年的近10亩沙滩作为入股资产，发展观光渔业，每年按40%的比例分红，每年为阳民村增收约2万元。

2016年阳民村被评为首批“十大美丽乡村”，福建省三星级乡村旅游经营单位和福建省最美休闲乡村。2018年，围绕中山河国家湿地公园建设，计划开发竹林及游步道、自行车游步道、龙霁岩和何仙姑岩修复等工程。建设“十里翠竹”项目，从而吸引更多游客前来观光，实现农业资源与旅游资源有机结合，打造休闲度假、观光旅游、骑行体验为一体的闽粤赣边休闲农业旅游区，进一步推进村社共建、推动民村共富。

联合社将基层党建、社会组织和当地产业三股力量有力地融合在一起，互相促进、共同发展，形成强大的发展合力。联合社先后被评为全省供销系统“十强基层社”、示范社，全国百强基层社（排名60位）、全国标杆社，全国文明服务示范单位，2012年党总支评为全省创先争优先进基层党组织，2013年评为全国企业党建工作先进单位，2016年党总支评为省先进基层党组织。

图7-2　武平县中山河国家湿地公园（张乃彬摄）

资料来源：搜狐网。

参考文献

蔡文成：《基层党组织与乡村治理现代化：基于乡村振兴战略的分析》，《理论与改革》2018年第5期。

崔文博：《“德法兼济”视域下的中国乡村治理研究》，硕士学位论文，中国四川省委党校，2018。

黄浩明：《建立自治法治德治的基层社会治理模式》，《行政管理改革》2018年第3期。

郭伟和：《基层社会治理的双重背离现象及其探源》，《浙江工商大学学报》2018年第1期。

武勇：《提升基层社会治理水平》，《中国社会科学报》2018年1月5日，第3版。

结　语

走中国特色社会主义的乡村振兴道路

“民为政首，农为邦本。”千百年来，农业、农村、农民问题始终是关系国计民生的根本性问题。实现乡村振兴是中华民族长久的夙愿。

党的十九大报告指出，“坚持农业农村优先发展，按照产业兴旺、生态宜居、乡风文明、治理有效、生活富裕的总要求，建立健全城乡融合发展体制机制和政策体系，加快推进农业农村现代化”。乡村振兴战略是新时代“五位一体”总体布局和“四个全面”战略布局在农业农村工作的一个具体部署，是一个注重系统性、整体性、协同性的不可分割的有机整体。它既是“五位一体”的振兴，又是全面的振兴，反映了发展的必然、人民的期盼，对于解决新时代中国社会主要矛盾、实现“两个一百年”奋斗目标和全体人民共同富裕具有重要的意义，必将为全球解决农业、农村问题贡献中国智慧和中国方案。

乡村振兴，产业兴旺是重点。如果农村缺乏产业支撑，或者面临产业凋敝和衰落，乡村振兴就将成为空中楼阁。林改十六年，武平点绿成金，绿色催生发展新动能，从“靠山吃山”转向“靠山护山、靠山养山、靠山富山”谋划绿色产业发展，实现经济发展方式根本转变，已成为人与自然和谐共生、经济增长与生态保护的双赢样本。从新农村建设的“生产发展”到乡村振兴的“产业兴旺”，目标和要求更高了，不仅要农业兴，更要百业旺。过去的“三农”工作方针政策的重点更多的是聚焦于农业发展的高端化、绿色化、集约化，对乡村二、三产业的发展相对重视不足。乡村产业兴旺，不仅要农业发展兴旺，而且要推动一、二、三产业融合发展、绿色发展，形成绿色循环、优质高效的乡村绿色产业体系。当前我国进入经济高质量发展阶段，优质的生态环境既是影响高质量发展的内在变量，也是高质量发展的结果，更是成为衡量高质量发展的标准。“让生态环境成为有价值的资源，与土地、技术等要素一样，成为现代经济体系高质量发展的生产要素。”①把生态环境作为经济社会发展的内在要素和内生动力，就是要坚持质量兴农、绿色兴农，以供给侧结构性改革为主线，以新发展理念特别是绿色发展理念为引领，推动农业生产的有机循环、农产品的综合利用、生产方式绿色化以及低碳生活方式，加快传统产业改造升级和乡村服务业绿色化发展，为“农业强、农村美、农民富”全面实现提供坚实的物质基础。

乡村振兴，生态宜居是关键。建设生态文明是中华民族永续发展的千年大计。良好的生态环境是农村最大优势和宝贵财富，是提高农民生活水平、改善农民生活质量、提升农民幸福感和获得感的最普惠的民生福祉。多年来，武平以绿色发展理念为指引，多措并举，建设宜居城市综合体，着力打造“林改武平经验升级版”，获得全国文明城市等诸多“高颜值、高素质”名片，用实际行动证明“环境就是民生，青山就是美丽，蓝天也是幸福”。从新农村建设的“村容整洁”到乡村振兴的“生态宜居”，蕴涵了人与自然和谐共生的关系，是“绿水青山就是金山银山”理念在乡村建设中的升华和实践，是百姓富、生态美的有机统一。当今时代，人民群众过去“盼温饱”现在“盼环保”，过去“求生存”现在“求生态”，过去“求硬化”现在“求绿化”，生态宜居是人民群众对美好生活环境的共同向往。生态宜居应当是满足生理、安全、社交、尊重和自我实现在内的多层次需求综合体。从乡村所处的自然生态环境来看，清新的空气、清洁的水源、无污染的土壤、茂密的森林、广袤的草原、宜人的气候等是人类赖以生存和发展的生态产品。从乡村内部社会生态环境来看，生态宜居既表现为交通、水利、教育、文化、医疗卫生等基本公共服务的完善，还表现为人与人之间、人与社

---

① 任勇：《加快构建生态文明体系》，《求是》2018 年第 13 期。

会之间关系的和谐。诚如费孝通先生所言："基于传统乡土熟人社会所形成的社会结构和人际关系，无疑是乡村生态文明的重要组成部分，也是乡村生态宜居的重要保障。"①

乡村振兴，乡风文明是保障。乡村是人类文明的发祥地。健康的家庭关系、人与人的关系、人与自然的关系以及良好的环境是人类得以生生不息发展的根本所在。多年来，武平林改铸就的"敢为人先、接力奋斗"精神，既是对优秀传统文化的厚积与传承，又丰富了现代文化生态体系的内涵，同时还与经济社会相互渗透、相互融合，为乡村振兴战略实施提供了重要的保障。从新农村建设的方针到乡村振兴战略的总要求，只沿用了乡风文明作为其重要内容，凸显了乡风文明建设的持久性与重要性。新时代的乡风文明既传承了文明乡风、良好家风、淳朴民风和尊老爱幼、守望相助、诚实守信、邻里和睦等优秀传统文化，也融入了"五位一体"和"五大发展理念"等文明乡风建设的新内容，表现为"山水风情自成一体，村落、田园风光相得益彰，社会生态环境和谐有序"的现代文化生态体系，是乡村物质文明、精神文明、政治文明、社会文明和生态文明的综合反映。产业兴旺和生活富裕是乡风文明的物质前提，乡风文明则为产业兴旺和生活富裕提供重要的资源保障，通过赋予乡村绿色产业以现代乡村文化生态内涵，推动农村一、二、三产业融合发展，实现农民增收致富、生活富裕。乡风文明蕴涵着丰富的生态文明理念，生态宜居需要环境友好型的生产方式、低碳的生活方式以及生态信仰和习惯作为保障。乡风文明和治理有效更为密切，乡村治理实质上就是文明乡风的形成过程，新时代的乡风文明有助于健全自治、法治、德治相结合的乡村治理体系，确保乡村社会充满活力、和谐有序。

乡村振兴，治理有效是基础。乡村是国家治理的基本单元，乡村治理是国家治理体系的有机组成部分和实现乡村振兴战略的基石。要以绿色发展引领乡村治理，推进乡村治理体系和治理能力现代化。武平在林改实践中，包含着村民自主管理、民主管理等乡村治理的实践探索，构建林业社会化服务

---

① 转引自朱启臻《乡村振兴中的生态文明智慧》，《光明日报》2018年2月24日，第9版。

体系、搭建林权服务平台、构建林地承包经营纠纷仲裁体系、加大林业生态领域的监督执行力度和创建“无讼林区”，探索形成了“县直接领导、乡镇组织实施、村具体操作、部门搞好服务”的工作机制，为全国林区乡村治理提供了生动样板。从新农村建设的“管理民主”到乡村振兴的“治理有效”，凸显了乡村治理理念上的深刻变化。在漫长的乡村治理发展史中，教化被认为是乡村所特有的承担着引导、规训和教育村民行为却令个体难以抗拒的功能，由此派生出来的优秀乡风传统和现代乡村文化生态体系，无不以潜移默化的形式规范村民行为，并内化为人们的道德准则，这为乡村自治和德治提供了根本遵循。但在工业化城镇化的快速推进中，维系农村社会秩序和价值取向的教化制度逐渐解体。乡村治理有效，在新时代体现为自治、法治、德治相结合的乡村治理体系。德治是乡村治理体系的基础，现代文化生态体系为社会道德秩序的形成奠定了基础，也为社会生态治理铸就了精神内核；自治是乡村治理体系的目标，传统行政化治理难以为继，以土地流转、公共基础设施建设、环境保护等基层经济社会发展重要问题为依托，稳步推进政府治理与居民自治良性互动；法治是乡村治理体系的保障，自治和德治只有在法律的框架下进行，才能不断提升农民的安全感。

乡村振兴，生活富裕是根本。中国要强，农业必须强；中国要美，农村必须美；中国要富，农民必须富。农业强不强、农村美不美、农民富不富，决定着亿万农民的获得感和幸福感，决定着我们全面小康社会的成色和社会主义现代化的质量。从新农村建设的“生活宽裕”到乡村振兴的“生活富裕”，反映了新时代广大农村居民对城乡居民收入均等化的殷切期盼。长期存在的城乡二元经济结构和社会结构，显现出城乡发展不平衡是最大的不平衡，农村发展不充分是最大的不充分，农民对致富的渴望与现实的矛盾相互交织。不论是重塑城乡关系还是巩固和完善农村基本经营制度，不论是深化农业供给侧结构性改革还是促进绿色发展，不论是传承发展提升农耕文明还是打好精准脱贫攻坚战，① 最根本的就是为了让亿万农民生活得更富裕，让

① 魏后凯：《乡村善治决定乡村振兴的成败》，《湖北日报》2018 年 1 月 10 日，第 11 版。

农民的钱袋子鼓起来。如果背离了这个最根本的奋斗目标，那么乡村振兴也就无从谈起。在广阔的农村，绿水青山就是金山银山，我们可以把环境保护内化为乡村产业兴旺、脱贫致富的引擎。武平林改的一个重要经验就是把生态产业化与经济社会发展辩证统一起来，围绕解决好“扶持谁”“谁来扶”“怎么扶”的问题，以精准扶贫、科学扶贫为重点，率先在贫困乡村推进生态护林员管理体制改革、林业投融资体制改革、林业合作经济组织建设、建立林业科技服务云平台、创新林地经营管理机制等综合配套改革，优先让有劳动能力的贫困人口就地转为生态保护人员，享受林改的成果，增加贫困人口收入。

要实现乡村振兴，必须坚持在党的领导下深化改革。习近平总书记强调，党管农村工作是我们的传统，这个传统不能丢。从社会主义革命和建设时期的土地改革，到改革开放时期的家庭联产承包责任制，再到21世纪以来的集体林权制度改革，始终贯穿着党的领导这条主线。新时代我国社会主要矛盾已经转化为人民日益增长的美好生活需要和不平衡不充分的发展之间的矛盾。农业还是“四化同步”的短腿，农村还是全面建成小康社会中的短板。如何调适新时代我国社会的主要矛盾？从历史唯物主义和科学社会主义理论来看，在党的领导下，不断深化改革，是社会主义社会发展规律的内在要求，也是解决中国农村发展现实问题的根本途径。这不仅是社会主义道路优越性的根本体现，也是以人民为中心的发展思想和公有制主体地位的历史检验，更是彰显了改革就是解放和发展社会生产力的客观必然。

要实现乡村振兴，必须坚持以人民为中心。改革开放在认识和实践上的每一次突破和发展，无不来自人民群众的实践和智慧。40年的农村改革经验告诉我们，尊重农民首创精神，率先在农村发起改革，并以磅礴之势推向全国，是推动农业全面升级、农村全面进步、农民全面发展的“密码携带者”。武平围绕集体林权制度的持续探索和实践，是坚持以人民为中心，及时回应人民群众诉求，脚踏实地为人民谋幸福的实践过程。林改成功的核心就在于让老百姓享受到实实在在的生态红利。推进乡村振兴，习近平总书记指出：“要充分尊重广大农民意愿，调动广大农民积极性、主动性、创造性，把广大农民对美好生活的向往化为推动乡村振兴的动力，把维护广大农民根本利益、促进广大农民共同富裕作为出发点和落脚点。”① 既要鼓励人民群众解放思想，积极探索，也要坚持顶层设计与地方实践良性互动，鼓励各地探索和创新，努力形成一批可推广、可复制的经验，将普遍可行的做法上升为国家的政策。

要实现乡村振兴，必须坚持绿色发展理念。坚持绿色发展是发展观的一场深刻革命。人类文明史是一部人与自然关系发展的历史，人与自然、社会的和谐发展是文明进步的尺度。人与自然之间是一个复杂的对立统一体，人类的生存与发展离不开自然，同时也影响着自然的结构、功能和演化过程。尽管对美丽家园的追求是人类共同的价值取向和最终归宿，然而，任由个体或组织为了最大限度地满足自己的私利，过度耗费有限的自然资源，不仅会极大地破坏自然生态平衡，而且会严重制约人类社会的可持续发展。发达国家“先污染后治理”的发展道路并非所谓的普适经验和规律，而是不可持续的血淋淋的历史教训。恩格斯曾经警示世人：“我们不要过分陶醉于我们人类对自然界的胜利。对于每一次这样的胜利，自然界都对我们进行报复。”② 实践证明，离开环境保护搞经济发展是“竭泽而渔”，离开经济发展抓环境保护是“缘木求鱼”。当今时代，资源环境要素已经成为社会经济发展的最大短板，以牺牲环境和耗费资源为代价的传统经济增长方式难以为继，迫切要求以绿色发展理念引领高质量发展。绿色发展是人类对经济发展、全面综合发展、可持续发展的反思和旧的发展观的扬弃，本质就是科学发展。它不仅强调生态环境保护和经济发展在代际之间的纵向协调，为子孙后代留下蓝天、碧水、青山、绿地，也强调生态环境保护和经济发展在代内之间的横向协调，就是要把生态文明建设融入经济建设、政治建设、文化建设、社会建设各方面和全过程。绿色发展理念，不仅明确了发展方向，还擘画了发展道路，即必须同时实现环境保护和经济发展在代内和代际之间的横

① 《习近平在参加十三届全国人大一次会议山东代表团审议时的重要讲话》，新华社 2018 年 3 月 9 日。

② 《马克思恩格斯选集》（第 3 卷），人民出版社，2012，第 998 页。

向和纵向协调。武平绿色崛起，关键在于林改后把推进经济绿色发展与改善民生有机统一起来，推动林业从单一的林木生产加工向林产品精深加工、林下经济、生态旅游综合发展转变，真正实现了生态更美、林农变富、农村更和谐，真正实现让生态优势转化为经济发展优势，让生态文明建设成为乡村振兴的绿色源泉，让“绿色崛起”释放更多的“生态红利”。当前我国生态文明建设正处于压力叠加、负重前行的关键期，已进入提供更多优质生态产品以满足人民日益增长的优美生态环境需要的攻坚期，也到了有条件有能力解决生态环境突出问题的窗口期。[①] 无论是富裕发达的城市还是贫穷落后的乡村，必须坚定不移走生态优先、绿色发展之路，以绿色农业化、绿色工业化、绿色城镇化、绿色信息化和绿色基础设施现代化“五化同步”为依托，形成经济社会绿色发展新格局，最终实现经济效益、社会效益和生态效益多赢。

要实现乡村振兴，必须着力于破解社会主要矛盾。社会主要矛盾变化实质上是生产力和生产关系矛盾运动规律的客观必然。生产力是一切社会发展的最终决定力量；我们着力加强结构性改革，进而致力于全面深化改革，就是要坚持解放和发展社会生产力。改革开放40年来，我国生产力得以快速提升，由“落后的社会生产”向“不平衡不充分的发展”演替。然而，多年来经济高速增长所显现的结构性问题，特别是生态环境问题越发突出。事实上，生态环境本质上就是生产力的要素源泉，保护生态环境就是保护生产力，改善生态环境就是发展生产力。随着城镇居民消费水平的提升，人们对农产品数量的需求基本得到满足，但对农产品品质的需求长期得不到满足；对城市型精神文化产品得到满足，但对优质生态产品和农耕文化、乡愁寄托等乡风文明的需求长期得不到满足。同样农村居民也迫切需要将自然景观、田园风光、山水资源等转化为生态资产，存在生态资产资本化和农业产业链生态化需求。这些都为盘活生态环境要素提供了现实依据。生产关系是物质

① 习近平：《坚决打好污染防治攻坚战　推动生态文明建设迈上新台阶》，《人民日报》2018年5月20日，第1版。

生产过程中形成的不以人的意志为转移的经济关系。从“人民日益增长的物质文化需要”演变为“人民日益增长的美好生活需要”，深刻反映了我国生产关系的变化。在社会主义市场经济体制下，发挥市场机制在资源配置中的决定性作用，既可以为非公有制经济提供广阔的发展空间，又可以发挥公有制经济在重要领域和行业的主导作用，为满足人民日益增长的美好生活需要提供坚实的制度保障。实施乡村振兴战略，加快推进农业农村现代化，出发点和落脚点就是要保障和改善民生。增进民生福祉是发展的根本目的。在任何时候，保障和改善民生都需要良好的经济发展水平作为基础支撑，这里所指的“良好”，不是盲目追求发展速度，而是注重更高质量、更有效率、更加公平、更可持续发展。既尽力而为，又量力而行。需要特别指出的是，我国社会主要矛盾的变化并没有改变我国仍处于并将长期处于社会主义初级阶段这个基本国情和最大实际，增进民生福祉只有在此约束下根据现实经济发展水平，稳步改善人民生活水平和质量，才能不断提升人民幸福感和获得感。当前我国经济由高速增长阶段转向高质量发展阶段，就要在幼有所育、学有所教、劳有所得、病有所医、老有所养、住有所居、弱有所扶等民生领域薄弱环节不断取得新进展，加快改善民生福祉。

在我国五千多年的历史长河中，美丽乡村始终是盛世昌荣的重要标志，许多描绘乡村优美田园生活的浪漫诗篇千古流传。20 世纪上半叶，中华民族饱受战乱之苦，社会生产遭到极大破坏。诚如鲁迅先生在《故乡》里所描写的那样：“……苍黄的天底下，远近横着几个萧索的荒村，没有一些活气。”中华人民共和国成立以后，百废待兴、百业待举，特殊的历史背景和现实国情使得农村政策基本上是围绕工业化、城市化对农村的需求来制定的，农村的发展侧重农业发展，大量农村青壮年劳动力外流，这在很大程度上导致了我国乡村发展的凋敝和衰落，同时也制约了社会主义现代化的全面建设。建设什么样的乡村、怎样建设乡村，是近代以来中华民族面对的一个历史性课题。纵观各国经济发展史，在工业化和城市化的推进中，总是伴随着乡村的衰落和振兴，这是人类历史发展规律的必然结果。20 世纪 80 年代，一些新兴市场国家经济高速发展，但当经济发展到一定阶段后，未能及时处理好转型期的矛盾和问题，掉进“中等收入陷阱”，至今仍然饱受困扰。党的十九大着眼于党和国家事业发展全局，立足于中国特色社会主义新时代，提出实施乡村振兴战略，将其上升至国家战略高度，并将其确定为决胜全面建成小康社会需要坚定实施的七大战略之一。这既是为了应对我国乡村面临的凋敝和衰落的危险，也反映了新时代乡村振兴作为解决社会主要矛盾、实现“两个一百年”奋斗目标和全体人民共同富裕的必然要求。实现中华民族伟大复兴是近代以来中华民族最伟大的梦想。如果一边是现代化程度日益提高的城市，另一边是发展日益不充分的乡村，那就不是真正意义上的复兴。习近平总书记指出：“没有农业现代化，没有农村繁荣富强，没有农民安居乐业，国家现代化是不完整、不全面、不牢固的。”① 因此，乡村振兴是中华民族伟大复兴的基础前提。我们必须清晰地认识到，到 2020 年全面建成小康社会，乡村社会是最大的短板；到 2035 年基本实现现代化，乡村现代化是最重的任务；到 2050 年全面建成社会主义现代化强国，乡村振兴是最厚实的基础。

乡村振兴是一项复杂的系统工程。在我国广阔的乡村，特别是中西部欠发达地区，农业生产效益低下，农村经济发育程度不高，农民文化水平较低，推进农业农村现代化改革面临严峻的形势。乡村振兴面临着新时代的新问题新挑战，但也蕴藏着发展农村经济、提高农民生活水平的新机遇。全国林改第一县武平的绿色崛起，是一个生动的乡村振兴的县域探索与初步实践。武平绿色崛起所遇到的问题、挑战和机遇，为新时代乡村振兴战略蹄疾步稳的推进提供了一个需要去面对、研究和解决问题的县域样本；同时它也诠释了乡村振兴是一个不可分割的有机整体，各组成部分既各自成篇，又相互补充、相互促进，共筑一个完整的乡村治理体系。

新时代的乡村是一个可以大有作为的广阔天地。乡村振兴战略作为社会主义新农村建设在新时代条件下的升级版，同时也是我们党“三农”工作方针政策的继承和发展，它肩负着加快农业农村现代化的历史担当和使命追

① 转引自汪洋《用发展新理念大力推进农业现代化》，《人民日报》2015 年 11 月 16 日，第 6 版。

求。同时，乡村振兴在新时代全面深化农村改革中所显现出来的新活力和新动能，也必将为我国其他领域的全面深化改革提供厚实的资鉴。让我们以习近平新时代中国特色社会主义思想为指导，走中国特色社会主义乡村振兴道路，撸起袖子加油干，让农业成为有奔头的产业，让农民成为有吸引力的职业，让农村成为安居乐业的美丽家园！

参考文献

习近平：《决胜全面建成小康社会　夺取新时代中国特色社会主义伟大胜利》，《人民日报》2017 年 10 月 19 日，第 2 版。

《中共中央国务院关于实施乡村振兴战略的意见》，《人民日报》2018 年 2 月 5 日，第 1 版。

中共中央宣传部：《习近平总书记系列重要讲话读本》，学习出版社、人民出版社，2016。

《中共中央国务院关于打赢脱贫攻坚战的决定》，2015 年 11 月 29 日。

《中共福建省委福建省人民政府关于推进精准扶贫打赢脱贫攻坚战的实施意见》，2016 年 1 月 4 日。

《中共中央国务院关于打赢脱贫攻坚战三年行动的指导意见》，2018 年 6 月 15 日。

附　录

2001～2017年武平县林改大事一览

2001年6月，武平县决定在万安乡捷文村开展集体林权制度改革试点。

2001年10月，捷文村首次提出“分山到户”，捷文村村民委员会制定出台《深化林地林木产权改革实施方案》。

2001年12月30日，万安乡捷文村村民李桂林取得全国第一本新版《中华人民共和国林权证》。

2002年4月3日，武平县在总结各乡（镇）试点村经验的基础上，制定出台《关于深化集体林地、林木产权改革的意见》，部署推进林改工作。同日，下发《关于成立武平县集体林地、林木产权改革领导小组的通知》。

2002年6月21日，时任福建省省长的习近平同志在武平调研时，对武平集体林权制度改革给予充分肯定和支持，并做出“集体林权制度改革要像家庭联产承包责任制那样，从山下转向山上”的重要指示。随后，习近平同志又强调指出：“林改的方向是对的，要脚踏实地向前推进，让老百姓真正受益。”

2002年8月15～17日，全省集体林权制度改革工作研讨会在武平召开，时任国家林业局政策法规司司长陈根长、林业经济发展研究中心主任刘东生到会并讲话。

2003年4月4日，省政府出台《关于推进集体林权制度改革的意见》，吸收借鉴了武平县提出的“明晰产权、放活经营权、落实处置权、确保收益权”和“县直接领导，乡镇组织实施，村具体操作，部门搞好服务”的工作机制，把武平林改经验上升为全省林改举措。

2008 年 6 月 8 日，中共中央国务院出台《关于全面推进集体林权制度改革的意见》，把武平县最早提出的“明晰产权、放活经营权、落实处置权、确保收益权”和“县直接领导，乡镇组织实施，村具体操作，部门搞好服务”的工作机制写入文件，使武平林改经验在全国推广。

2011 年 10 月，武平县被国家林业局确定为全国集体林权制度改革先进典型县。

2012 年 12 月 25 日，新华社发布的《习近平人物·特稿》《人民是我们力量源泉》：“2002 年，他对武平县的林改工作给予肯定和支持，福建由此在全国率先开展了以‘明晰产权、放活经营权、落实处置权、确保收益权’为主要内容的集体林权制度改革，后来成为全国林改的标杆。”

2014 年 1 月 2 ~ 3 日，全省深化集体林权制度改革现场会暨全省林业局局长会议在武平县召开。时任国家林业局局长赵树丛出席会议并讲话。

2017 年 5 月 29 日，中央电视台新闻联播头条播出《福建林改：生态美了，百姓富了》，重点报道了武平林改工作历程与成效。

2017 年 7 月 26 ~ 27 日，全国深化集体林权制度改革现场经验交流会在武平顺利召开，时任国务院副总理汪洋在会上做了重要讲话。

2017 年 8 月 16 日，武平县政府与福建农林大学签订《县校合作框架协议》，全面开展县校合作。

2017 年 8 月 29 日，国家林业局确定武平县为集体林业综合改革试验示范区。

2018 年 1 月 15 日，中办调研室向福建省委办公厅转达习近平总书记对捷文村群众来信的重要指示：“得知通过集体林权制度改革，村里的林子变密了，乡亲们的腰包变鼓了，贫困户们也都脱贫了，感到很高兴。希望大家继续埋头苦干，保护好绿水青山，发展好林下经济、乡村旅游，把村庄建设得更加美丽，让日子越过越红火”。

百姓话林改

李桂林（全国第一本新版林权证所有者）：

“拿到 2001 年第 1 号林权证，觉得吃了‘定心丸’。有了自己的林权证，我们成了真正的主人。”

李永兴（原林改策源地武平县捷文村村支书）：

“事实证明‘一夜砍光’是过虑了。从林改那年起，捷文村再没发生一起盗伐乱砍。”

李美元（原林改策源地武平县捷文村村主任）：

“‘不砍树也致富’，其实就是发展生态经济。”

钟泰福（原林改策源地武平县捷文村村支书）：

“林改后，村民育林护林的积极性调动起来了，我们村的森林覆盖率超过了 80%。”

钟尚明（武平县原云礤村村支书）：

“林改后，山美了，水清了，现在村里 40 多户，家里都买了汽车，盖了新房，一年纯收入至少 15 万元。”

钟亮生（武平县梁野仙蜜养蜂专业合作社负责人）：

“我们现在要把林子保护好，林子保护好了，林下经济发展了，什么都有了。”

李福明（武平县城厢镇造林大户）：

“大山就是我的绿色银行，树木就像我的另一个孩子，走到哪里都惦记着。”

石秉钧（武平县坤孚镁合金公司董事长）：

“我们是被这里的生态吸引过来的。”

后　记

《武平：全国林改第一县乡村振兴之路》即将付梓，感慨良多。自 2017 年底，学校确定课题研究任务后，短短半年多时间，我们三次深入武平开展调研，从撰写调研提纲到查阅资料、入户访谈、现场考察、会议研讨，从搜集素材到确定主题，明确书名、设计章节和明确体例，从各章初稿到集中统稿、内部讨论、征求意见，课题组成员在紧张繁忙的教学科研工作期间有条不紊地完成了各项工作。在调研中，纯朴、善良的闽西儿女对家乡的热爱之情深深地感染着我们，鞭策着我们。

课题组由中共福建省委党校的 9 位教师组成，他们当中既有资深的教授、副教授，又有年富力强的博士，是一个团结协作、富有战斗力的科研团队。本书是课题组成员集体智慧的结晶，更是向武平人民学习“敢为人先，接力奋斗”精神所取得的初步成果。由于时间紧迫以及能力有限，尽管我们努力尝试完整呈现武平绿色崛起的风貌，但仍深感还有许多不足之处。

调研期间，我们深刻感受到了闽西这块红土地的无穷魅力。闽西人民敢为人先开展的集体林权制度改革，是藏于绿叶之下的又一场伟大革命，被誉为 21 世纪以来中国“改革的第一声春雷”。“但愿苍生俱饱暖，不辞辛苦出山林”，从武平迈出林业改革探索的第一步，中国林业走上了解放农村生产力、激活林农积极性、建设美丽中国、实现乡村振兴的改革发展之路。这场改革绿了山包、鼓了腰包，释放出的强大生产力令人惊叹。

2018 年正值改革开放 40 周年，我们站在时代潮头，回顾改革发展的历程，总结经验教训，旨在面向未来砥砺前行，以人民为中心以更大的决心和勇气筑起乡村振兴的绿色丰碑。这也正是本书写作的初心所在。改革争先，犹如中流击水，不进则退。漫步梁野青山绿水之间，我们体会到，唯改革带来的发展最绿色、最长远。

本书是课题组成员通力分工合作的产物。具体分工为：第一章郑冬梅教授；第二章周青教授；第三章刘小锋副教授；第四章蔡加福教授；第五章李四能教授；第六章吴贵明教授；第七章刘荷博士；导论和结语胡熠教授。

全书由胡熠教授牵头组织确定章节结构、写作体例和担任统稿工作，彭冬冬博士做了大量的协助工作。在课题立项、调研、写作及书稿出版过程中得到了中共福建省委党校多位校领导的关心、支持和帮助。刚到任的胡忠昭常务副校长、原常务副校长陈雄高度重视党校教研咨一体化工作，鼓励教师要有出精品的意识；刘大可副校长、温敬元副校长、林红副校长很关心书稿的进展，多次过问并指导；徐小佶副校长亲自召开课题组会议，提出了“国际视野”“中国实践”“福建蕴育”“武平样本”的写作构想，为全书的撰写指明了方向。中国社会科学院学部委员张晓山研究员和崔红志研究员不辞辛劳赴武平调研，为本书提供了宝贵的修改意见。他们严谨的治学态度以及对农村问题的真知灼见令人敬佩。中共武平县委书记陈厦生和副书记张丽华同志在写作过程中给予了大力的支持；武平县委党校常务副校长林晓波、副校长刘添传为全书的调研安排与资料搜集等做了大量的协调工作；武平县各职能部门和相关乡镇，在调研过程中提供了丰富的素材；社会科学文献出版社刘丹、张倩郢编辑为本书的出版付出了辛勤的劳动，他们高效的工作确保了本书的及时问世。此外，我们的写作还参考了诸多理论文章和新闻报道。对此我们一并表示感谢！

由于时间较紧，书中难免有错漏之处，希望专家学者、实践部门同志不吝批评指正！

图书在版编目(CIP)数据

武平：全国林改第一县乡村振兴之路 / 胡熠主编
. -- 北京：社会科学文献出版社，2018.11
ISBN 978 - 7 - 5201 - 3777 - 5

Ⅰ.①武… Ⅱ.①胡… Ⅲ.①集体林 - 产权制度改革
- 研究 - 武平县 Ⅳ.①F326.275.74

中国版本图书馆 CIP 数据核字（2018）第 249867 号

武平：全国林改第一县乡村振兴之路

主　　编 / 胡　熠

出 版 人 / 谢寿光
项目统筹 / 冯开庆　钟启锋　张倩郢
责任编辑 / 刘　丹　张倩郢

出　　版 / 社会科学文献出版社 · 人文分社（010）59367215
地址：北京市北三环中路甲 29 号院华龙大厦　邮编：100029
网址：www.ssap.com.cn
发　　行 / 上海志愿文化传播有限公司（021）54960233　54960238
市场营销中心（010）59367081　59367083
印　　装 / 三河市东方印刷有限公司

规　　格 / 开　本：787mm × 1092mm　1/16
印　张：18　字　数：272 千字
版　　次 / 2018 年 11 月第 1 版　2018 年 11 月第 1 次印刷
书　　号 / ISBN 978 - 7 - 5201 - 3777 - 5
定　　价 / 79.00 元